谢谢了，我的家

人民文学出版社

图书在版编目（CIP）数据

谢谢了，我的家/《谢谢了，我的家》编写组编写. —北京：人民文学出
版社，2018
ISBN 978-7-02-014280-4

Ⅰ.①谢… Ⅱ.①谢… Ⅲ.①家庭文化—中国 Ⅳ.①D669.1

中国版本图书馆 CIP 数据核字（2018）第 084282 号

责任编辑　柏　英　张欣宜
装帧设计　陶　雷
责任校对　罗翠华　李义洲　李　雪
责任印制　王重艺

出版发行　人民文学出版社
社　　址　北京市朝内大街 166 号
邮政编码　100705
网　　址　http://www.rw-cn.com

印　　刷　北京中科印刷有限公司
经　　销　全国新华书店等

字　　数　320 千字
开　　本　720 毫米×1020 毫米　1/16
印　　张　28.75
印　　数　1—20000
版　　次　2018 年 6 月北京第 1 版
印　　次　2018 年 6 月第 1 次印刷

书　　号　978-7-02-014280-4
定　　价　69.00 元

如有印装质量问题,请与本社图书销售中心调换。电话:010-65233595

序

魏地春

今年年初中央电视台推出的全球华人家庭文化传承节目《谢谢了，我的家》，引起越来越高的关注度，成为家风类节目的新标杆。听说有人因为看了这个节目，春节期间亲口对家人说了"谢谢"。这是令人惊喜的。党的十八大以来，习近平总书记在不同场合多次谈到要"注重家庭、注重家教、注重家风"，强调"家庭的前途命运同国家和民族的前途命运紧密相连"。一年以前，我提出要响应总书记的号召，站在时代高度，打造一档大型家风文化节目，这符合央视国家电视台的风范，具有引领社会主流价值观和正能量的积极意义。全球华人同根同源，又是最注重"家"这一概念的群体，央视中文国际频道（CCTV4）服务于全球华人观众，是最适合的播出平台。经过节目团队近一年的精心筹备，《谢谢了，我的家》亮相荧屏，获得海内外观众的喜爱。

"家风"一词，乍听有些抽象，实则承载着厚重的文化和情感。它在中华优秀传统文化的体系中占据举足轻重的地位，既影响了一个人的境界格局，也关系着国家的前途命运。中华民族自古有"家国天下"的文化自觉，家是中国人的人生起点，是信心的源泉和精神的依托。家谱，家训，家书，家规，各种物质的、非物质的家的产物，都承载了中华优秀传统文化的精髓。而随着社会形态、价值体系、科学技术的演进，这些宝贵的精神财富也在不断进行着时代性的变化，焕发出新的魅力。从某种意义上来说，家风是中国人的精神信仰。

《谢谢了，我的家》第一季中，讲述了54个家庭的故事和家风文化：有的忠正，有的仁义，有的严谨，有的恬淡，有的纯朴……从这些故事中，我们可以看到中国人的优秀品质和文化基因——忠诚、仁义、宽厚、自律、勤勉、创新……而且这些故事既传承了几千年，又发生在我们身边，所以引起了广大观众的情感共鸣，被这些故事和故事中的人物激励着，打动着，感染着，温暖着。

我们看到一辈又一辈的言传身教，一家又一家的立德立言，汇聚成家国历史，雕琢出民族的风骨和神貌。这些故事就是中国的过去、现在和未来。正所谓家是最小国，国是千万家，透过小家的故事，我们能够看到整个国家生机勃勃的文化魅力。《谢谢了，我的家》正是找到了"家"这样一个中华民族精神血脉中重要的文化基因，找到了人们的情感认同，深入挖掘了其中蕴含的思想观念、人文精神和道德规范，凝神聚气，为坚定文化自信探索了一条行之有效的成功途径。

《谢谢了，我的家》以家庭为同心圆和切入口，既原汁原味地呈现了家的温情与亲切，又解读了家风厚德载物的深远意义。13期节目，54个家庭，他们的家人和先辈中，闪耀着孔子、鲁迅、齐白石、徐志摩、钱学森、汪曾祺等一串具有深刻文化印记的名字，勾连着历史与当下的文化认同。这是主创团队在研发和策划阶段始终追求"立意要高、格调要高、品质要高"的一个体现。家风讲述者和先辈之间，通过"时光瓶"这一巧妙的象征，架起一座代际沟通的桥梁，将家庭记忆形象化，贯通着古今先后，绵延着家国万里，既呈现出当下家庭生活的真实写照，也刻画出中华民族的一道文化缩影。

在全球范围内，对于家庭观念的注重让华人形成了一种牢固稳定的文化认同。《谢谢了，我的家》播出后，许多海外观众纷纷通过各种形式表达了他们的兴奋和激动。诚然，中国人的家庭教育模式让炎黄子孙无论身处何地，都带着中国人的风骨——那是祖先留下的"胎记"和"烙印"，这让全球华人血脉相通，世代相亲。《谢谢了，我的家》和中央电视台中文国际频道天然有着相互促进的特质。

新时代、新作为、新篇章——如今，中央广播电视总台已经组建，推动广播电视和新兴媒体融合发展，如何发挥平台优势，做好以"家"为题的文艺作品，这对于丰富人们的精神世界，引导社会的良性发展都有积极的作用。在全社会积极响应习近平总书记"注重家庭，注重家教，注重家风"号召的行动中，央视以《谢谢了，我的家》为答卷，做到了不失位，重品质，有担当，传承弘扬了中华优秀传统文化，培育和践行了社会主义核心价值观。

在此基础上，人民文学出版社将访谈节目的对话体大胆调整为故事体编辑出版，完成了一部当代中国人的口述史，目的是让更多的读者能够受到启发和教益。

听说《谢谢了，我的家》还要制作播出第二季、第三季，期待未来《谢谢了，我的家》能够为我们带来更多的感怀和收获。

为 国 为 民

矢志不移

谋 时 而 动

言 传 身 教

谢谢了，

我的家

为国为民

三国时期文学家曹植在《白马篇》中说，「捐躯赴国难，视死忽如归」，宋代文学家、政治家范仲淹在《岳阳楼记》中说，「先天下之忧而忧，后天下之乐而乐」。中国人自古便有为国为民的伟大胸襟。现代诗人冯至经历战乱后，对杜甫的诗篇有了更深刻的认识，写下「未解诗中尽血泪，十年徒作太平人」。

历史告诉我们，任何时候都要常存忧患意识，发奋图强。千百年，中华儿女用热血和热泪、用生命和汗水，书写着中国人特有的家国情怀。

朱和平

第十一、十二届全国政协委员，中国人民解放军高级将领，空军少将军衔，空军指挥学院原副院长，预警与电子战专家。

朱和平的爷爷朱德是中国伟大的无产阶级革命家、政治家、军事家。他一生"大爱无私、大孝为国"，始终保持"坚定的共产主义信仰和光明磊落的党性"，以及"心系人民、艰苦朴素的公仆情怀"。1944年，朱德在母亲去世后万分悲痛，饱含深情地写下祭文《母亲的回忆》，表示从此以后，"将继续尽忠于我们的民族和人民，尽忠于我们的民族和人民的希望——中国共产党，使和母亲同样生活着的人能够过快乐的生活"。

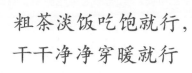

粗茶淡饭吃饱就行，干干净净穿暖就行

粗茶和淡饭

爷爷经常说他小时候吃了太多的苦，没有吃过一顿饱饭，甚至曾经在九岁那年的除夕，因为地主逼债，全家被迫四处逃散。也正是因为从小就经受过这么苦的历练，他参加革命后南征北战，再也不觉得饿，不觉得苦。

1949年，我们进城了，生活水平提高了，但是爷爷一贯主张要粗茶淡饭，勤俭过日子，主要是为了不忘本，要记住我们中国是一个农业大国，我们中国的大部分人是农民，我们绝不能忘记共产党人的责任和担当，共产党人信仰中最核心的部分就是坚守人民的利益，自觉自愿地为人民服务。因此，无论是在家还是外出视察，爷爷都要求我们不能铺张浪费，这样既让自己保持朴素，也让人民群众感到亲近。

50年代和60年代，我们国家还很困难，爷爷要求我和群众一样，在大食堂吃饭，所以，我也常常吃不着大米吃不着肉。1962年的一天，爷爷专门让炊事员用野菜加棒子面糊糊做了一顿饭，爷爷边吃边问我们："这菜好吃吗？"我当时感到真是难吃啊。可爷爷却说："这样的菜我们长征的时候都没得吃。现在毛主席都带头不吃肉，和全国人民同甘苦，我们要向毛主席学习，从现在起也要和全国人民同甘苦。"这顿饭是爷爷在困难时期为我们全家表达的一个态度，也是给我们的一次教育。吃完那顿饭，爷爷把我们几个孩子"赶"出家门，让我们各自回单位、回学校，回到群众中去。我当时上小学，因为父母在外地，所以留在了爷爷身边，但是不能和爷爷一起在中南海小食堂吃饭，要和普通工作人员去大食堂。从我小时候记事起，爷爷就经常带我们在院子里垦地种菜，目的是让我们从小养成劳动的观念，知道粮食来之不易。这个传统我家保持了四十多年，改革开放后依然保持，不是为了物质，而是为了保持劳动习惯。

我的儿子朱辰1987年出生后和老奶奶生活了五年，直到老奶奶1992年去世。老奶奶有很强烈的愿望，要把朱家家风传给朱辰。吃饭的时候，老奶奶一定要看着朱辰吃完最后一粒米。朱辰掉饭粒或者嫌饭菜不合口时，老奶奶就会发话："不要浪费一粒粮食，不要浪费一颗蔬菜，盛在你碗里的饭菜一定要吃干净，我要看着你吃干净。"就这样，朱辰从小就知道家里有不能浪费粮食的规矩。

老奶奶看朱辰的目光，是一种期待。她对于我们走好未来的路、实现国家的发展和民族的复兴抱有强烈的期望。老一辈革命家开创的伟大事业需要一代一代地传承，上一代人已经完成了他们的历史使命，我们这一代人要敢于肩负起自己的使命，并将红色基因永远传承下去。

元帅记账本

1949年10月后，爷爷让工作人员建立了账本，他的工资津贴、开支的各种费用都记得清清楚楚、明明白白：津贴费、购服装费、理发、买煤、买米面、买饭票、买肥皂、买鞋油、看病……还有党费，一笔笔都记录得清清楚楚。爷爷一直多交党费，他的工资是400多块，按照1%比例的规定应该交4块钱党费，但他一直交10块。他说他愿意为党多交一点。

刚开始爷爷拿的元帅工资是700多块，但是他1957年、1959年、1960年三次主动降薪，从659块降到404块，直到去世。1960年他还把粮食定额从30多斤减到26斤，因为家里人口多，粮食不够吃，所以亲戚朋友们来家里做客、吃饭都自觉地带上粮票。我们小时候没有零花钱，也很少买玩具，逢年过节或者过生日，就自己动手做礼物。

1964年，爷爷作为党和国家领导人陪刚果总统参观上海，为了尽地主之谊，自掏腰包90多块买礼物，结果那个月我们家还要买过冬的煤，只好超支了。

爷爷一生省吃俭用，很少买新衣服。除了军装和接待外宾用的中山装由国家配发，他几乎没做过新衣服。里面的内衣全是洗了又洗、补了又补。1976年爷爷去世时，我们没有思想准备，连一件崭新的衣服也没有找到。最后还是奶奶决定，给爷爷穿上他参加外事活动时的那套中山装，因为不经常穿，显得比较新，可是里面的衣服全是打着补丁的。

我们这些孩子们的衣服，也是大的穿了给小的，小的穿了给更小的，我最小，所以老穿旧衣服。我到现在还不习惯穿新衣，旧衣服更贴身，更舒服。

爷爷一生简朴，去世时连一件新衣服都没有，却对国家和人民很大方。他在去世前专门交代我奶奶，要把他存折上的20306元存款，作为最后一笔党费，全部交给党。他人走了，账户就清零了。曾国藩说过"作官以不要钱为本"，爷爷就是这样。其实在老一辈革命家群体中这样的故事非常多，比如毛主席、周总理、李富春等同志，他们最后基本上把所有的积蓄都交给了党。这反映了他们那一代人的终身追求——为人民谋福利，为民族谋复兴。所以，我们共产党人的信仰不是一句空话，要一点一点地做。

立德是核心

德是我们中华民族最高的精神追求，德代表什么？简单说，德代表
"1"，才代表"0"，一个人有德就有了"1"，有才就有"1"后面的一
个一个"0"。一个人既有德又有才，对社会的贡献就越大。一个人一旦没
有德，所有的才也都没有了。像我们现在有些官员，虽然非常有学识，甚
至曾经为社会做出过很多贡献，可是因为德没有了，其他的就都是浮云了。
德并不是一个虚无缥缈的概念，它体现在我们生活的点点滴滴之中：每吃
一顿饭，每做一件事情，所有这些细小的环节都体现出"德"字。只有把
这些细小环节做好了，德才有意义，才能体现"德"字的内涵。

我们朱家祖祖辈辈是农民，祖籍广东韶关。湖广填四川的时候，我爷
爷往上第八代起从广东迁到四川，然后修了朱家的祖屋。在我们老家祖屋
的堂屋供奉着佛龛，贴有几副对联，其中最外侧的取自《朱子家训》："一
粥一饭，当思来之不易；半丝半缕，恒念物力维艰。"横批是"开源节流"。
这条家训影响了一代又一代的朱家人。

家庭是人生的第一所学校，勤俭持家、开源节流这些朴素的道理深深
刻在爷爷幼小的心灵上，也贯穿于家庭教育中。爷爷感谢他的母亲给了他
强健的身体、勤劳的习惯、生产的知识、革命的意志、斗争的经验，他一
天比一天认识到，这都是世界上最宝贵的财产。我的爷爷正是在他母亲的
鼓励下，在少年时代就树立了"祖国安危人有责，冲天壮志付飞鹏"的志向，
从此"投笔从戎去，刷新旧国风"。抗日战争爆发后，爷爷"为国为民族
求生存，决心抛弃一切，一心杀敌"。他在家书中写道："那些望升官发财
之人决不宜来我处，如欲爱国牺牲一切能吃劳苦之人无妨多来。"

爷爷没有给我们留下什么物质上的东西，但是留下了一笔精神遗产。
他的道德，他的风范，他的信仰，他的生活态度，他所追求的事业，他生
活中的点点滴滴，所有这些融汇到一起，就自自然然地形成了我们朱家的
家风。我们从小耳濡目染的家风，随着年龄的增长，我越来越感到，这是
一笔值得一代又一代细细品味和领会的文化遗产。金钱不能流传，精神

上的、文化上的东西才能永久地流传。

我们全家总结的家风就是"立德树人，勤俭持家"。勤俭持家是我们中华民族的优良传统，是祖祖辈辈、世世代代传下来的。立德树人，特别是立德，是爷爷参加革命后用他的理想、信念和追求，为我们这个非常朴素而传统的农民家庭注入的时代元素、信仰元素，使我们朴素的家风有了社会含义，有了社会影响，有了更大的文化价值、传统价值。

"粗茶淡饭吃饱就行，干干净净穿暖就行"

时光瓶

"粗茶淡饭吃饱就行，干干净净穿暖就行。"这是爷爷经常说的一句话。爷爷奶奶离开我们已经四十多年，但是他们崇高的精神风范、他们生活中的点点滴滴，一直留存在我的脑海中。他们留下的"立德树人，勤俭持家"的家风，激励着我，鞭策着我。我在自己的工作岗位上，努力学习，努力工作。我们国家进入了新时代，这就是他们所向往的、为之奋斗的时代。

我想给我的孩子，还有朱家未来的后代留下几句话。我们朱家是中华民族千千万万个家庭中的一个普通家庭。我们和所有的家庭一样，会遇到吃饭问题、穿衣问题，会遇到感情问题、生活问题。我们朱家有一个非常好的家风，有一个非常好的传统，这个家风凝聚着我们中华民族的优秀文化，同时注入了共产党人的红色文化内涵。因此，我们的家风非常值得传承，希望你们能够把朱家的家风世世代代传承下去。

谢谢了，我的家！

谕纪瑞（节选）

〔清〕曾国藩

读经典

竟希公少时在陈氏宗祠读书，正月上学，辅臣公给钱一百，为零用之需。五月归时，仅用去一文，尚馀九十九文还其父。其俭如此。

星冈公当孙入翰林之后，尤亲自种菜收粪。吾父竹亭公之勤俭，则尔等所及见也。今家中境地虽渐宽裕，任与诸昆弟切不可忘却先世之艰难，有福不可享尽，有势不可使尽。"勤"字工夫，第一贵早起，第二贵有恒，"俭"字工夫，第一莫着华丽衣服，第二莫多用仆婢雇工。凡将相无种，圣贤豪杰亦无种，只要人肯立志，都可以做得到的。任等处最顺之境，当最富之年，明年又从最贤之师，但需立定志向，何事不可成？何人不可作？愿吾任早勉之也。

曾国藩中进士之前，曾家世代务农。在这封给侄子的信中，曾国藩不仅追慕先祖的勤俭之风，而且居安思危，提醒后人不要大树底下乘凉，而要立志成事，做有用之人。

张喆

辽宁省辽阳市公安局禁毒支队支队长。

从警二十多年来，参与、指挥、侦破重特大案件上百起，抓获各类违法犯罪嫌疑人员几千人次，四次荣立个人一等功。

张喆的父亲毕业于鲁迅美术学院，一直从事舞台设计工作。在工作中，张爸爸干一行爱一行、一定要干好，想尽办法使舞台效果达到完美。

干啥得像啥

父亲精益求精

我的父亲从事舞台设计工作，整台戏剧的灯光、道具和舞美都由他一个人完成。五六岁时，我经常跟着父亲在剧团玩儿。因为小时候学过绘画，就在课余时间帮父亲做一些我力所能及的事。

一次，父亲的单位排歌舞剧《江姐》，我给他打下手，做一个监狱的铁栅栏。为了让道具形象逼真，父亲先用木棍，效果不好。于是他用透明的塑料管钉在木框里，虽然很像，但还得给它做一些色彩处理。父亲让我想想办法，我就挨个儿往塑料管里灌墨汁。可是灯光打上之后，效果还不那么逼真。我觉得差不多就行了，但父亲坚决不答应。他反复用各种颜料，蓝色的、褐色的、棕色的，甚至把它们勾兑在一起，然后打上灯光，看什么样的效果最理想。他不仅多次试验，还跑到观众席上看，台上台下反复跑，甚至细致到铁栅栏手经常扶的位置和不常扶的位置颜色都不一样。本来是下午就能干完的活儿，父亲却一直忙到了下半夜，直到满意了才骑着自行车带我回家。爸爸投入工作的时候，经常泡在单位，连身处危险都浑然不知。有好几次，为了给舞台布景画幻灯片草稿，他双腿跨立在灯的两侧，灯把裤子烤冒烟了他也一动不动，别人过来提醒了，他才迈一步。妈妈常常"埋怨"，她嫁了一个不回家的丈夫，又养了一个不回家的儿子。

还有一次，父亲要为一部话剧做元青花瓶道具。他先用石膏打了个模型，然后糊上布，等干了以后，把石膏取出，给它恢复原样，再将白纸裁成各种角度后糊上，糊得天衣无缝，最后按照元青花的颜色和纹饰在白纸上画。大家都觉得很像了，可是父亲自己不满意，觉得没有瓷器的光泽感，就找了大块的蜡涂在瓶外。那是星期天，我帮着父亲，整整花了一天时间才做好。我觉得费劲，但是父亲却很享受这个过程。瓷瓶做好后，我们收藏古玩的行家邻居看见了，很是吃惊地问："你们家怎么还有元青花瓶呢？"父亲开玩笑地说："你给鉴定鉴定真假？"于是邻居就想把瓶子抱到有光亮的地方仔细看。他按照元青花真瓶的分量用尽全力，结果抱了一个趔趄，把大家逗得哈哈直乐。这个道具做得如此逼真，连行家都难以分辨。以前家里房子简陋，也没有装修的概念。爸爸就当泥瓦匠、木匠、油工、电工，亲手把家打理得井井有条。妈妈虽然会责怪爸爸在工作上花了太多精力，却不对我掩饰她的佩服，让我学习爸爸干啥像啥、爱钻研、肯投入的劲儿。

我深受父亲敬业精神的影响。成为警察后，任何技能，只要对我的职业有帮助，比如擒拿、格斗、枪械、驾驶、犯罪心理、技术开锁等等，我就努力研究，强化学习。只要有时间，我就会蹲在街边的角落里，仔细观察和分析各类人的行为特征。工作中因为勤练枪械，我的手指磨出了厚厚的茧子。我们警察要研究怎么又快又悄无声息地突入室内，必不可少地就要开锁。我反复研究，后来试着在工具上覆了一层薄薄的橡胶膜，这样开锁就近乎无声了，效果特别好。

虽然父亲和我的业务相距甚远，但他把干一行就爱一行、一定要干好一行的家风传给了我。我作为人民警察，更加理解细节决定成败的意义。我要像父亲那样钻研、琢磨，把细节做得更完美，才能做好工作，保卫更多人。

儿子"疯子警察"

1989 年我参加高考，选择了一所中专警校，圆了自己的警察梦。人们常说，禁毒警察是在刀尖上行走的人。从警以来我一直工作在一线，经历了上百次大大小小的战斗，为了保护人民的生命和财产安全，我勇往直前。磕磕碰碰是我的家常便饭，我身上有几十处缝合伤。伤痕就是警察的勋章。

一个夏天的深夜，我意外遭遇了追踪已久的毒贩。他非常强壮，还带着刀。我们展开了追击战，几次跟他短兵相接，差点抓住他了，却被他挣脱。追了两三个小时后，我跟一个同志打了个照面，他说："你知不知道你满脸是血？！赶紧上医院去，你受伤了！"到医院了才知道，我应该是在夺刀的过程中被砍了个口子，血灌到眼睛里，还顺着脸、脖子、前胸、大腿流到鞋里，把鞋都灌满了，走一步就是一个完整的血脚印。医生大惊："你流了这么多血，怎么才来呢？"我回答："赶紧给我缝上吧，我要赶回去抓人。"医生又说："这样容易晕倒，一会儿给你打麻药，麻药的劲儿不过，不能让你走。"医生担心我挺不住，可我坚持不用麻药。最后，医生直接给我缝了五针，其实我疼得眼泪哗啦啦直淌，但当时脑海里唯一的念头就是跑回去抓人。我着急忙慌地离开，听到医护人员议论："这警察为了抓人都不要命了，这不是疯了吗？"

另外一次，我们夜巡的警察遭遇了犯罪团伙。我立刻追上去，借着灯光，我发现罪犯的腰带一侧别着一把长刀。我对天鸣枪，警告他不要乱来。结果他钻进了一片建筑工地。我凭着声音判断，辗转到了五楼的楼顶。我看着他直接跳下了楼，落在两间房之间的大沙堆上。我没有犹豫，也从五楼跳了下去，在落地的一瞬间我感觉内脏像裂了一样。我咬紧牙，爬起来继续追出一千多米。那时候他也渐渐跑不动了，于是我拼尽全力把他扑倒。我对天鸣了几枪，同志们陆陆续续围拢过来，把他控制住了。这时候我感觉体力严重不支，开始剧烈地咳嗽。直起身来一看，白衬衣上全是血点子。我当时连话都说不清楚了。大家吓坏了，立刻把我送到医院。医生诊断我两处肋骨骨折，腹膜破裂。第二天做肺检查，发现右下肺有拳头大的一块支气管囊状扩张，通俗地说，就是突然猛跑把肺跑炸了，所以咳血了。急诊接待的医生都认识我，说："这疯子警察又来了！"

事后很多人问我："人跑了，你可以找机会再抓，但是从这么高处跳下去，无异于自杀，你当时就没想到后果吗？"其实我的想法很简单，只有一个念头：绝不能让他从我手里跑了，一定要把他抓住。

目前，枪毒同源已经成为毒品犯罪的常态化现象，我们在一线抓捕时，毒贩都是带枪的，这就要求我们禁毒警察更技高一筹。再加上交通和物流越来越发达，大多数的毒品直接在网上交易，毒贩和线下买家不见面。因此，有时候我们查到了嫌疑人，也只能通过一个 IP 地址或电话号码去抓人，这给我们警察增加了难度。

我曾经一人用六部手机，分饰不同的角色，操不同的方言，与对方周旋。两天两夜后，对方终于决定在一个大型停车场交易。这时候已经是深夜了，我们对交易地点很陌生，不知道里面暗藏了多少凶险，也不可能一探究竟，更来不及去部署警力。如果引起了他们的怀疑，交易马上会被取消，战机会稍纵即逝。这时我的"疯劲"上来了，决定单刀赴会。

我驾车到了一个四通八达的停车场路口。他先观察我的车里面，看清了只有我一个人，就回到他自己的车上。我马上拎着一袋现金跟上，走到毒贩的车边。我要抓住机会把车门打开，把他弄下车。于是，我靠近车窗，用贩毒的行话和他交流一些细节。去的时候我刻意做了准备，乔装打扮：盛夏季节，我穿着大裤头，光着膀子，衣服搭在身上。毒贩看我一身邋遢，神情憔悴，头发蓬乱，胡子留得很长，深信我是同道中人，于是他渐渐地放松了警惕，下了车。我们走到后备厢，准备验货。

我通过他们下来的位置，判断出了为首者。毒贩的汗衫垂在裤带外，但在裤带对应的位置有一道系着的痕迹，这说明他下来之前临时把衣服掖进了裤带，我就判断他的枪在裤腰带里掖着。他背对我的时候，我瞅准机会给了他一个高摔。一般人从高处坠下或摔倒，本能的动作是用手扶地，可是他没有。他在临空的瞬间，右手直接掀衣服掏枪。我立刻扑上去，双手从他的肘关节伸进去，把他死死抱住。当时他抓住手枪想往外掏，我来不及抢，就顺着他的手奋力按。伸手的一瞬间，手臂在粗糙的水泥地面上摩擦，小臂、手腕到肘部都是滚烫的，非常疼。但是我顾不了那么多，因为旁边还有一个毒贩，他一下子扑了过来，我抱住身下的毒贩在地上快速翻滚，控制他掏不出枪来。之前我已经跟战友约好，我到达交易地点的四十秒后他们开始增援。同志们纷纷赶到，成功地把这两个毒贩当场抓住。我们在车的后备厢缴获高纯度的冰毒四十七公斤，行动大获成功。

禁毒工作充满了凶险。按照我同事的话说，获得一次一等功，就像在鬼门关前走了一圈。尽管如此，我依然对我的工作充满了热爱，也会义无反顾地在这条道路上一直走下去。我被评为辽宁省"最美警察"、辽阳市"十大杰出青年"，2017 年当选"全国特级优秀人民警察"，光荣地走进了人民大会堂。

我是人民警察，即便牺牲自己的生命也在所不惜！

"干啥得像啥"

时光瓶

我很小的时候，我父亲就告诉我："干啥得像啥，做什么就得做到最好。"这句话一直影响着我，我现在在工作中也是这么做的。

我很想跟儿子说几句话：亲爱的孩子，爸爸三十三岁时才有了你，不知不觉中你就长大了。回想你小时候，爸爸整天忙于工作，对你的照顾特别少。你什么时候学会走路，爸爸不知道；你读小学几年级，爸爸经常记错；甚至连你生了重病，爸爸都不能陪在你身边。希望你不要怪我。你的爷爷是剧团的美术师，他为了把工作做到满意，经常十几天甚至整月地熬在单位，他传给我一种干啥得像啥、追求完美的工作态度。我作为警察，从穿上警服的第一天起就钻研专业知识，苦练专业技能，努力成为一名主持公道、惩恶扬善的好警察。

儿子，也许今后你会选择警察这个职业，爸爸希望你能够比我更出色。如果你从事其他职业，爸爸也希望你能够干一行爱一行，把事情做到极致，做到完美，一定要努力成为受人尊重的人，爸爸会为你自豪。再次感谢父母对我的培养和影响。

谢谢了，我的家！

一丹说

他是行走在刀尖上的禁毒英雄，也是医护人员口中的"疯子"警察。疯子有另外一个含义，就是干任何事，投入程度都超过常人，甚至有点痴迷。因为热爱，可以不顾一切地付出。但是警察不能光会冲锋陷阵，也要有智慧。张喆从父亲身上，学会了所有这一切：细致做事，勤于思考，甘于奉献。

陈君宝

第三代华裔，现长年居住于新加坡，在多家企业担任董事。中华海外联谊会海外理事、新加坡陈嘉庚基金副主席。

陈君宝的爷爷陈嘉庚是著名爱国华侨领袖、企业家、教育家、慈善家以及社会活动家。他一生"轻金钱，重义务，诚信果毅，嫉恶好善，爱乡爱国"，在六十七年间用辛苦创业所得在海内外创办大学，包括厦门大学、集美大学，受到海内外华人的一致尊敬，被毛泽东誉为"华侨旗帜、民族光辉"。1990年，为纪念陈嘉庚先生为祖国毕生倾资兴学做出的巨大贡献，国际小行星命名委员会将中国科学院紫金山天文台在1964年发现的第2963号行星命名为"陈嘉庚星"。

该花的钱千千万万都要花，不该花的钱一分一厘都不能花

抠门的富翁们

我第一次回到厦门，看到集美学村和厦门大学都建得特别漂亮，可是在爷爷的故居，家具不是一套的，桌椅也不配套，而且破破烂烂的。工作人员说，这些家具是爷爷自己凑的，他在学校巡查的时候发现没有人用的东西，就拿来自己用。他的写字台其实就是一块板，他的烛台其实就是一只倒扣的杯子。这让我非常惊讶。

在爷爷的影响下，节俭成为我们家世代相传的原则。我的父亲今年已经 101 岁了。我们用抽纸，一般一抽就是一张，用完就丢。可他撕下一半，下次再用另一半，到现在还是这样。这也影响了我们。

在我们家吃饭，夹到自己盘里的一定要吃掉，夹了不吃是坚决不允许的。如果有剩菜，就留到下一餐吃，直到今天还是这样。我也这样教我的女儿。

我有一个邻居，他的女儿比我的女儿大一点，他给了我们很多旧衣服。虽然是穿过的衣服，但我们没有顾虑，很乐意地接受了。我女儿穿得也很高兴，不会说没面子。衣服都是好衣服，邻居也是好意，我为什么不能接受？我女儿为什么不能穿呢？

慷慨的慈善家

爷爷的家乡在集美。他 9 岁入私塾，17 岁塾师谢世，他便辍学出洋。爷爷一生受教育的时间只有短短这几年。到了新加坡后，他看到当地的教

育状况和家乡的教育状况形成了鲜明的对比。当时新加坡还是英国的殖民地，学生都穿着校服上学，这些情景对他触动很大。

爷爷做的生意很多，他所有的商品都用一个商标：一口钟，中间有一个"中国"的"中"字。这个商标的含义，就是敲醒当时的中国人要警醒。他在企业的章程里写明，在陈嘉庚公司工作，就是为中国奋斗，他把这个理念灌输在企业中。爷爷深切感受到，国家要强盛，必须有教育。他一生都希望中华民族进步，希望中华民族强大起来。他觉得，中国要强，就必须从教育开始。于是，他下定决心，将来一定要回到家乡办学。

爷爷倾资办学，付出了常人难以想象的努力。那个时候爷爷并不是很有钱，有的时候甚至他自己经营的实业都要受到影响。20世纪20年代，由于世界经济危机，橡胶的价格一落千丈，爷爷的经营遇到了很大的困难。英国的银行劝说爷爷：只要你不往厦门大学汇钱，我们就支持你的企业。但是爷爷没有放弃。他说："我办企业就是为了学校，为了国家，如果不办学校我办企业干吗？"这是他的原则，绝不动摇。为了维持厦门大学，他毅然决然地把家里的三个别墅都卖了。有人专门造了一个词描述爷爷的举动：毁家兴学。

抗日战争期间，因为爷爷旗帜鲜明地反对日本侵略中国，广泛动员海外华侨捐款捐物，为祖国的抗战事业做贡献，日寇对他恨之入骨。日本特务把爷爷当时价值300万新加坡元的工厂一烧而光，使爷爷蒙受了巨大的经济损失。即便如此，依然没能动摇爷爷捐资助学的决心。在爷爷的带领下，我们全家都动员了起来。1950年，爷爷回到祖国定居，就住在集美村，他时不时写信给我的伯伯、叔叔和爸爸，让他们想办法为扩建学校筹钱。收到爷爷的来信后，家里就商量怎么办，去哪里筹钱，还要想办法把钱汇给爷爷。那时候，不管是通信还是汇款，联络都没有那么方便。但是我们想办法克服所有困难，帮助爷爷。爷爷在一封家书中说，为了做兴学这件事，自己一碗粥就足矣。

苦心的实干家

　　为了兴资办学，爷爷很多事情都亲力亲为。我刚回到集美的时候，故乡的人告诉我，这些学校都是爷爷参与设计的。一开始我半信半疑：爷爷没读过什么书，没有上过什么设计院，也没有上过这种课程，他是怎么设计的？二十多年前，我刚好在厦门，听说一位 110 岁的老先生从台湾回来，定居福州。他是清华大学毕业的，当时被爷爷请到集美工作了八年，帮忙建设校园。我马上就到福州去找他，想确认这些建筑是不是爷爷设计的。他说，很简单，建设集美的时候，陈嘉庚先生带领大家在工地上研究：这个要怎么建，多大，朝什么方向，他用自己的双脚丈量，这么长，这么宽，包括用料、石头、配什么砖、用什么颜色，都是爷爷决定的。大家就按照他的话画画给他看，一直画到他满意为止，然后大家去设计图纸，去修建。修建厦大时，他虽然请了外国设计师做方案，但他也是一一过目并提出修改意见。所以，爷爷不仅仅是投资兴建了集美学村、厦门大学，还是一位很特殊的设计师。

为了教育事业，爷爷倾其所有。他不仅建设学校，还聘请教师。20世纪20年代，爷爷兴办了集美水产学校，为此专门从欧美请来相关专业的教师。在当时能够想到从欧美请最好的老师来教学生，我觉得他非常有远见，也说明他对教育极其重视。

爷爷兴资办学，其实还遇到过一些阻力。除了要建设硬件，爷爷还要宣传教育理念。当时家乡集美很穷，大多数人还不理解教育和知识的重要性。建好了学校，请来了教师，爷爷还要去劝学，去请求家乡的父老乡亲送孩子到学校。动员女孩子上学尤其困难。为了说动他们，爷爷免掉了学费，并且分发校服、课本与文具给学生们，不增加他们父母的负担。如果你成绩好，每周还要送一斤肉。真是用心良苦。爷爷的理念就是教育救国，不是救一家一户，而是救国。

爷爷是非常出色的实业家，在世时捐建和资助了一百多所学校，但是去世的时候并没有给后代留下多少财富，他几乎把所有的钱都捐出去了。临走之前，爷爷用剩下的一笔钱在集美大学设立了一项奖学金。爷爷觉得，如果我们后代是能干的，就会找到自己的路；如果后代不行，留下钱反倒会害了我们。今天我们觉得，他的行为是常人难以做到的，爷爷能这样，说明他是非常特别的一个人，我们都以他为荣。

据统计，他创办和资助的学校有118所，所花费的金额，如果按今天的金额换算，可能有1亿美金，也有人说2亿美金。教育投资跟其他投资不一样，培养的人才所创造的财富是无法计算的。爷爷最大的愿望就是学生从学校出来后都有知识，都能为国家做事，都能为社会做事。爷爷做这些事情，是为中华民族，是为国家。我们都支持他这么做，因为他是无私的。

今天，很多学生以自己能够成为厦门大学的学子而骄傲。2017年5月，福建省的一个代表团到新加坡访问，有一位先生听说我在场，就直接跑过来，握着我的手说："我是厦大的。"我并不知道他是谁，是什么单位的，但是能感觉他非常骄傲自己是厦门大学的毕业生。如果爷爷知道这件事情，也一定非常欣慰吧。

"该花的钱千千万万都要花，
不该花的钱一分一厘都不能花"

陈君宝

　　我出生于 1962 年，我的爷爷 1961 年去世。虽然我没有见过爷爷，但是他简朴的一生深深影响了我们全家。父亲跟我说过一件事。奶奶想把家里的旧家具换掉，爷爷不让换。奶奶很生气地说："你在外面建学校，千千万万都捐，家里一个几百块的家具却不让换！"爷爷说："该花的钱千千万万都要花，不该花的钱一分一厘都不能花。"也就是说，钱不是用数字衡量，而是看它的用处。爷爷不仅是这么说的，也是这么做的。

　　今天，在爷爷的精神的感召下，陈家助学的事业还在延续。爷爷的直系亲属已经有了第六代，有四百多人，分布在七个国家。他们不一定会说中文，但我们必须让他们理解先辈所做的事情，希望这些事情能影响到他们的做人做事，同时也来看看中国的变化。中国这几十年的变化太大了，他们必须懂。因此，从 1998 年开始，我们每几年都会组团回集美，参加学校的活动，到中国各地走一走。我们回去了八九次，人数最多的一次是2008 年。陈家人分布在世界各地，其实每个人都有自己的生活、有自己的事业，是什么力量让我们大家回到集美，是什么凝聚我们大家呢？我想，就是因为爷爷所做的事情让我们所有人都倍感自豪。试问，世界上有几个家族有这样一位先辈，付出所有只为帮助自己的民族、自己的国家？凝聚我们大家的，不仅仅是亲情，还有对先辈的敬意。

　　在我们家族中，"教育"依然是一个关键词。比如我的堂哥陈立人，他以他父亲的名义设立了一项教育基金，帮助过很多贫困学生，让他们有机会得到应有的教育。现在，陈家有第四代在延吉的学校当支教老师，教英语，已经是第三年了。有一位天文学家到厦门大学担任教授，他很乐意回到曾祖父创办的学校去讲课。第三代、第四代、第五代陈家后人中，也有很多校长、老师。

　　最后，我想对我的女儿说：你的曾祖父，也就是我的祖父，他一生给我们留下了巨大的财富，这个财富是无形的，给我们的行为打上了深深的烙印。节俭是我们家学习的第一个道理，这让我们更能够深刻地理解"财富"这两个字。人要努力为社会创造财富，也要懂得让更多人享用财富。当你用财富回报社会，你的人生会变得更有意义。随着时间慢慢地过去，也许你对曾祖父的印象会越来越模糊，但你一定会从生活中感受到他留下的勤俭作风。我希望你能常常回到厦门、回到集美看看，看看他留下的"诚""毅"，你一定会像我一样，以他为傲。

谢谢了，我的家！

读
经
典

子孙若如我，留钱做什么？贤而多财，则损其志；
子孙不如我，留钱做什么？愚而多财，益增其过。

林则徐这段话的意思是，无论子孙有财还是无财，都没有必要给他们留什么家产，目的是防止后人好逸恶劳，不求进取，荒废光阴，虚度一生。因此，他不留钱给子孙，其实是为了子孙好，让子孙通过自食其力实现个人价值。林则徐一生谨遵父命，清廉为官，是国之栋梁。

钱永刚

理学硕士，计算机应用软件高级工程师，上海交通大学钱学森图书馆馆长，清华大学等多所高校兼职教授或客座教授。

钱永刚的父亲钱学森是中国航天事业奠基人，因在总体、动力、制导、气动力、结构、材料、计算机、质量控制等领域的丰富知识及科学成就，而被美国海军部前副部长丹·金贝尔称为"自带五个师的兵力"。他一生重大家轻小家，重科学轻名利，努力五年只为回到中国，努力十年只为中国航天事业。相较于无与伦比的科学成就，钱学森的知识分子风骨是钱永刚最深的记忆。

我姓钱，但我不爱钱

淡泊名利，心系祖国

　　1955 年 10 月，我父亲带着全家从美国回到祖国，落户北京。第二年 6 月，应苏联科学院的邀请，父亲去苏联讲学。那是他回国后第一次出国，在一个月里，他参观苏联的大学和研究机构，应邀发表演讲和参加座谈会，向苏联同行介绍美国科学技术发展的情况。回国时苏联方面给了丰厚的酬劳。我父亲回到中国后，把厚厚的装有卢布的信封交给了国家，用于祖国社会主义建设。

　　1957 年 1 月，我父亲获得了中国科学院科学奖金一等奖，奖金 10000 块，在当时是一个天文数字。他当即用这 10000 块钱买了国家经济五年计划建设公债，1961 年底公债到期时，他把连本带息的 11500 块钱捐给了中国科技大学，用于购买教学设备。那一年的新学期，钱学森要开讲"火箭技术概论"课，他事先要求所有听课的同学必须每人准备一把计算尺，可是许多同学的家境并不富裕，当时一把计算尺的价格就是一个同学一个月的伙食费，三分之二的同学买不起计算尺。我父亲发现了这个问题，就请学校用部分捐款购买了一百多把计算尺，让买不起计算尺的同学都用上，使那笔捐款派上了用场。这里还有一个小插曲：文具店的有的便宜有的贵，工作人员把最便宜的将近一百个计算尺都买了，可是发下去以后还有几十个学生没有。我父亲听说了，叫工作人员一定要足额购买，必须保证每个学生都有一把计算尺。为此，1961 年 12 月 25 日，中国科技大学党委专门给父亲写了一封感谢信："一把把计算尺，不仅解决了学生的经济困难，更给了他们精神鼓励。"那些得到计算尺的学生中有些成了科学家。现在，当年的计算尺成了文物：当时的一位班长毕业后留校任教，后来当了教授，也教过"火箭技术概论"课。我请这位班长把他的那把计算尺捐给了上海交通大学钱学森图书馆，通过这把计算尺的故事，教育现在的老师要向钱学森学习怎么为人师表。

1962 年，我们国家处于非常困难的时期，党中央号召广大干部减工资，后来动员科学家也减工资，以共渡难关。我父亲一听说，就给当时的力学所党总支书记写了一封信，正式请求组织减他的工资。他在信中说，他一直在考虑降低自己的工资，因为当时全国人民的生活水平都比较低，而他感到自己的工资偏高，正好可以借这次机会完成自己的愿望。于是，他先主动把自己的学部委员津贴去掉，再和大家一样按比例减工资，这样他的收入从 400 多块降到了 331 块多，而且一直持续到 80 年代初期。

1995 年，我父亲获得了"何梁何利基金优秀奖"，拿到了 100 万港元奖金。有人曾经怀疑他会自己留下这笔巨款，我父亲依然决定捐出这笔奖金。他修书一封，把这笔钱捐给了促进沙产业发展基金，用于我们国家西部治沙事业。

1985 年，美国总统科技顾问、白宫科技政策办公室主任基沃斯访问中国，他的意图就是代表美国政府邀请钱学森访美。基沃斯说，为了表彰钱学森曾经为美国科学技术发展做出的巨大贡献，美国国家科学院和美国国家工程院都可以授予他院士头衔，总统或副总统可以授予他美国国家科学勋章。对此，我父亲会心一笑说："这是美国佬玩的花招，我根本不会去，我也不稀罕。"他表示，自己当年是被美国政府驱逐出境的，如果美国政府不公开给他平反，他绝不会踏上美国国土。有朋友劝父亲接受邀请访问美国，这毕竟是非常高的荣誉，可是他说："评价一位中国科技工作者的工作，最权威的不是一个什么美国的评审委员会，而是中国人民。如果中国人民说我钱学森为国家、为人民办了点事的话，那才是最高的褒奖。"

生活简朴，幽默风趣

我父亲上班常用的皮包，是他在美国一次会议上收到的纪念品，回国的时候一起带回来了，用了几十年，直到他不上班。那个包破了缝，缝了破，不管别人怎么劝，他就是一直不换。因为东西越来越多，他也有其他的包，但那个包一直没扔。包虽然破，可是里面曾经装了多少事关我们国家科学现代化、国防现代化的资料和文件。它作为一个见证了我们中华人民共和国国防科学现代化发展进程的实物，完全可以评得上一级文物。

当空调已经进入千家万户的时候，我父亲依然用扇子。其实最初家里有一个空调，后来有一年特别热，要换一个更大功率的空调，他就说不要麻烦了，用扇子就可以，忍一忍就过去了。扇子扇着扇着就散了，他就用胶条粘上，继续用，坏了再粘。他一生都是这样，觉得在生活上标准越低越好，只要满足生活基本需求就行，严禁铺张浪费，能修的就修，实在不能修了再换。现在，在上海交通大学钱学森图书馆有二十多把这样的扇子，印证了我父亲的简朴生活。

我小时候很喜欢看《十万个为什么》。到了暑假，父亲笑着说："咱们也留个暑假作业吧，你一天看四十页，怎么样？"我起初不懂，因为看小说一天可以看一百多页，后来才知道，科普文章和小说不一样。他说："你做好标记，等我有空你来问我。"我最开心的就是在客厅里向父亲问问题。我冥思苦想半天也搞不明白的，他三言两语就说清楚了，很多问题一下迎刃而解，我长了不少知识。后来我听别人说他讲课水平高，因为他可以用很易懂的话讲清楚艰深的科学道理。

有一次，我跟他发牢骚，说这次考试出的题以前没有教过。他就呵呵一笑，说："你认识到这一点，今天的考试就没白考，就有收获。因为你懂得了考试就是会考你没有学过的知识。"听他的点拨，我觉得很受用。他还说，你们现在考试测验，无一不是学过的东西。但是你要知道，将来你走向社会，不是只考你会的，也考你不会的。你的本事高低，不仅在于你能解答学过的、学会的，对于不懂的、不会的，也要想办法考好。后来我工作了，这种情况确实经常发生。我回忆起父亲的话，觉得很有味道、很有哲理。

我们全家在一起的机会不多，他和我母亲偶尔会在家听唱片，听艺术歌曲，气氛很独特。晚年的时候，他们会交流对音乐的理解，会关注国内文艺新作，了解我们国家的文化发展。我父亲虽然是一个科学家，但他的兴趣是跨领域的。

我的父亲母亲在生活中很幽默。父亲晚年卧病在床，有一次，我母亲替父亲去外地领奖。临行前，母亲去和我父亲告别。她笑着说："老伴儿，我去领奖了，这两天不能陪你了，你好好待着。咱们先说好，我领奖回来，钱归我，奖给你。"爸爸反应极快，回答说："这个好，钱归你，奖（蒋）归我。"我爸爸姓"钱"，我妈妈姓"蒋"，他这一句话里糅进了两人的姓。我们听了以后，觉得两位老人的对话既有趣，也让人受教育。

"我姓钱，但我不爱钱"

我父亲生活非常简朴，我觉得这个背后实际上反映了中国知识分子非常优秀的美德，就是他们的历史担当。回顾西汉时期霍去病的豪言壮语："匈奴未灭，何以家为？"抗日战争时期强调的"天下兴亡，匹夫有责"。还有我们钱氏家训中的一句话："利在一身勿谋也，利在天下者必谋之。"它告诉后人，一个读书人应该承担对国家和民族的历史担当。我父亲自己也有类似的话。1987年，父亲率中国科协代表团回访英国，时任驻英大使请求我父亲为中国留学生讲几句话。父亲说："鸦片战争百余年了，国人强国梦不息，抗争不断，革命先烈为了强国，为了兴邦，付出了自己的性命，血卧中华热土。我自己作为炎黄子孙的一员，只有追随先烈们的足迹，在千难万险中探索追求，而不顾及其他。"

我现在是上海交通大学钱学森图书馆的馆长，开馆以来已经接待了一百多万名参观者。每次为他们讲解的时候，我内心希望，他们能够通过了解老一辈科学家的生平事迹，逐步树立起中国人、读书人的历史担当。在念书的时候珍惜机会，长大后为我们的国家和社会做一点事。

至于对我父亲的评价，一方面，我认为他并不是一个称职的父亲，他给我的东西还不够多，如果更多一点的话，今天钱永刚的本事可能更大一点；另一方面，我认为他又是一个称职的父亲，在那个年代他承受那么大的工作负担，压力如此之大，他却能很高效地给我一些做人的基本教育，使我至少还成了一个社会能够接受的人，对社会有用的人，我也很知足。我跟晚年的父亲聊天的时候，他说："你上学的时候，我确实忙，没工夫管你，我曾经想过，如果每一个周末我就给你出一道题，数学的、物理的、化学的，我有信心，你高考的时候想上哪所大学就能上哪所大学。"我当时听了以后很感动。他作为父亲，不是不愿意自己的孩子上进，他当然也希望自己的孩子像他一样上最好的大学，将来为国家、为社会做更多的贡献。可是他也知道，一个人的精力有限，不可能面面俱到。俗话说，有得必有失。我很理解他的这个"舍"：在国家的需要面前，他舍弃了对孩子的教育。我没有抱怨。

我知道，当今社会对我而言，不可能没有负面的影响。但是我很庆幸，我的父亲母亲对我的教育，让我对名和利有比较清醒的认识，让我在当今的社会中还能够站得住。每每想到这里，我都情不自禁地深深地感谢他们。

谢谢了，我的家！

孟子·尽心上（节选）

孟子谓宋勾践曰："子好游乎？吾语子游：人知之亦嚣嚣，人不知亦嚣嚣。"曰："何如斯可以嚣嚣矣？"曰："尊德乐义则可以嚣嚣矣。故士穷不失义，达不离道。穷不失义，故士得己焉。达不离道，故民不失望焉。古之人得志泽加于民，不得志，修身见于世。穷则独善其身，达则兼善天下。"

孟子的话道出了中国士文化的精神追求。在古代，士既要拥有某种知识技能，又要深切地关怀社会和国家，超越一己之私，"明道救世"。这一精神追求基本规定了几千年来中国知识分子的道德品格，塑造了中国知识分子的风骨，为了人民、为了社会、为了民族、为了国家，中国知识分子一直在思考、在探讨，甚至抛头颅洒热血。

欧阳自远

中国科学院院士，著名天体化学与地球化学家，中国月球探测工程首任首席科学家，被誉为「嫦娥之父」。他还长期从事天体化学、月球科学、比较行星学、地外物体撞击地球诱发生态环境灾变与生物灭绝等研究。

欧阳自远的父母没有受过正规的教育，他们从学徒做起，刻苦钻研，最终能够独立行医。在父母的影响下，欧阳自远从小就明白人要有一技之长，并一直走在漫漫求索路上，最终成长为"嫦娥之父"。

要学好真本事，以学报国

小小读书郎

我的父母亲小时候没有机会学习文化。我的父亲在药店里做学徒，任务很繁重：扫地、抹桌椅，甚至做饭做菜，一有空就站在老师傅旁边看人家怎么治病，慢慢就学会了，出师以后就自己独立从医了。我的母亲是助产士。他们常说，我们做医生治病救人，一定要有真本事。小的时候，家里经常有人被担架抬来，要治病，我就站在父母旁边看他们医治病人：他们仔细查看，询问病情，判断该用什么药、如何治疗等。等到病人好了，他们感觉这是人生中最大的快乐。

我的叔叔也住在我家，他文化程度也比较高，于是承担了教育我的任务。他每天大约教我认十个字，五六天以后，就有五六十个字，然后复习一遍，等于是考试了。我觉得很轻松、很愉快，而且记得很牢靠。就这样，我学会了不少字。然后我开始念小学。

在学校的学习并不困难，好好听讲就可以学会了。在我居住的小城镇里，有一家书店叫开明书店，据说现在还在。书店里有各种各样的书籍，有小说，也有一些科普图书、科学杂志。我特别喜欢看这些书，家里穷，不可能买那么多。那时候，我每天一放学就跑到那儿去看书，和老板都熟悉了，一到吃饭时间他就提醒我："该吃饭了，小鬼，快回去。"阅读给我打开了另外一个视野。我喜欢看古代的各种小说，比如《隋唐演义》《薛仁贵征东》《薛丁山征西》《薛刚反唐》《西游记》，还有武侠小说，我感觉特别有意思。我现在八十多岁了，闲时还拿金庸、梁羽生的武侠小说读一读，进入追求正义、精忠报国的武侠世界，特别喜欢。不过我看得最多的书跟自然有关系。初中的时候有生物课、物理课、化学课，虽然很粗浅，却很重要。我在书里看到一个更广阔的世界，才知道四季交替，海陆变迁，物种进化，日月运行，星海茫茫，宇宙浩瀚。我觉得，这是阅读给我带来的好处。

年轻探矿者

1952 年我高中毕业，准备考大学。那是全国第一次大学生统一招考。我当时在江西省永新县中学念书，老苏区时，我们学校叫江西省立永新中学。现在它叫任弼时中学，因为任弼时曾在那里办公过。我们的考试地点在吉安市白鹭洲中学，离永新县大约一百公里。像古代进京赶考的秀才一样，我挑着一根扁担，一头是行李，一头是书，和同学一起走了三天，到了之后住在学校的教室里。吉安是江西一座很有文化底蕴的城市，考场就设在古代著名的白鹭洲书院。在每一场考试中，我们那时候最喜欢的事是抢头卷。谁第一个交卷，大家就觉得这个人很厉害。当时高考考五六门科目，有语文、数学、外语、政治、物理等，一共考两天。我抢到了一两个头卷。做完了就交，很有把握。那时允许我们报三个志愿，我的第一志愿是北京地质学院，第二志愿是南京大学天文系。一个地上，一个天上。第三志愿是天津大学化学系。我自信会被第一志愿的院校录取。那时候没有通知书，都是在报纸上张榜公布。我买不起报纸，只能到邮局的阅报栏找。快发榜的那段时间我天天往邮局跑。最后，我看到北京地质学院的录取名单，很快就找到一个长尾巴的名字，一共有四个字，那就是我。

我非常高兴，首先回家告诉了父母。老实讲，当时父母希望我能传承他们的专业，去学医，因为做医生比较牢靠，至少生活能够小康，能够安安稳稳地过一生。可是那时候我们国家要建设社会主义工业化国家，最缺少的是矿产资源和能源，报纸和电台都在广泛地宣传，希望年轻的学子们去"唤醒沉睡的高山，让它们献出无尽的宝藏"。我被这句话深深打动，坚持去学地质，去找矿，为祖国献出宝藏。我感觉这是最光荣的，是我们国家的希望。这是我一辈子都愿意做的事情。

我的父母非常尊重和支持我的选择。于是，父亲亲自送我到吉安，再到樟树镇，看着我坐上火车去北京。火车几乎走了三天三夜。那个时候要过长江，因为没有长江大桥，火车只能分段搭乘轮船过江，没有四五个小时是过不去的。就这样，慢吞吞地到了北京。从那时起，我的耳边经常响起《勘探队员之歌》："是那山谷的风，吹动了我们的红旗"，充满了50年代青春洋溢的气息。

特殊的岗位

1956年，我从北京地质学院顺利毕业，学校分配我留校做了苏联专家拉蒂斯的研究生，攻读地球化学专业。三个月后，我的导师回国了。1956年年底，全国第一次招考副博士研究生，学校建议我报考我国著名矿床学家、中科院地质研究所研究员涂光炽的副博士研究生。结果，我被中国科学院地质研究所录取，研究矿产的分布和成因。我感觉自己有使不完的劲，要为祖国找到无尽的宝藏，这是我的志愿、我的目标、我的追求。

研究生快毕业时，我被选为时任中科院地质研究所所长、中国科学院学部委员侯德封的助手和学术秘书。当时，侯所长非常希望建立一门新的学科——核子地质学，于是派我去中国科技大学核物理系进修一年核物理，之后又派我到中国科学院原子能研究所进修和参加半年加速器实验研究。

回到中科院地质研究所后，我成为那儿唯一一个既懂地质又学过核物理的人。侯所长跟我谈话说，有一个新任务，为了避免原子弹爆炸试验所造成的地面和大气层大面积污染，国家决定开展地下原子弹爆炸试验的工作。我学过地质，又学过核物理，两方面的知识都有，于是被选中承担中国地下核试验的准备工作。当时大家都不知道怎么搞，就一起学习、了解。领导曾找我谈话，要求我组织一个多学科的队伍。第一，找一个地方做地下核试验场地，进行中国的地下核爆炸试验；第二，不准把山炸翻了，不能让爆炸场地里的裂缝和断层发生核泄漏；第三，爆室周围的岩石成分、力学性质、爆炸冲击波与周围介质的相互作用等要有试验数据和验证；第四，在地下核试验结束后地下水涌出来，浸泡熔融的核爆炸产物，爆炸产物里的放射性核素不能被水带走，不然将会污染整个地区的河流、湖泊和地下水，我们将成为历史的罪人。我理解自己肩上的担子有多重，这是国家的重大任务和紧迫需求，必须竭尽全力做好。那时候年轻，也敢干。我回答上级："行！我们一边学，一边干。"于是，研究所组织了一支多学科的队伍，挑了最好的人，奔赴现场。那时候有规定，做什么工作，到哪儿去出差，不能对家人和朋友讲。所以，家人和朋友都不知道我在从事什么工作，也不知道我去哪儿出差。有一次出差半年多，回到家里，四岁的儿子见到我，不认识，赶紧跑出去告诉他妈妈说："妈妈，我们家来了一个叔叔。"六岁的小姐姐跟着也大叫："不是叔叔，是爸爸。"对家人、对孩子，我感到深深的内疚。

让我感到欣慰的是，我们解决了一系列科学和技术难题，工作做得非常好，到 1978 年，做了两次地下核试验，全部指标验证成功。可以说，国家培育了我，使我能够负担起这些责任，我感恩伟大的时代和亲爱的祖国，使我可以以学报国。

1966 年初，中国科学院地质研究所的一部分工作必须搬到贵阳，成立中国科学院地球化学研究所。到现在五十多年过去了，我仍然是地球化学所的一员。1991 年，我已经是地球化学研究所所长，中国科学院院长周光召调我到北京出任中国科学院资源环境科学局局长。我向院长提出三个条件：第一，别把我的户口从贵阳迁到北京；第二，北京工资高，我不拿北京的工资，宁愿继续拿贵阳的工资；第三，做完这一任局长就回贵阳。当时院长感到难以理解。我说，我们从北京到贵阳，我和战友们共同艰苦奋斗了半个世纪，我不能一个人回北京！同甘共苦的战友在那儿，我就想在那儿。资源环境科学局协调近四十个研究所的工作，我认认真真、全力以赴做好，四年后我就回贵阳了。

我想去月球

　　嫦娥的神话是爷爷奶奶讲给我听的，我知道月亮上有一个嫦娥，她住在广寒宫，也知道吴刚和砍不断的桂花树，仅此而已。传说代表人们一种美好的向往，代表我们这个民族想飞得更远。我虽然不懂，但是对月亮产生了极大的兴趣。后来我明白了更多关于月亮的事情，知道了巨大的黑色斑块不是月球的"海洋"，而是由火山熔岩流充填的广阔平原，知道月亮上根本没有水，也没有大气、没有生命活动，却蕴藏有极其丰富的能源和矿产资源。我更赞赏我们的古代传说，中国古人有深邃的目光和深刻的思考，这些传说给人以幻想，给人以追求。

　　我参加探月工程以后，很想宣传我们中国的月亮文化。我们有很多精彩的月亮传说，包括嫦娥、吴刚、桂花树、广寒宫、玉兔等等。民间有很多拜月的风俗，我们有难以计数的月亮的诗词歌赋，都是把最美的情感献给月亮，比如"但愿人长久，千里共婵娟"。我们有很多月亮的歌曲，比如《月亮代表我的心》。

　　1957 年是我做研究生的第一年，苏联发射了第一颗人造地球卫星，宣布了人类空间时代的到来。当时给了我极大的震撼。我相信这是全人类共同的道路，我坚信我们中国人也必然会走到这一步。可是那个时候我们中华人民共和国建立才八年，我们还没有掌握航天技术，我们更没有钱，一穷二白。但是我们可以先做点准备，使我们国家将来走得顺当一点，少走弯路。于是，从 1957 年开始，我便开始关注空间研究。1958 年，美国和苏联两个超级大国为了空间霸权的争夺，立即探测月球，展开了一场激烈的军事竞争；1960 年，他们又去探测火星。我们当时去不了月球和火星，不知道天上有什么东西，但是天上会掉下来东西，那就是陨石。陨石在现代科学研究中有重要价值。这种珍贵的宇宙样品不仅为我们带来许多宇宙空间的信息，还为一系列科研领域提供不可多得的情报。那时中国没有人搞这项研究，我就去搞。1958 年全国大炼钢铁，很多陨石被当作铁矿石扔进小高炉，但是熔化不了，人们就奇怪，这是什么呀？送到中国科学院希望鉴定是什么矿石。样品送到我的实验室，我知道那是铁陨石啊，是合金钢啊，它已经在天体里经过高温冶炼，一百万年才能冷却一度，人力不可能熔化它。之后我就一直研究各类铁陨石，从1960年的内蒙古石陨石，到1976年降落的世界规模最大的吉林陨石雨。

1978年，一份意外的收获从天而降。那年5月，美国总统安全事务顾问布热津斯基代表卡特总统向时任国家主席华国锋赠送了一块仅有一克重的月岩样品。组织上通知我的团队对这个样品进行分析测试。于是，我们联合中国科学院原子能研究所、原子核研究所、长春应用化学研究所、高能物理研究所等共同进行研究，共发表研究论文十四篇，极大地促进了我国月球科学的发展与进步。

到了1993年，中国已经有条件探月了，火箭有了，飞船也有了。我们中国人能不能第一次冲出地球，探测月球？从1993年开始，我们进行了论证中国开展月球探测的必要性与可行性的研究，论证中国开展月球探测的长远规划与发展战略研究，论证中国实施第一次月球探测的科学目标，首次月球探测的技术方案。前后又论证了十年。所以，前期准备和论证一共四十五年。

2004 年 1 月，国务院正式批准绕月探测工程立项。之后，我国月球探测工程逐步展开。2007 年 10 月，"嫦娥一号"成功发射，使我们得以全面了解月球，有了很多新的发现："嫦娥一号"真的建立了伟大的功勋，为人类解决了一个最大的问题：月球的土壤里藏有极其丰富的未来核聚变发电的燃料——氦-3，核聚变发电技术成熟并得以实现之后，月球将为人类社会的持续发展提供一万年核聚变发电的燃料资源。最让我高兴和欣慰的是，通过嫦娥工程培养了一大批年轻、有能力的优秀科学与技术人才。我们还相继实施了"嫦娥二号"和"嫦娥三号"月球探测任务，都取得了圆满成功。

大家把我这个探月工程首席科学家叫作"嫦娥之父"，我觉得我没有这个资格，这只是给我的一种激励。这是我们全体嫦娥人共同努力的结果，成千上万的人付出了劳动。年轻人成长了，他们都有真本事，我很敬佩他们，他们是我们国家的希望。

"要学好真本事，以学报国"

时光瓶

我父母跟我说："治病救人要有真本事，你以后一定好好学习，要学好真本事，以学报国。"这是我印象最深刻的一句话。

我想对我的孩子们说：我真诚地希望你们要仰望星空，脚踏实地，上下求索，践行梦想。为什么要仰望星空呢？一个国家，一个民族，一定要有仰望星空的人，这个民族才有希望。你们要有自己的志向，要有自己的抱负，要有自己的理想，要仰望浩瀚的星空。另外，要脚踏实地，做什么事情都要踏踏实实，学好真本事，你才能够以学报国，才能够为我们民族的伟大复兴、为我们国家的强盛做出你们的努力和贡献。任何事情，要上下求索。我们既要知道"上"，也要知道"下"，全面联系起来探索未知的世界。我希望你们能够不断地求索，不懈努力，求得真理。梦想要去践行，理想要去实现，我们有两个"一百年"的梦想。我已经有第四代了，我真的希望你们加倍努力，践行梦想，共同为我们民族的伟大复兴做出各自的贡献，一定把我们国家建成一个伟大的社会主义强国。孩子们，努力吧！

谢谢了，我的家！

把酒问月

〔唐〕李白

青天有月来几时？我今停杯一问之。

人攀明月不可得，月行却与人相随。

皎如飞镜临丹阙，绿烟灭尽清辉发。

但见宵从海上来，宁知晓向云间没。

白兔捣药秋复春，嫦娥孤栖与谁邻。

今人不见古时月，今月曾经照古人。

古人今人若流水，共看明月皆如此。

唯愿当歌对酒时，月光长照金樽里。

中国古人很早就对月亮怀有特殊的情愫，人们除了对月咏抒、寄托情感，也对神秘的太空产生了好奇和兴趣。如今，地球上有了"嫦娥之父"这样的航天人。他们前仆后继，坚守岗位，勇于探索，在太空中实现中国梦。

耿莹

中国华夏文化遗产基金会创会会长，曾在中国画研究院工作，业余从事绘画创作，其中国画作品被多处国外博物馆、美术馆收藏。

耿莹的父亲耿飚是国务院前副总理，是长征中的"铁军团长"，解放战争期间率部参加平津战役、宁夏战役等。中华人民共和国成立后，耿飚进入外交部工作，成为派驻西方国家的第一位大使，被毛主席称赞"敢说真话，反映真实情况，是个好大使"。在父亲"霸道的干涉"下，耿莹长期学习中国传统文化，关注文物保护，为文化传播贡献力量。

你的根是这片黄土地

自珍自爱，树立文化自信

我爸爸是一个"国粹"，从小到大，他一直在"修理"我。上学时，班上有个同学学油画，每到周末就画点儿绿树红墙，我看了特羡慕，想跟她学，可是没有任何工具，我得想办法买。上中学时我们家开过家庭会议，爸爸觉得我长大了，就拍板给我零花钱，一个月三元。为了学画，我努力攒钱，攒了一年买了个最小的油画箱，让奶奶特地做了一个大书包，可以把油画箱放在里头，不让爸爸知道，也不让其他家人知道。我每个星期六和星期天骑自行车到中山公园画画。后来，我挑了一张自己颇为喜欢的作品挂在房间里。那时候爸爸正好从国外回来，推门进房间就看到了，问道："谁画的油画？"我一得意就说出来了："是我画的。""你怎么画的？我看看。"这下我觉得坏事了，瞄了一眼床下也不敢出声，因为我的油画箱子就藏在床底。爸爸拉开床一看，发现了箱子，一脚就把它踩烂了。我气得哭起来，爸爸居然走了。我还没哭完，他又抱着宣纸、砚台、墨汁和笔进来了，安慰我说："别哭了，爸爸教你画国画，你会吗？就画鸡蛋，还有那种茸茸的小鸡，好吗？"于是，我就跟着他学起了国画。

这样的事不只一件。老师教我们弹钢琴，我们都练得挺棒。等到爸爸从国外回来，我又得意地显摆起来，为欢迎他回来，弹首钢琴练习曲。第二天，钢琴就被爸爸卖掉了。过了几天，他抱回来一把琵琶让我学。他对我说："你是中国人，先学中国的东西吧。"就这么一句简单的解释，让我慢慢地懂得了他。

我从小学三年级开始看《今古奇观》，好多地方都看不懂，爸爸却说，看不懂也得看，《西游记》也一样。他有这样一个理论：作为一个中国人，首先要了解自己的母文化，学习自己的母文化，不一定都能精通，成不了所有领域的专家，但是要懂得一些。将来随便到了哪儿，就能知道人家国家的文化和我们的文化相比，优缺点在哪儿。学习也好，摒弃也罢，心中都有明确的标准。

爸爸一生的"国粹"本色对我的影响很大。以前我觉得他有点急切，霸道，甚至是极端。后来仔细想，爸爸想教我的，就是从小深入了解中国文化，尽早在脑海中形成文化脉络，做好积累。只有这样，无论我走到哪儿，才会有坚定的文化自信。

自惜自重：保护中国文化

我后来在国外待了好多年，那时候总会情不自禁地想家，特别是看春节联欢晚会，听到《难忘今宵》，思乡的情绪最为浓烈。一次，爸爸的秘书悄悄告诉我，首长最近身体不太好，情绪也不高，如果我能回来就回来吧，在他走之前陪陪他，不要留下遗憾。我的年纪越来越大，思念的力量越来越强。走了那么远，经历了很多，我重新选择回到家里，回到爸爸的身边，陪伴他走完人生路。

关于我想做什么，在爸爸生前我们聊过，他说他不会干涉我的选择。最后，选来选去，因为我从小的经历，还有爸爸的影响，我决定做跟文物保护相关的工作。

我记得在解放宁夏的时候，爸爸住在一个破庙里。庙里的菩萨都在掉皮，菩萨背后的壁画却色彩斑斓，都是老祖宗留下的。有一次我看到爸爸的一张小地图，就问他这是谁的画。他说那不是画，而是地图。爸爸在地图上用红色和蓝色的笔画了好几个圆圈，告诉我，那是咱们的炮口。我问道："咱们的炮口为什么不打这些房子？""这个不能打，"他指着小房子告诉我，"这是座清真寺，咱们的炮口正好对着它，如果打出去，它就没有了，你就再也看不见它了，长大了更找不着。寺庙是老祖宗留下的宝贝，我们不能打，炮口得歪一下。"

爸爸用这张作战地图，给了我最初的保护文物的概念，我沿着爸爸的足迹，开始了现在的事业。90年代时，全国范围内的壁画中有一个空白，就是缺少明朝壁画。恰好在北京的法海寺发现了十幅特别棒的明朝壁画，可是大家基本上无缘得见。我想，咱们国家有那么多专家，可以研究一下该怎样保护壁画，才能让更多人欣赏到它们的美丽。于是，我从壁画开始保护文物的工作，接下来还有抢救文物，守候文物。虽然保护文化遗产的工作很难独立完成，但是我想，必须有人做这件事，哪怕只有一个人。2003年的一天，我和几个朋友在一起聚会闲谈。我们都对中国传统文化逐渐消失表示担忧：北京的胡同、四合院越来越少，万里长城仅剩下两千五百公里，龙门石窟的雕刻工艺已经失传……我们就决定成立一个民间组织来做这件事，为传承保护中华文化贡献"剩余红利"，所以就有了中国华夏文化遗产基金会。

现在，基金会已经走过了十多年，我始终坚信，要为中国文化做点事。这是我的人生选择，至死不渝。我会一直坚持，做到没有气息为止。

"你的根是这片黄土地"

时
光
瓶

爸爸从小就一直嘱咐我:"你的根是这片黄土地。"无论在哪里,无论在何时,我都牢记这句话。

我特别要感谢父亲,他给了我生命,也给了我他的DNA和他的性格。我说他是"国粹",这是句玩笑话,但我要谢谢他的"国粹"成就了今天的我。

我希望我的第三代孩子们,能够把外婆的期望一直带下去。我们中国有五千年的文化历史,我们的根在这块黄土地上,我们永远不要忘记。孩子们,你们从小就听着中国神话、中国故事长大,它们和西方的不一样,你们对自己的文化要熟悉,也要像我的"国粹"父亲告诉我的,对我们的文化充满自信。老祖宗留下那么多好东西,比如汉字,你们一定要好好学习,把每一个汉字、每一种文化牢牢记住,把我们的文化传承下去。

不管是大家还是小家,谢谢了,我的家!

一
丹
说

时光流逝,在战火纷飞中出生和长大的耿莹,从当年的小姑娘成了大姐,曾经上山当地质队员,曾经下海当企业家,曾经在街头摆地摊。这期间,她始终没有放弃中国画。她的目光始终关注着中国传统文化,这关注的源头来自她的父亲。为了传承灿烂的中国文化,她形容自己是柴火,有多少本事,就发多少光和热。

高秉涵

1948 年因战乱辗转到台湾，七十年间心系故乡，从 1991 年起带上百坛老兵骨灰回家。

高秉涵的外祖父宋绍唐是清末最后一批公费留学生之一，母亲宋书玉毕业于济南第一女子高等师范学堂。清朝覆灭后，宋书玉和丈夫高金锡拒绝了去日本留学的机会，在山东菏泽农村创办新式小学，发展乡村教育。高金锡在战争中早逝。1978年，宋书玉没有盼回儿子也故去了，但她对儿子说的一句话，如风筝线一般，一直牵着儿子的思乡情，最终带他回家。

你要活下去，娘等着你回来

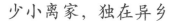

少小离家，独在异乡

1935 年我出生于山东菏泽，1947 年父亲在战争中走了。我娘怕我生命有危险，决定让我跟着山东的"流亡学校"到南方去。临出来的时候，母亲把我父亲遗留下来的一支笔交给我，说无论在什么状况下不要忘记读书，只有读书才能救国。1948 年农历八月初六夜晚，娘牵着我到父亲的坟墓上，让我磕了三个头，跟父亲说声再见。娘跟父亲讲，儿子要到南方去了，你地下有知，要保护他平安地归来。我们又到了奶奶的院里，那时已是凌晨，我娘没有叫醒奶奶，因为我是长孙，怕奶奶受不了。娘让我对着奶奶的房门磕了三个头，然后带着我回到城里去上车。城里是我外婆家，外婆家院里有一棵石榴树，正是中秋石榴成熟的时候，离开外婆家时，外婆说："春生，这里有石榴，放到车上吃。"我右手拿一个石榴，左手被娘牵着，去往东关外。上车以后，看着熟透裂开的石榴，我就慌着吃。娘跟我打招呼，我没有看到。马车已经走了差不多三十米，同一个车子的同学拍拍我说："高秉涵，你娘在跟你打招呼。"这个时候我低着头多啃了一口石榴，再转眼看时，车子刚好拐弯，没有看到母亲。我痛哭起来，把石榴丢掉。从那个时候开始，我这一辈子不再吃石榴了，因为看到石榴我就想到娘。

离开家，到了"流亡学校"，我跟着人流走了六个省，两千多公里，这一路就记得娘的那句话，想着她在等我回去。那时候我十三岁，还一无所知，就跟着人走，走了差不多一年的时间。到了厦门，上了去台湾的最后一条船。船遇到了台风，在海上漂了五天，很多人饿晕了。到了台湾后，到处都是难民。我流落到台北火车站，睡地上。火车站西南方有一个大垃圾厂，我早晨拿着棍子跟狗抢东西吃，这样的生活差不多过了三个月。我苦过来了，没有饿死。最后在火车站碰到我的小学校长，他认出了我，跟我说："孩子，你要读书，光想娘没有用。我们到台湾来了，这一辈子能不能回家还不知道。"我在台湾又考了初中一年级，半工半读。三年初中，三年高中，没有人管我，饿一顿饱一顿，我的胃吃坏了，还出血。从初中三年级开始我就瘦下来，直到现在我的体重没有超过九十斤，一直都是这样子。

想家很苦，尤其是过节的时候。除夕的晚上，大年初一的早晨，有家的人都团圆了。我每个大年初一的黎明就一个人跑到观音山上，面对着大陆高声哭喊："娘！我想你，我要回家！"想娘的时候，我就晚上写信，把我要对她说的话都写到信里边。明知道信寄不出去，但写完以后，心里面就舒服一些。信写完要撕掉，因为那时候想家是有罪的。我托人从香港头了山东和菏泽的地图，想家的时候就看一看。同乡聚会时也把地图带过去。刚到台湾时，在同乡聚会的前十分钟，大家什么都不说，先哭一场。乡音一直都没有忘，听到家乡话心里很舒服。后来我做了同乡会的会长，有一个要求，大家见面讲家乡话，讲得最多的有奖，要鼓励大家讲家乡话。

人年龄越大，反而越想家。两岸开放以后，娘已经不在了，我就给弟弟讲，娘留下些什么，赶快找给我。弟弟找了一件母亲穿过的衣衫给我，我把它放到我在台湾的书房。想娘的时候，就把她穿过的衣服袖子在脸上打一打，表示我和娘在一起。

悲喜家书，乡土滋味

1979 年我已经是律师了，一次到西班牙开会，听说大陆有一个团体要来，我就写了一封信，想问大陆来参加的人能不能把信寄给我家乡的母亲。但去之前台湾当局警告，到西班牙要严格遵守不接触、不交谈等"六个不准"。我的信迟迟不敢递，只好寄到了美国，由美国的朋友寄到家乡。第二年，我接到大姐的回信。信是从美国转到香港，香港的朋友再交给我的。拿到信，我当天不敢拆，因为我走的时候母亲身体不好，几十年过去了，如果拆开这封信，也就等于正式告诉我，母亲不在了，我反而没有希望了。没拆信之前，母亲还永远健康地活在我的心目中。所以那天，我把信放在心口上，没有拆。第二天，我太太拆开给我读，读到第一段，母亲于 1978 年去世……我就叫她不要读了。这是我第一次给家里去信。我很后悔，不应该写信的，我希望母亲永远活在我的心目中。

有娘的地方就是故乡，娘不在了，故乡就是我娘。那片土地是我生命的源头，是我呱呱坠地的地方，我爱母亲，一样也爱我们的家乡，我们家乡的土地。1980 年移民到阿根廷的一个同乡要到菏泽探亲，她特意经过台湾，问我们需要她带什么。我说："你就带一把泥土吧。"她回来的时候，带来了家乡的土产和差不多三公斤菏泽的泥土。全台湾的菏泽人在台北集合，先听她在故乡的见闻，再分土产，一个人两个烧饼。最后分这三公斤的土，这土比土产还重要。大家觉得律师很公平，就请我来分土。我用汤匙盛了土，再用一根筷子弄平，不能凸出来。将近两百个人排队，大概有几十户，我们一户分一汤匙。来领土的人，有的一边笑着，一边掉着泪喊"妈妈"，有的人跪下叫爹叫娘。我的一个老师八十五岁了，也来拿土，我给他一汤匙，他一转身，手发抖，土掉了，他就蹲下来抱头大哭。我说："老师你不要哭，我这一汤匙分给你一半。"那天还有救护车把两位老人送去医院，他们情绪太激动了，心脏也不好。因为老年人拿着土以后，好像是跟母亲见面了。家太重要了。

因分土有功劳，大家特别多给了我一汤匙土。我把一汤匙土放在银行的保险箱里，另外一汤匙分七次放到我的茶杯里，用筷子搅一搅就喝了。我喝了七杯。七杯水从我嘴边喝进去，又从我眼里流出来，眼里流出来的水不止七杯。世界上的泥土何其多，唯有故乡泥土贵，尤其是对游子。我喝了有家乡泥土的水，心里很舒适，思乡之苦好像一下子泄了很多。家乡的泥土是游子解思乡之苦的药。我在山东十三年，台湾七十年，但是提到家我就想到菏泽。这个家，这个生命的源头，没有任何地方可以替代。家好像放风筝的长线，牢牢地把我捆起来了。家真的很重要，就是我们的根。

情系桑梓，尽孝社会

我第一次回家是在 1991 年 5 月 1 日，这个日期我记得很清楚。我叫弟弟陪着我，因为这么多年了，我怕找不到村庄。天下着小雨，我们那个村庄离城里有三十里路，都是泥巴路，很滑。一开始我告诉那个师傅开快一点，我希望一步迈到我家院里面。快到村庄的时候，我的心脏开始剧烈跳动，好像要跳出来了。我叫师傅慢一点、慢一点，那个师傅瞪我一眼说："高先生，你怎么刚才叫我快一点，现在让我慢一点？"我没办法给他解释。车子开得很慢，到了村庄的东头，我就下了车，蹲在那里抱头大哭。老祖宗有一句话叫"近乡情更怯"，我那时才真正感觉到这句话形容得很到位。我们这些本来没希望回家的人，突然一下子回来了，的确有说不出来的"怯"。我转到村西头，有几个老人在那里抽烟，其中一个老头问我："先生，你找谁啊？"我说我找高春生。春生是我的小名。那个老人就讲："高春生死在外地了，死了几十年了。"我一看这个老头的面孔很像我的堂爷爷，我不知道他的大名，只知道他小名叫三乱。我就说："三乱在不在？"他问："你是谁啊？""我就是高春生啊。"我们两个就抱起来一边笑，一边掉泪。他告诉我："我们都以为你死在外地很多年了，没想到你还活着。"

我父母年轻时放弃留学，回家乡创办新式小学。我从小生活在学校里，母亲以身作则教导我。牺牲小我，为老哥儿们义务服务，可以说是受到母亲和父亲的感染和熏陶。母亲时常给我讲，想要救国，为国家服务，就要把书读好。我爱我的母亲，爱我的故乡，爱我的祖国，这是血液中传承的情感。现在我书读好了，但是母亲已经走了。《孝经》里说："身体发肤，受之父母，不敢毁伤，孝之始也。"最起码的孝我做到了，虽然危险重重，但我活着回来了，可惜娘没有等到我。《孝经》里还有一句话："立身行道，扬名于后世，以显父母，孝之终也。"这是孝的最高点。我没有孝顺母亲，所以我想把孝移给社会，为国家尽孝。我要用我的生命发一点光，照亮那些没有来得及回家的老兵，让他们有一条回家路。从我到台湾一路走来，陆陆续续遇到认识的老乡，我就知道，我的方向没有走错。这些老哥儿们有一个愿望，就是活着时做游子，死了以后不能再做游魂。树高千尺，落叶归根，身体不能回去，灵魂也要回去。他们牵着我的手到台湾，我要抱着他们回家乡。

送老兵回家从1991年开始，已经持续了二十多年，可以说我在后半生完成了一个愿望。我拿到他们的骨灰后，感觉心安理得，睡得特别好。领取这些老兵的骨灰要办手续，很麻烦；把骨灰坛拿来放到我家里，最多放八个。住楼上的邻居都有意见，还说这个高律师改行做法师了。但是我知道，当我抱着老兵们的骨灰，把他们的灵魂安放在老家的时候，我的心就安了。如果他们家里没有人，就按生前的说明，把骨灰撒到村庄的四周。有家属的老兵，我就把骨灰坛交给家属。当我把这些老大哥们的骨灰交给家属时，我会用脸亲亲骨灰坛，说一声"再见"，因为他们地下有知。

"你要活下去，娘等着你回来"

时光瓶

我离开家的时候，上车前，娘拧着我的耳朵说："儿子，你要活下去，娘等着你回来。"这是我娘跟我说的最后一句话。小时候跟着人群到台湾，走了两千多公里路，就记得娘的这句话。现在我活着回来了，娘却没有等到我，我连给她送杯水的机会都没有了。

去年我带孙女回家乡扫墓。我年龄大了，也带不了几次了。我想对她们说：叶落要归根，爷爷的根，爷爷的生命源头，在山东，在菏泽，那里才是我们的老家，是我们的根。你们要切记，人不能忘本。我的骨灰将来也会送回山东菏泽。要随时随地回到家乡看看，看看你们的祖宗，看看你们的根。

谢谢了，我的家！

读经典

游子吟

〔唐〕孟郊

慈母手中线，游子身上衣。
临行密密缝，意恐迟迟归。
谁言寸草心，报得三春晖。

苏轼说孟郊"诗从肺腑出，出辄愁肺腑"，把游子对母亲的深情表现得淋漓尽致。高秉涵苦思母亲七十载，当母亲离去，他选择以送老兵骨灰回家的方式，报答祖国母亲。

潘敬新（右）

潘家义诊第二代医生，福建医科大学附属第二医院血液科主任医师。

潘宏达（左）

潘家义诊第三代医生，北京大学肿瘤医院结直肠外科住院医师。

潘敬新的叔叔潘明继从医五十七年，是中西医结合肿瘤科主任医师。他和夫人施增英共同开创了潘家的义诊之风，带领潘家三十四人义诊六十年，一代代传承医德，传播仁心。

你怎么让病人到外面去等呢？

潘敬新：待人以诚，誓救死扶伤

我的叔叔潘明继医生是我们家族的灵魂和表率。他对子女和晚辈虽然要求很严格，但态度一直都很亲切和蔼，印象中他只对我发过一次火。

记得那是我读大一时，一天中午正下着雨，一位四十来岁的妇女抱着小孩来找叔叔看病。这时已接近下午一点了，叔叔婶婶都还在外面开会。我跟那妇女说明了情况，并没让她进门，只是请她等会儿再来。叔叔回来后，我向他汇报了这件事，没想到，叔叔一下子瞪起了眼睛，一向儒雅的他变得非常愤怒，冲我喊道："你怎么能把病人拒之门外呢？"我吓坏了，知道自己闯下大祸了，赶紧抓了顶斗笠跑出去找人。叔叔和婶婶也拿着雨伞出去找人。我找了差不多一个钟头，终于在离家一公里多的地方看到了她：她在一家小卖部躲雨。我马上告诉她，叔叔回来了，请她去家里看病。叔叔见了她一再道歉："小孩子不懂事，没有让你进门，让你受苦了！我们家历来把病人当自家人看，从没有把病人挡在门外的习惯。"当时我心里还挺委屈的：病人上门求医，医生不在，让病人在外面等一下，这有什么不对呢？直到后来我也成了一名医生，才理解叔叔当时为什么那么着急——病人的孩子发烧了，那时候刚好下着大雨，叔叔担心小孩淋了雨病情加重，后果可能会不堪设想。

我一直在思考，为什么叔叔能赢得这么多人的尊敬呢？不仅因为他医术高超，更因为他品德高尚。叔叔几十年如一日，不管病人的职位高低，富贵还是贫穷，他都一视同仁，把病人当作亲人。叔叔历来都怀着一颗仁心，为我们这些后辈做表率。

我亲眼见过一个从江苏盐城慕名到福州找叔叔看病的人，他的家庭很不幸：父母已经年迈，其中一个身患中风，他的爱人又是个残疾人，全家人都依赖他的照顾。可更不幸的是，他本人被当地的医院诊断得了骨肉瘤，这是一种非常凶险的恶性肿瘤，而且没有很好的疗法。他通过媒体了解到我叔叔是一位权威肿瘤专家，就凑上了几十块钱风尘仆仆地赶到福州。可是祸不单行，好不容易凑的钱在车站里就被人偷了。到我们家的时候，他满身都是灰尘，鞋子上全是泥巴。看到叔叔出来，他一下跪倒在地，抱着叔叔的脚说："潘医生，你一定要救我！我是一家的顶梁柱，如果我垮了，这一家就都垮了。"叔叔马上把他搀起来，迎他进家门。问完了来意，温和地宽慰他说："别担心，我会尽全力为你治病，你的生活困难我也会帮忙。"那天，叔叔认真地为他制定了整套治疗方案后，车站已经没有回盐城的车了，叔叔就把他送到一个旅社，为他办了住宿，又帮他买了隔天的火车票，还有一些点心……

叔叔经常为病人搬凳子、沏茶，这样的细节、这样的举动对我们是身教，教我们设身处地为病人着想。

潘敬新：处事以德，爱拼才会赢

叔叔教会我们的另一件事，就是敢拼。

记得我还是个住院医师时，碰到过一个急性白血病病人。他在我们科医护人员的细心调理后，身体状况逐步好转。但是好景不长，在他的凝血功能恢复过程中出现了高凝状态，导致颅内乙状静脉窦血栓形成，把脑脊液排出通道堵了，造成了非常严重的颅高压。诊断已经明确，但是该怎么治呢？比较缓和的办法都不行，我就提出给这个病人用溶栓。但是我们科的其他人听到后连连反对："潘医生，你的胆子太大了！他是一个白血病病人，病情还没有缓解，凝血功能严重紊乱，这时候敢给溶栓？"我们行业里的人都明白这样做的风险到底有多大。上级医生也不同意我的想法，他们说，如果我坚持要做，就要自己负责，因为溶栓可能导致大出血，病人会马上死亡。我明白他们的担忧，但是看到病人的病情不断恶化，过高的颅压让他的眼睛都凸出来了，瞳孔一大一小，还伴有呼吸困难。这时候我意识到病人已经脑疝形成，如果再不采取措施，这个病人的呼吸和心跳就会马上停止。

那天是星期天，上级医师一般不去病房，只有年轻医生留守。我就找了脑内科的同学，两人一合计：针对这个病人当时的病况，如果医生不拼，病人肯定死；拼，可能还有救的一线希望。于是我跟家属商量了一下，家属看到病人那么痛苦，也就抱着死马当作活马医的心态，答应了我的请求。当天我们就给他做了溶栓，效果非常好，第二天，病人所有的症状都消失了，颅高压解决了，后来白血病也缓解了。这件事给了我很大的鼓励，医生搏一搏，有时候真的能把病人给救回来。

其实我有这样一种拼劲，也是受了叔叔的影响，因为他无时无刻都不忘自己是一个医生，必须履行医生的职责。叔叔的听诊器从不离身。有一次在百货商店，他身边一个五十多岁的男同志打了一个嗝，吐出一口气。叔叔闻到了一股恶臭味，立刻告诉他："同志，你生病了，你的胃出口可能长了肿瘤。"在那个"谈癌色变"的年代，听了这样的话，怎么会心平气和地接受？那个男同志立刻吼道："搞什么鬼！你怎么说我长了肿瘤？！"他揪着叔叔大声质问，引来众人的围观。即便叔叔表明了身份，他还是情绪激动地喊："去你的，什么医生，你是在诅咒我！"

叔叔听罢，不气不恼，拿出了听诊器。那人愣住了，不再激动。叔叔问道："你最近是不是吃一点儿饭就感到胀？是不是经常呕吐？吐出来有酸的东西？"他不回答，叔叔继续说道，"你今天吐的是不是还有昨天吃下去的东西？"叔叔根据他的专业知识问了许多问题，病人感到他讲得还挺沾边，因为很多人看着，他觉得不好意思，一声不吭地跑了。

叔叔在病人离开前说出了自己在福州第一医院肿瘤科工作。病人回到家里就一直琢磨，这个医生是不是神仙？我什么都没说，他居然知道我所有的不舒服。人家说得有道理，我错怪他了。于是第二天早晨，他跑到叔叔的科室门口等，见到叔叔后再三道歉："潘医生，是我不对，我当时太激动了，是我误解了你。你真的是很神，我什么都没说，你就知道了我所有的症状。麻烦你帮我看看吧。"叔叔回答："当然了，我告诉你就是让你尽快就医，为了你的健康着想。"一检查，果然在他的胃幽门部有个肿瘤，还好肿瘤向内长，不算晚期，所以术后效果非常好。后来，这个病人逢年过节都要给叔叔寄一张明信片，或者亲自来拜年，感激叔叔救了他的命。

这件事让我明白，医生必须要有海纳百川的胸怀，以及敢于说实话和冒险的勇气。病人可能会不理解，甚至憎恨医生，但是身为大夫，要能够在病人遇到危机的时候，不顾一切地抢救他们。

潘宏达：承袭家业，行医为信仰

我从小在医生家庭里长大，对叔公的医德耳濡目染。听婶婆说，叔公生病后精神和体力都不太好了，每天睡几个小时，醒了就看书，查资料，甚至还想给病人看病。在叔公生命的最后时刻，他有时清醒，有时糊涂，甚至会出现幻觉。有一次叔公用手指着笔，爸爸还以为他要写遗嘱交代后事。没想到，他想的是为一个病人开处方。生命垂危的时候，叔公依然心心念念想着病人。

爸爸工作一直很忙，但是他不计得失、尽力抢救病人的行为也让我感动，促使我走上学医道路。他身上的一点特别伟大——救治病人时从不优柔寡断，只是坚决去拼，与时间赛跑。医生其实承担着很大的风险：如果你不拼，病人不知道自己还有路可以走，也许他最后去世了，也没有人会怪你；如果你拼了，病人有可能过鬼门关，也有可能挺不过去，这时候医生的压力可想而知，但爸爸永远都沿着叔公和众位长辈的足迹，竭尽专业技能，为病人拼搏。

高考结束后，我提出想学医，爸爸语重心长地说："你可以学，但是我要提醒你，学医意味着一辈子都跟'轻松'二字无缘。"我明白，不轻松的除了学习专业知识，更有手握他人生命的精神压力。他和他的同事曾经因为一次抢救被病人家属误解，受到了严重的打击，但是他接着又对我说："当你把病人救回来的那一刻，你所获得的成就感和满足感可能是其他职业都没法给你的。"

很快地，我就对爸爸说的话有了切身体会。我的工作地点始于急诊外科，那里总是在上演人情冷暖和惊心动魄。一天凌晨，一位九十四岁的老太太来就医，经过诊断，她患上了凶险的急性化脓梗阻性胆管炎。我跟家属解释了情况，要求老人立刻住院做手术，可他们非常不解，还说老太太十年前得过胆囊炎，保守治疗就挺过来了。我再次陈述利害，还帮忙开了住院证，可家属依然在犹豫。这时，我二话没说，亲自推老太太进病房，过了一会儿就安排了手术。进手术室之前，她的家属又反悔了，还怀疑我这个年轻医生忽悠他们。我虽然生气，但还是跟他们晓之以理，动之以情，分析了老太太的各种情况，终于说服了他们。老太太得到了及时的手术治疗，一个星期后康复，老太太的孩子们都来到医院，当面致谢，感激我当时的决断和耐心劝导。

这件事深深地影响了我，被误解的酸楚自不必说，但是我理解了医生职业的神圣感和使命感——病人以性命相托，而我们是他们唯一信赖和依靠的对象。我想起叔公和爸爸一直以来的敬业与奉献精神，他们不仅是我的榜样，更坚定了我的行医信仰：要对得起病人，对得起自己。

潘敬新：大爱无疆，无愧"大先生"

叔叔总是告诉我们，人生必须拼搏，还要记着奉献社会。他是潘家义诊的先行者。1958年叔叔结婚，过年带着新娘回乡。到家刚放下行李，还来不及分喜糖，从外面就匆匆忙忙抬进来一个大汗淋漓、四肢冰冷、动弹不得、口中呻吟不断的病人。大家喊道："明继，明继，你回来了，赶快给他看一下！"叔叔马上诊断，是严重的急性阑尾炎并发腹膜炎。学西医的叔叔立刻开方子，请人到附近的诊所买药。学护理的婶婶就给他挂上药。乡亲们纷纷感叹，省城来的医生确实水平一流。第二天，他的病情明显好转。消息在乡里传开了，很多人上门找叔叔看病，他一天就看了三四百号人。就这样，蜜月变成了一场行医诊脉活动。心地善良的婶婶没有任何抱怨，她目睹了家乡缺医少药的状况，听着乡亲们喊着"省城里难得来了大先生"，主动说道："既然家乡这么缺医，我们以后每年回来为乡亲们服务，你看怎么样？"叔叔是一个爱家乡、有孝心的人，他总是说，父老乡亲们供我上学，现在我成了有用之才，就必须回馈他们。新娘这样说正中他的下怀，叔叔当即决定，每年春节都回来给乡亲们看病，定下了大年初二回家义诊的规矩。

我们家从叔叔开始几乎世代行医，因此我们被亲切地称为"潘家军"。1983年我大学刚毕业就参加了义诊，当时有五六个医生；等到我儿子加入的时候，队伍里已经有三十多人了。我们的心一直没变，不过装备和技术随着时代的发展在慢慢革新。在一些老照片里，我看到叔叔一个人坐在中间，外面几百号人把他围得水泄不通。中午的饭点到了，没法给他送吃的，只能"击鼓传饭"。随着"潘家军"慢慢壮大，内科、外科、妇产科医生都有了，于是我第一次参加义诊时就想了个新点子——做分诊。先让还是学生的潘家第三代观察病人，给他们量血压、问病史、写病历，帮他们分配到相应的主力医生那儿，这样既提高了我们的效率，又方便了病人。病人的生活水平提高了，对生命质量的要求也越来越高，我们就在诊室的大厅给病人发放健康宣教资料，大屏幕里还播放影片，教他们一些延年益寿的正确生活方式。此外，我们的义诊地区也在扩大，今年我跟哥哥嫂嫂就去了宁夏义诊，取得了很好的社会反响。

义诊早已是我们家族共同的事业，不从医的家人也踊跃地加入义诊队伍。他们自发组织了"后援团"，穿着红马甲，专门引导病人，维持秩序。大家都因为一样的心思凝聚在一起，发扬光大我们的潘家义诊，也是对叔叔和前辈们的怀念。在我们家族中，医德和家风早已融为一体。叔叔婶婶创立的家训是"待人以诚，处事以德"——不管是自己做人，还是对待病人，我们都要心怀仁德，懂得奉献。这句话将会代代相传，正如我们的义诊，还会有第四代、第五代医生传承下去。

"你怎么让病人到外面去等呢？"

时光瓶

潘敬新：叔叔，非常感谢您把我带入了医学行业，悉心培养我，使我能够从事我热衷的医疗事业。您当年说的"你怎么让病人到外面去等呢？"和愤怒我记忆犹新。您和婶婶定下了三十二字"明英家训"："待人以诚，处事以德；作业以精，求索以勤；奉献为本，服务为尚；礼仪为尊，和谐为贵。"这些话给了我无穷无尽的精神力量。我可以非常自豪地告慰叔叔，您开创的春节回家义诊，整个家族都在自觉地传承，还会发扬光大。

潘宏达：亲爱的小得意，你很快就要来到这个世界。我们的大家庭里出了三十四名白衣天使，持续义诊六十年。他们用一生的坚持和奉献来守护人们的健康。你的太叔公用"待人以诚，处事以德"的信念建立了我们整个大家庭的家风。未来，不论你是和爸爸一样当医生，还是选择其他行业，我都希望你能够把我们家庭的善良和真诚传递下去。

谢谢了，我的家！

千金要方·论大医精诚第二（节选）

〔唐〕孙思邈

　　凡大医治病，必当安神定志，无欲无求，先发大慈恻隐之心，誓愿普救含灵之苦。若有疾厄来求救者，不得问其贵贱贫富，长幼妍媸，怨亲善友，华夷愚智，普同一等，皆如至亲之想。亦不得瞻前顾后，自虑吉凶，护惜身命，见彼苦恼，若己有之，深心凄怆，勿避险巇、昼夜、寒暑、饥渴、疲劳，一心赴救，无作功夫形迹之心。如此可为苍生大医。反此则是含灵巨贼。

　　孙思邈是唐代医药学家，被后人尊为"药王"。他在著作《千金要方》第一卷就论述了医德的重要性，要求医者有仁心，对患者感同身受。这是中国医者千年传承的优良品德，立身之本。

丘成桐

二十五岁时成为美国斯坦福大学教授，二十七岁时证明卡拉比猜想，三十三岁时成为第一个问鼎菲尔兹奖的华人。

丘成桐的父亲丘镇英是位哲学教授，在香港中文大学创校书院之
一——崇基学院工作。尽管家境清贫，丘家始终保持中国知识分子的
风骨和志向，从小教孩子与书为伴。丘成桐用功钻研，在美国获得"数
学皇帝"美誉后，1994年在香港中文大学建立数学研究所，之后在中
国科学院、浙江大学、清华大学相继建立数学科学中心。他的弟弟丘
成栋同为知名数学家，在哥哥的影响下，他于2011年辞去海外永久教职，
到清华大学任教。

寻孔颜乐处，拓万古心胸

身处困境，不忘读书之乐

我的父亲是一位穷教授，一年的收入只有2000港币，房租一个月100，交了房租只剩下800。虽然学费很低，但是家里有八个孩子，所以生活很困难。后来，因为他的偏脾气和坚持原则的个性，跟学校的校长过不去，他就辞职了，于是家里的生活更加困难。但是，父母从没有放弃对我们的教育。

我们家的客厅很小，才十多平方米。客厅只有一张桌子，吃完饭要赶快打扫干净，因为几个孩子就围着这张桌子做功课。父亲的书桌在我们旁边，桌上堆着很多书，他有时改作业，有时写自己的书。因为父亲就在旁边用功，我们也不敢偷懒。

因为桌子不够大，容不下八个人，大家就轮流坐着看书，或是回自己房间看书。我们小的时候，父亲让我们看一些中国传统文学作品，比如《三国演义》《红楼梦》《水浒传》，还有鲁迅的小说和文章。等我们年纪大一点，他就让我们看深奥一些的，比如哲学书，还有西方的文学作品。我们都有自己偷偷看的书，主要是小说，比如我就爱看古典武侠作品。

少年时代，我接受的基本上是家庭教育。父亲的严格和古文教育，对我产生了很大的影响。我们家虽然穷，但对贫穷有自己的看法。父亲刚开始给我念古文，第一篇是《礼记·檀弓》中"嗟来之食"的那段，第二篇是陶渊明的《五柳先生传》。当初我看不太懂这两篇文章的意思。可是后来慢慢感觉到，父亲想教我们，做人要有骨气。

一夜长大，重新读懂父亲

我十四岁时，父亲生了一场大病，因为没有钱医病，只好到处借钱。母亲很辛苦，又要照顾几个小孩，又要照顾父亲，还要到处找人借钱。母亲最后找到了一个学生帮忙，把父亲送进了医院，但那个时候已经太迟。再加上一年前二姐因为感冒医治不及时突然去世，给了父亲很大的打击，他就匆匆撒手人寰了，去世时才五十三岁。之后，我们连去殡仪馆、把他下葬都很困难，甚至交不起房租，只好找了很小的地方住下来。

父亲去世后，我们一下子没了精神领袖。在困难的时刻，母亲用巨大的勇气撑起了这个家。有很多亲戚朋友劝她不要让小孩子念书了。妈妈说，不行，小孩子要继承父亲的遗愿，还要继续念书，不但要念书，同时要念到出人头地。母亲对我们的期望很大，虽然她不怎么讲出来，可是我明白。那时候，我们家穷得连电灯都没有，晚上要点油灯。她每天都准时过来帮我们点油灯，让我们能够念书和写字。母亲在书香门第长大，她坚持要我们好好念书，不能随随便便的，所以就尽量让我们有一个好的念书环境。

以前都是父亲督促我一个字一个字地背古文、念书，有时候我觉得没意思，还偷懒。但是父亲去世后，我仿佛一夜之间长大了。我去翻他的书架，重新读他教过我的东西。走路的时候念书，坐车的时候还带着书看。除了看学校要求的教科书，还有很多课外书，科学类的、文史类的，我都涉猎。我经常跑到旧书摊去买书，因为那儿的书比较便宜，几毛钱就可以买一本。通过看书，我在中学时代学到的知识比学校要求的多得多。

我一边读书，一边也读懂了父亲。从小到大，我做学问不是为了出名，是为了了解学问本身的意义，这才应该是读书人的精神。到了美国后，我开始有兴趣做几何。当时我发现了卡拉比先生写于1954年的文章。他提供了一个解决几何问题的角度，却没办法真正解决问题。我就下定决心，非要做出来不可。当时我刚进研究院，什么都不怕。虽然没有人相信我是对的，但我不理会。每次遇到困难，我都苦思冥想解决方法。解决一个小问题，我就觉得很快乐。这都要归功于父亲关于读书乐趣的教导。二十七岁那年，我成功证明了卡拉比猜想，让它成为几何分析里最重要的起点，也影响到整个几何学未来的发展。

志存高远，为国家而努力

父亲和母亲都期望我们是为了念书而念书，从来没有要求我们去念一门能够赚钱的学问，只希望我找到能够对人类有贡献的学问，走我自己的路。父亲去世前一直在写《西洋哲学史》，里边引了《文心雕龙·诸子》的几句话："嗟夫！身与时舛，志共道申，标心于万古之上，而送怀于千载之下"，它的意思是，做学问既要能跟古人接得上，也要能传到千古以后。这句话成了我的人生格言。无论是研究哲学还是数学，我们立下的目标是，上可以承接古人智慧，下可以传与后代，对后人有所贡献。

父亲写过一幅字："为天地立心，无问东西"，这是他的大局观。他能够在非常辛苦的时候还花很多时间思考国家的命运、中华民族的前途，从哲学的宏观角度考虑中国的现实。父亲不但研究中国的哲学，也看西方的哲学，他认为我们要有宏大的眼光。我作为一个年轻人，深深地被父亲的思想影响，更被他的情怀感动：他教书，就是想帮助年轻人，让他们能够上进，因为中国的前途都要靠年轻人向前走。所以，我这些年花了很多工夫做教育，也是继承父亲的遗志。

"寻孔颜乐处，拓万古心胸"

时光瓶

爸爸书桌上有一副对联令我印象深刻："寻孔颜乐处，拓万古心胸。"它讲的是，孔子跟他的学生颜回，一辈子很辛苦地到处走，但是他们自得其乐。他们对整个民族、对整个中国的情怀将万古流芳。我觉得最重要的是，父母教会我做一个正直的人，不能有任何假的东西，还要对社会和国家有贡献。这一点我始终记得，没有忘掉。我很高兴有父母在这方面的教导，我也要以此教导我的儿子，教导我的学生，期望他们有宏大的志愿。我觉得，人的格局要大，人生才有意义。人在世界上走一次，总是期望能留下自己的脚印，留下一个传世的工作。

最后，我想对我的儿子、孙子说：我希望你们记住，我们是中国人，应当牢记我们的祖国是中国，我们的根在中国，我期望你们能为中国社会做贡献，为祖国做一些事情，不单单是为了自己。我们丘家不是为了钱、为了名，而是真真实实为国家、为社会做事的家族。

谢谢了，我的家！

读经典

劝学

佚名

三更灯火五更鸡，正是男儿读书时。
黑发不知勤学早，白首方悔读书迟。

读书自古是中国人的一件大事。这首诗勉励人们珍惜时光、勤奋学习。在丘成桐家，孩子们不吃饭也要念书，因为读书是人生的必修课。

范石钟

「90 后」设计师，被美国《福布斯》杂志评为「中国最具发展潜力设计师」，美国顶级设计大奖「CORE77 奖」金奖唯一中国获奖者，七次获得德国「红点设计大奖」，五次获得德国「IF 国际设计大奖」，五次获得「红星奖」。2017 年度优秀设计师。2017 年度青年设计师。至今已经斩获一百多项国际设计大奖。

范石钟在毫无血缘关系的爷爷身上看到了理解、宽容、质朴和善良，这深刻地影响了他对生活和生命的理解。

人这一辈子，要做有意义的事

脚踏实地：高层救援的生命滑梯

我经常在电视新闻里看到，一旦发生火灾就会有很多人员伤亡，特别是在高层建筑里。既然问题这么严重，怎么没有人解决呢？我就去消防总队做调研，询问为什么高层发生火灾时有这么多人死伤。他们说，高层救援是一个世界性难题。于是，我决定做一项设计去解决这个问题。消防队给了我很多帮助，比如让我参加相关演练，让消防员教我操作装备等。我发现，目前世界通用的消防梯都需要一上一下，救援效率太差：每次救两三个人要调试五到十分钟，一栋大楼里有成百上千人，黄金救援时间只有十几分钟，因此，救援效率低是造成人员伤亡的最大原因。

我作为设计师，平时观察比较敏锐，碰到一些小窍门就记下来，这是我们的职业习惯。坐飞机时我注意到，起飞安全提示里介绍了飞机迫降时乘客应该怎样逃生：飞机需要迫降时会有一个滑梯，人可以非常快地滑下去；一架波音747飞机有20多米高，人滑下来没有问题，高度问题就解决了。于是我想，这样的滑梯能不能用到火灾的高层救援上呢？

有了这个灵感，我便开始设计。有的楼层很高，人滑下去有危险，我就试着用可折叠的滑梯，实现无限升高，这样做的最大优势在于，人滑下来只需要五秒钟。救援梯前面有一个可以破窗和破墙的装置，人滑下来后有一个缓冲区域，消防队员可以在那里帮助逃生者，保证他们的安全。如果楼层比较高，被困人员觉得害怕，消防员还可以辅导他们，缓解他们的心理压力。

经常有人问我："你做设计的灵感从哪里来？"我认为，灵感是一个引发点，而真正做出来的东西要经得起实践检验。制造专业性强的东西，自己首先要变成专家，也绝不能闭门造车。消防总队全程参与了我的滑梯设计。我们邀请了多次经历一线灭火现场的人合作，请消防总队当评审，我们根据他们提出的问题进行改进。滑梯完成后还要找物理学家做科学论证，只有充分证明了滑梯的安全性，才能投入生产。

生命滑梯获得了十多个国际奖项。2017年，它作为中国的四件代表作之一，参加了在迪拜举行的全球研究成果展。那儿聚集了世界各国的最新发明和创意，我的作品获得了很好的反响，因为这是可以救命的有意义的设计。我们设计师应该聚焦一些现实问题，让缺陷更少，让人的需求更多被满足，让世界更完美。

舐犊情深：爷爷的支持与鼓励

我平时善于观察，这一点是从爷爷那儿继承的。从小到大，爷爷对我的观察非常细微，当我的脑子里冒出兴趣的小火星时，他总是鼓励我。

我是陕西宝鸡人，那儿的古文化氛围特别浓厚，历史和民俗的东西一直熏陶着我。我看到爷爷写得一手好书法，于是也拿起毛笔画水墨画。我喜欢画画，更喜欢把我的作品拿给爷爷看，让他夸我。其实我的父母不喜欢我画画，他们觉得我应该学好文化课，可爷爷总是夸奖我，说我有进步，让我非常自豪，很有成就感。这个兴趣的火苗在爷爷的呵护下越烧越旺，我也越画越专业。但是，绘画工具非常昂贵，我画国画需要用宣纸，一张宣纸要八毛钱、一块钱，十几分钟就用掉一张纸，颜料更要花一两百块钱。那时候我们家并不富裕，爸妈也不支持我，不给我很多经济支援。只有爷爷把自己赚到的有限的几个钱给了我，让我买画具，他经过文具店时总会考虑我要用什么，他很懂墨水和纸，总会给我买。到了高中，我想参加专业的绘画培训。但是这样的课按小时计费，一小时就要几百块。我拿着我的画，找到爷爷，他帮我说服爸妈，同意我学美术。所以，我的画画之路一直得到爷爷的支持。

爷爷对我非常慷慨，但是从来舍不得给自己买一点儿新东西。他做小本生意，卖铁器。有一次我提出跟他一起去订货，因为我知道他每次都背着好几个沉甸甸的麻袋，担心他拿那么重的东西有危险，几次说要帮忙，但他怕我丢脸，不让我去。后来我好说歹说，他答应了我可以站在旁边看。爷爷背不起袋子，在地上拖着袋子一点一点往前挪，这幅画面深深地刻在了我的记忆中。爷爷过得那么辛苦，但他相信，支持我画画是有意义的，会指引我把爱好变成专业，培养我的技能。

从善如流：永远不忘仁厚为本

做有爱心的人，以"有意义"为工作出发点，这是爷爷教会我的最重要的品质。除了生命滑梯，我还为老人做了很多可以便利生活的东西。比如一款含糖监测仪手环。很多老人有糖尿病，但是大部分包装袋上都不会写食品的含糖量，老人可能误食，伤害到自己的生命。用我设计的手环对着食物一扫，就能测出它的含糖量，提醒大家远离危险。我还给老人做过一款帮助起床的设备，一按开关，身后一个弹性的东西就能帮助他们起身。我长时间地和爷爷生活在一起，对丁他的苦恼和困难感同身受，所以我的体贴和善解人意是自然而然的，老人的需求就是我的设计出发点。

爷爷总是告诉我，要做个好人，要善良，要为别人着想，而他自己就是个乐于助人的人，是我的榜样。我们家周边有一些孤寡老人，儿女们不在身边，生活得很辛苦。爷爷常常去看望他们，给他们送去钱或生活用品，还陪他们说话，讲笑话。这些东西都是他用卖铁器的钱买来的。卖东西的时候，如果碰到顾客忘了带钱或者钱没带够，爷爷还会大方地说："没有关系，东西给你，随便给多少钱，就可以拿走。"在我看来，他充满正能量，非常乐观，总能用快乐感染身边的人。

随着年龄越来越大，爷爷变得不那么爱说话了，每次我回家，他最喜欢问我现在在干什么，我说做设计，他弄不懂，我索性说，我是发明家，他就知道了。我知道他听不懂我说的，但他安静地听着我、看着我，通过这种方式表达理解，仿佛走进了我的心，了解了已经长大的我。爷爷去世前看到了我画的生命滑梯的图纸，我告诉他说这是可以救人命的，有很大的社会意义。爷爷立刻觉得很自豪，因为孙子设计的是可以救命的好东西。这是他的评判标准，也成了我的设计理念：做设计之前，首先要做好自己。作品就像设计师的孩子，设计师是一个好人，他的设计就是好设计。当一个设计师心里有他人的时候，设计出来的东西就能帮到他人，就有意义。

"人这一辈子，要做有意义的事"

时光瓶

其实，我的爷爷跟我没有血缘关系。当年我的亲生爷爷去世了，他来到我家，卖铁，卖菜，用尽一切力量撑起我们家，是家里的顶梁柱。

自我记事开始，从小学、初中、高中一直到大学前，我都和爷爷住在一起。他常对我说："人这一辈子，要做有意义的事，做一个好人。"这句话一直指引着我的学习和工作。我的很多设计作品都更多地考虑社会意义，比如生命滑梯。

我特别想对过世的爷爷说：谢谢您，一直陪伴我，在我最需要的时候支持我、帮助我；谢谢您在我的整个小学、初中和高中，指导我，给我灌输以人为本的思想，爷爷，我没有让您失望，我会把您说的话传承下去，让它成为我未来家庭的家风。

谢谢了，我的家！

每个孩子的爱好就像小火星，一闪的时候，如果家人没在意，闪完后就灭了。如果家人注意了，看重了，这个小火星会变成什么呢？设计师范石钟给出了答案。爷爷发现了孙子的小火苗，呵护它，使他的爱好变成专业，更用一句简单的"有意义"，指引孙子的职业之路。比起锦上添花的设计，范石钟更专注于雪中送炭，为需要帮助的人贡献奇思妙想，让人心生敬意。

矢志不移

荀子有语：「是故无冥冥之志者无昭昭之明，无惛惛之事者无赫赫之功。」这是说立志的重要性。苏轼在《晁错论》中说：「古之立大事者，不唯有超世之才，亦必有坚忍不拔之志。」这是说实现志向必须持之以恒、克服困难。在中国人的家庭教育中，坚韧不拔是基础的要求，打造了中国为人的品格底色。

鲁迅先生说：「世上本没有路，走的人多了便成了路。」中国人从来不等、不靠、不要，从来都是自立、自强、自新，坚定不移地实干兴邦，走出了一条中国道路。

张旭蕾

新疆公安边防总队军人。虽然从小和父亲聚少离多，但她在父亲的伟岸身躯和匆匆背影中读懂了坚守与奉献，长大后选择像父亲一样，续写中国边防军人的传奇。

张旭蕾的父亲张玉贵于 1982 年着手组建红其拉甫边防检查站，并出任首任站长。在青春最恣意的时光里，张玉贵在海拔 5000 米的生命禁区，跨马走天路，顽强守边疆。张玉贵在红其拉甫升起的中华人民共和国国旗仿佛在说，有一种高度叫帕米尔，有一种境界叫红其拉甫。

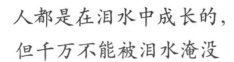

人都是在泪水中成长的，
但千万不能被泪水淹没

英雄壮志不言愁

对于红其拉甫，生物学家的定义是"生命禁区"，地质学家的定义是"永冻层"，外国人的定义是"死亡雪域"，中国人的定义是"不毛之地"。去往红其拉甫的路被称为"天路"。先坐二十多个小时火车从乌鲁木齐到喀什，这一路可以看到城市、看到人、看到车站，越往南走越偏，绿色越少，树越少，最后只有光秃秃的一片。到了喀什之后，如果路况好，再坐七八个小时汽车，才能到达红其拉甫边检站，然后再开一个小时左右的车，才能到红其拉甫的前哨班。

红其拉甫边检站的自然条件非常恶劣，山洪、狂风、冰雪和泥石流是"常客"。全年无霜期不到 60 天，水的沸点不到 79 摄氏度。那里氧气含量不到平原的一半，根本不能跑，快走几步都会喘得不行。山上全都是沙子、戈壁，山路特别不好走。近几年开发了旅游业后车辆稍微多一些，以前除了通往巴基斯坦的过境车辆以外基本上没有车。周围没有居民，路上也没什么行人。到海拔一两千米的时候，人感觉越来越冷，不仅是气候上的冷，心还感觉越来越荒凉。夏季从喀什出发，上山以后是秋末冬初，到前哨班就完全是冬季了。第一次到红其拉甫的人，都会有严重的高原反应，头痛欲裂，胸闷恶心，浑身难受。

爸爸在帕米尔高原一共工作了 27 年，其中 10 年在红其拉甫边检站。建站之初爸爸就在那里，最基本的生活和工作条件都不能保证，没有营房，爸爸带着 15 名官兵搭了 7 顶帐篷抵御风雪。没有饮用水，战士们夏天去三四公里以外的地方拉，冬天挖冰化冰。没有厨房，几块石头支起锅，煮夹生饭。有的晚上特别冷，零下 40 摄氏度以下，大家为了取暖，用军大衣把自己裹成粽子，用军帽把头包得死死的，一个挨着一个睡。因为缺氧，爸爸常常睡不着觉，白天需要查验证件的时候头晕得不行，他就拿冰雪敷脸，让自己清醒一点。

红其拉甫边检站所有的供给都从喀什往山上运。山路特别狭窄，天气好的时候要走三天三夜，一旦发生山洪和泥石流路就断了，等路修好了，大部分水果、蔬菜、肉都坏了，但是不能扔，爸爸让炊事员把勉强能吃的挑出来，多洗几遍，多煮几遍，多放调料，把腐味盖住。大雪封山的时候更难。有一年封山时间特别长，山下的供给运不上去，大家只好省着吃，原来吃一天的分成好几天吃，有时只吃蒸土豆。有一位叔叔原来吃三四个土豆，因为物资特别少，吃一个就说饱。

红其拉甫的边防军人都特别能吃苦，特别能战斗，特别能忍耐。每当我遇到困难和挫折，爸爸总会鼓励我说："你要坚强，要学会忍耐。"

自古忠孝两难全

爸爸在红其拉甫边检站的故事，我大多是听在那里的叔叔阿姨讲的，因为爸爸在家的时间很少，他在家都是高高兴兴的，从不叫苦叫累，也从不愿意让我们担心。他有非常严重的雪盲症；因为长期缺乏维生素，他的嘴唇干裂脱皮，指甲一碰就断；因为高原气压低，他常常喝煮不开的水；因为高原风沙大，他吃的夹生饭还裹着沙子……所有这一切，他从没有对我们说过。

在恶劣的高原环境中生活多年，爸爸特别显老，甚至被妈妈的同事误当成是我爷爷。爸爸一回来就特别想送我上学，可是小时候我真不懂事，嫌弃爸爸老相，不愿意他送我上学，把他挡在学校门外。现在我真愧疚！

边防军人的家庭聚少离多。爸爸知道我盼着他回家，可是他作为站长，常常为了别人的团圆而选择节假日坚守值班。家里放有爸爸的照片，妈妈经常对我们说爸爸工作很忙，马上就会回家的。我妈妈特别支持爸爸，总是教育我们说："爸爸马上就要回来了，到时候你们不要哭闹，不要给他增添压力，我们都要支持他的工作。"爸爸回到家我们都特别开心，全家人就跟过节一样。他为了逗我和哥哥，经常扛着一个拖把唱《打靶归来》，满屋子欢声笑语。

在红站的官兵都长期远离家人，长时间在艰苦环境下，没有什么文化生活，没有什么热闹，更没有什么享受，精神上的寂寞是可想而知的。现在通信条件好了，想家的时候可以打电话，还可以去网络室和家人视频，以解思念之苦。在爸爸那个年代只能靠写信，一封信寄出去，可能要等五六个月才能收到回信。曾经有一名战士，因为大雪封山，三个月后才收到母亲去世的电报。在那样的环境中，官兵们与外界接触非常少，找对象是大龄战士的一个大难题。我爸爸下了一番功夫，在探亲休假方面会优先安排单身的大龄青年。当时站里有一位年龄偏大的叔叔，家里好不容易给他介绍了一个对象，可是他经常回不去，对象要跟他分手。我爸爸知道以后，特批他提前休假。等到他们结婚的时候，爸爸又特批了十五天假。第二年，两人生了一个特别可爱的宝宝。我爸爸既为战士们着想，又以身作则。站里人不够的时候，他让年轻人或者刚成家的人回家，让战友们多和家人团聚，再好好工作。在我的记忆中，爸爸离开高原后才能在家里过年，但是因为要和官兵们一起过年三十，12 点以后才回家。因为工作的原因，我哥哥出生、我爷爷奶奶去世的时候，爸爸都没有第一时间赶回来，所以他总觉得亏欠家里。

爸爸在外是条硬汉，在家是个暖男。结婚之前他没做过饭，但是成家以后，只要有时间回家，他都第一时间给我们做饭。我妈妈说，她怀我的时候，只要想吃什么，爸爸都会想方设法学。我妈妈喜欢吃馄饨，我爸爸的馄饨包得又好吃又好看。

长期过着饭菜蒸不熟、氧气吸不饱的生活，爸爸病了。为了不影响我的学业和哥哥的工作，爸爸刚生病时没有告诉我们。我放寒假回家，只有哥哥来接我，他说爸爸有点事。我回到家看到桌上放了很多药，哥哥这才哭着对我说爸爸病了。我赶到医院，身高 1 米 78 的爸爸，体重已经从 100 多公斤降到 60 多公斤。我一把抱住爸爸，他说："没关系，你们不用担心我，我会好起来的。"他从来都不想让我们操心，总说他一个人可以承担。这一次，爸爸走了，再没有回来。

在爸爸的影响下，我慢慢学会了忍耐。

中华儿女多奇志

我很小的时候特别喜欢舞蹈课，可到练习倒立、前滚翻的时候摔得很疼，加上是周末上课，一想到其他小朋友还在家里睡懒觉，我更觉得痛苦。我就找各种各样的理由不去，甚至一提舞蹈课我就哭。爸爸就对我说："你要坚强，不能哭，你要学会忍耐。"

我选择报考军校，希望成为像爸爸一样的边防军人。爸爸当时特别高兴，说："对，这才是我的女儿，这才像我。"我在廊坊上军校的第一个考核科目是站军姿，要在太阳下站 30 分钟才能过关。9 月的廊坊特别闷热，每天的气温都在 30 摄氏度以上。刚开始练军姿的时候，最多 15 分钟我就两眼冒金星，有一次还晕倒了。晚上我就哭着给爸爸打电话，想跟爸爸诉苦。但是爸爸说："你要坚持，站一分钟，再坚持一分钟，我相信你一定能够站下来。你是军人的孩子，要坚强，要忍耐。"在爸爸的鼓励下，我成功站了下来。特别能吃苦、特别能战斗、特别能忍耐，不仅是军风，而且是军人家庭的家风。

我毕业后分到南疆的吐尔尕特边检站，它的前哨班海拔 3795 米，一年有 180 天以上刮七八级大风。边防官兵写了一首诗描述当地的天气："风吹石头跑，氧气吃不饱。常年生火炉，四季穿棉袄。"边检站的生活是单调的。日复一日，周复一周。到站里第一天、第一周、第一个月，我感觉非常新鲜。但是后来我开始犹豫自己的决定到底对不对。吐尔尕特周边没有常住居民，业余生活相对单调枯燥，真是白天兵看兵、晚上数星星。我从小在城市长大，在远离亲人、夜深人静的时候，尤其在生病的时候，我曾经有一点想后退。那时候爸爸刚走。每到后悔、快坚持不住的时候，我就想起爸爸的话："你是军人的孩子，要坚强，要忍耐。"爸爸一个人守高原 27 年，红站的条件比吐尔尕特艰苦多了，这么一想我感觉自己浑身充满了力量，又能坚持下来了。有一次我去前哨班送文件，109 公里的路特别不好走，当天还刮着七八级大风，平时需要四五个小时的路，那天我整整走了十个小时。到了站里我就开始发烧，上吐下泻。第二天我妈打电话问我是不是病了，我没有说生病的事。我要坚强，我不能让她操心，因为爸爸临终前对我交代过两件事情：一是要好好工作，二是要照顾好妈妈。

我曾有三次机会去广州工作，周围很多人劝我，我的哥哥和妈妈也希望我去，但是我都特别坚定地要求留在新疆边防总队。我工作以后更深地理解了爸爸交代我的两件事。爸爸特别深沉地爱那块土地，他希望自己的根永远扎在那里，也希望我们一代一代都能扎根边疆。同时，爸爸生前很少照顾妈妈，他希望我能照顾好妈妈。所以，我每一次都坚定地选择留下，从没有动摇过。

"人都是在泪水中成长的，
但千万不能被泪水淹没"

我小时非常爱哭。有一次父亲很长时间没有回家了，可刚进家门、衣服还没有来得及换，就被电话紧急地叫走。两岁半的我追着哭喊"爸爸别走"，爸爸无奈地转身亲了亲我的小脸蛋，然后头也不回地走了。我哭得特别伤心，妈妈把我死死抱在怀里。后来爸爸经常对我说："人都是在泪水中成长的，但千万不能被泪水淹没。你要学会坚强，要学会忍耐，因为你是军人的孩子。"

现在，我已经长大，成了像父亲一样的边防军人，也更理解了父亲的忍耐和担当。为了工作，我多次去过红其拉甫站，每次我心里都会想：这是爸爸曾经战斗过的地方，我来了；爸爸会不会在这里歇脚？会不会回那个地方看看？

我想对我未来的孩子说：虽然你没有见过你的外公，但是一定要记住他，一定要记住红其拉甫，等你懂事以后，妈妈一定会带你到这个对我们整个大家庭来说都非常特别的地方。希望你能像外公一样坚韧、有担当、正直，能够像外婆一样诚实、善良、感恩。

谢谢了，我的家！

在二万五千里长征途中，中国工农红军不仅创造了人间奇迹，而且树立了中国军队的精神坐标：对国家的忠诚，对信念的追求，对人民的爱护，对同志的关爱，对责任的担当，对未来的乐观。张玉贵和他的战友们，就是要让中华人民共和国国旗飘扬在世界屋脊之上，就是要为全国人民守好西部圣门。张家父女的故事告诉我们，在和平的中国大地上，新一代军人不忘初心、百折不挠、独领风骚，锻造着新时代的长征精神。

杨 晨

2000 年度中国足球先生、前国脚，中国在欧洲五大联赛处子秀和处子球的贡献者。他在 2001 年世界杯预选赛中带领中国队进入决赛圈。杨晨以球场上的拼劲和血性给球迷留下深刻印象。

杨晨的父亲曾是一名篮球后卫，在他的影响下，杨晨不仅选择了职业运动员的道路，而且将勇猛、果敢、坚毅、超越自己的体育精神传递下去。

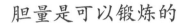

胆量是可以锻炼的

国内练胆

我爸篮球打得特别好，而且有一种拼命三郎的感觉。我五六岁的时候看了他的一场球赛，第一节他被打得满脸都是血，大家问他怎么样，都觉得他必须下场了，可是他说："没事，碰了一下，这么着，你们先打，我去一趟医院。"他拿纱布一捂眼角，就单手扶车把，骑车去医院了。差不多第三节的时候他骑自行车回来了，第四节就上场。上场之后他获得三个罚球，全部罚中，场下的掌声无比热烈。比赛结束后，我又吃惊又激动，可他和平常一样，把我放在车后座上，一手扶把手，一手扶我就骑回家了。他告诉我，打球的时候受伤不重要，重要的是比分。我觉得父亲特别高大，我特别崇拜他，从此就想，我将来应该从事体育。

我之所以踢球是受父亲的影响，他唯一没有做成的事就是足球，可他喜欢这个项目。他让我跟楼道里的大孩子一起踢足球。大孩子们用身体挡住我，我根本抢不到球，他们轻轻一撞我就飞了。我趴在地上看父亲，他好像有意不看我。回家后我挺生气，饭也不吃了，还说我不踢了。父亲说："他们比你大，你和他们踢了以后再跟同年龄的人踢，那就完全不一样了。"我听明白了，下棋找高手，弄斧到班门。我就坚持跟他们踢，感觉那段时间不是把球技练好了，而是把胆量练出来了。我心里只想着比赛、进球，不想什么受伤和不公平。

我从区里踢到北京市，又代表北京市参加全国比赛，后来进入国家队打比赛，又到德国踢球。区域不断扩大，我的自信不断增强，我的胆量也在长，这就是我的成长过程。在这个过程中，无论父亲是否在身边，他的影响一直都在。尤其在我刚开始踢球的时候，父亲完全把精力放在我身上。我家在南苑，踢球场地在三里屯。父亲每周两三次骑车来看我训练，也不跟我说话，看完训练就骑车回去了。我的队友告诉我，看见我爸来了，我说不可能，这么远他不可能来。周末回家问我妈，我妈说他不只是去了，还去了两次。我当时就觉得我更得好好踢了，我爸这么付出，我要把对他的感恩转化成动力。

国外练胆

一个偶然的机会，我去德国踢球。一下出去八千多公里，父母不在身边，周围没有朋友，国外的足球水平高，这些都让当时的我心里特别恐慌。我妈说注意吃饭穿衣，我爸叫我好好学习。第一天，在一个陌生的酒店，当一切安静下来，我特别害怕，一宿没怎么睡，行李都没有拆开，准备第二天拿着行李回国。

那时候的通信不像现在这么发达，打电话特别贵。我爸妈有一个朋友打来电话，第一次因为我正在训练没有接到，第二次打通了，一听到中国人说话，我的眼泪就下来了——终于有人跟我说话了。

三个月试训期间，我最快乐的事是训练。因为没别的事可干，语言又不通，足球是我唯一的快乐，在球场上过他们我感到特别快乐。当时我疯狂到什么地步了呢？跟着一队练完之后，我主动向教练提出跟预备队再练。教练说，这个新人的热情太高了。那三个月我慢慢地融入了他们，踢得好他们就喜欢、就崇拜，队友会主动开车送我回酒店，我就这样交了很多朋友，自信心上来了，胆量也上来了。我在德国能站住脚，跟这三个月的训练大有关系。之后，法兰克福足球俱乐部请我去踢球，签了一年的合同。我心里特别开心，这算是完成任务了。去德国之前我爸特别坚定地对我说："去，好好向人家学学足球，这样你的水平才能提高。"我爸还让我学学德国人怎么做人："德国人特别务实，特别直接，你向他们学一学。"

"胆量是可以锻炼的"

  2001 年 5 月 13 日，中国队在昆明拓东体育场对阵世界杯预选赛小组赛对手印度尼西亚队。上半场印度尼西亚队先攻入一球，形势对中国队不利。突然，我在头球冲顶时直接从空中撞到门柱上，肩膀断裂。米卢教练挺紧张，问我下半场行不行。那场球如果没有拿下来，出线的希望会大受影响，团队、教练员都会受到指责。我觉得这时候不能离开大家，就说"没有问题"。当时我的一条胳膊抬不起来了，队医简单地固定了一下，我只能用另一条胳膊摆动。下半场我攻入一球，中国队士气大振，最终以 5∶1 拿下比赛。现在想起来也没有什么特别的，足球运动员，乃至所有体育运动员都会碰到这个情况，也都会做出同样的决定。

  对于体育运动员，伤病是常事。我在国外训练的时候，右侧的肺部被同伴的膝关节顶裂了。我自己开着手动挡车去医院拍片，打完石膏再开车回来。这比我爸当年强多了，至少我是开车，他是骑自行车。我想，体育精神就是坚韧不拔、永不服输。

历史常常惊人地相似。我在德国踢球时，有一次眼眶让人撞开了，跟我父亲当年似的。医生拿订书器似的仪器按了三个医用图钉帮我止血，中场休息时再给我缝针。我的翻译提前给我爸打电话说："杨晨受伤了，他头部撞开了。"我父亲说："行，放心吧，没事。"我满脑袋缠着绷带，头发上还有血渣子。回到家我想，坏了，我妈肯定要痛哭流涕。谁知妈妈只看了一眼，就轻轻地说："拿水稍微洗一下，赶紧吃饭吧。"原来是我爸跟我妈做了很多工作，说不能给我任何压力，所以我妈第一次装成那样。我看着她心里特别难受。

一般观众可能更关心结果，更关心成绩，只有家里人看球，无时无刻不把心提到嗓子眼儿。我从事足球运动那么多年，我妈妈从来没有看过我的比赛。每次哨声一响，她就找个理由进屋了，90分钟一结束，她就从屋里出来了，第一句问我爸的话就是："他受伤了吗？"大概我足球生涯结束的时候，才是我妈真正放心的时候。

我想对我的儿子球球说：爸爸会给爷爷点个赞，因为你爷爷是个好父亲，他把我培养成才。我希望你能从事自己喜欢的职业。我今天给你的第一个寄语是孝顺。在中国，孝字为先，这是根本，这是好品德。第二个寄语是快乐。在和别人交往的过程中，你快乐了，人家也快乐了。第三个寄语是担当。你要有独立的思考能力，遇到困难，遇到问题，遇到错误，你都要有担当。

谢谢了，我的家！

"天行健，君子以自强不息；地势坤，君子以厚德载物。"儒家提倡，刚健自强是君子应该具备的品行。即使追求梦想的道路上没有鲜花和掌声，我们也要自觉奋发向上，永不松懈，抱定"长风破浪会有时，直挂云帆济沧海"的豪情，做今朝的风流人物。

赵蕊蕊

中国女排前主力副攻，因快、准、狠的打球风格被对手称为「第二个郎平」。2002年当选「最受欢迎的球员」，2003年获得「最佳扣球手」奖项。2008年退役后投身写作。科幻小说《彩羽侠》获得第四届星云奖最佳长篇科幻小说银奖。

赵蕊蕊的父亲赵怀富曾是江苏排球队主力，身高 2 米。他在女儿的名字里放入了 "六心"——勇攀高峰的雄心，勇往直前的信心，百折不挠的决心，坚持到底的恒心，永感不足的虚心，永不改变的爱国心。

你来这里是干什么的

自由选择，坚持选择

我对排球是一种灵魂上的喜爱。在幼儿园，别的小朋友如果哭闹，给一个玩具、一个棒棒糖就可以，但是这些搞不定我——一个排球就可以让我玩一整天。幼儿园阿姨跟我父母说，这个孩子是为排球而生的。

我爸爸是排球教练，我小时候跟着他去球场，待在球筐里，给运动员递球。因为个子高，我从小就觉得排球场是我的世界，是我的舞台。最初我在老家打过两年篮球，但是觉得不适合，父母就想让我选择排球，但他们让我自己做决定。

1994 年，我十三岁。有一天吃早餐的时候，父母跟我商量。爸爸说，他们想送我去北京，去八一队练排球，因为排球更适合我，对我来说机会更多。不过，如果我不想离开篮球，他们也不会勉强我。那天的早餐我根本没吃，想了很久很久。人生不能面面俱到，有取就会有舍。那时候，内心有一个声音告诉我，我不想服输，想出去闯荡，想展现我自己，排球舞台可能更适合我。最后，我用细如蚊蚋的声音告诉父母，我决定去八一队。

我爸特别开心我愿意出去闯荡，我妈有点舍不得我那么小就背井离乡。爸爸经常讲，父母不能包办孩子所有的事情，不能像老母鸡呵护翅膀下的小鸡一样，要让孩子自己去闯荡世界。爸爸总对我说："你的人生需要你自己走，我不可能永远陪在你的身边，不可能你一有问题我就站出来帮你解决，你必须要学会长大。"就这样，十几岁的我坐了十几个小时的火车，孤身一人到了北京，就这样开始了我的排球生涯。既然选择了，就一直做，要做到最好。我曾经说过："我立志成为世界上最棒的拦网手，就像中国的万里长城，这是我努力的方向。"我觉得我完成了对自己的承诺。

我爸教会我很多生活中的事情。我选择离开部队的时候，其实我父母不太同意。选择离开排球，就像小时候我选择接受排球，他们教会我要有勇气，有主见。我跟他们说："我的人生请交给我自己去做决定，不管将来的路走成什么样，我都会对自己的人生负责任。"现在我选择了写作，就会尽力写到最好，他们也尊重我的选择。

写作是我从小的爱好。我以前就很喜欢看科幻书、科幻片，喜欢动画片，喜欢天马行空。我觉得写作算是一个挑战，一个尝试，更多的是我的一种学习，因为在写作当中我需要看很多书，可以学到很多。虽然会有一点辛苦，但是我感觉很满足。设计一个故事，通过文字表达想象，其实蛮有成就感的。写作的时候，我常常感觉自己很忘我地掉进了一个坑里，一直想一件事，饭都不想吃，好几个小时坐在电脑前。有的时候会熬夜想一个问题，完全没有了时间概念。

停止埋怨，顽强拼搏

排球是一个集体项目，需要团队默契配合。我爸爸经常讲，攻守要配合，二传手不是神，你要强大自己，练好自己的本领，在任何困难的情况下都处理好球，都能扣好，那才是本事。如果你天天抱怨这个抱怨那个，你就永远不会进步。爸爸的这段话对我真的很重要。

我很幸运，父母都干运动这一行，看得明白，有办法教。本来我们一年就难得有几天假，回了家我得接着训练，有的时候父母对我还非常凶，我都忍不住会哭。我父母给我的训练和教育，其实不光在球技上、经验上，还包括对排球的理解，包括做人，特别是顽强拼搏的体育精神。我的成熟不仅是在技术上，更是在心理上。虽然我自身的身体条件比较适合排球运动，但我知道，主力的位置等不来也保不来，我的选择只有拼。

对于运动员来说，伤病就像一个老朋友。我每次受伤，父母都会很伤心，会心痛。但他们总告诉我要积极面对。他们会说，允许你流泪，允许你有一些伤心，但是不要把时间浪费在这个上面。我爸爸说过，你能够把伤病哭好，那就哭，天天让你哭；但是你的伤病哭不好，你要知道怎样对你的身体好，怎样能够恢复。所以我在短暂的情绪低落之后会很快调整过来。

2004年雅典奥运会上的那次骨折比较严重。我本来就是被钢板支撑着上场的，可是开场三分钟后我就再次骨折。我的内心很崩溃，为什么我的奥运之旅每次都这么坎坷！我只能号啕大哭，每天晚上做梦都是打球，打奥运会。

我受伤后，爸爸一直发短信安慰我。突然有一天，陈忠和指导跟我说，爸爸给他发了短信。我当时心里咯噔一下，担心他们因为看到我被担架抬下去而过于激动，对教练说什么不合适的话。可是，教练感动地对我说："你爸爸让我专心带队去比赛，他们做父母的来处理你受伤的事。"陈导还说，其实作为父母，如果他们抱怨两句也并不为过，可以理解。但爸爸对陈指导说，他做过教练，知道教练员虽然很心疼队员，但是在比赛期间没有办法，比赛成绩才是最重要的。教练不能花太多精力在伤员身上，这样会没有精力好好带队。爸妈说，既然我已经受伤了，教练就专心去带其他人，把受伤这件事切割出来，让父母安慰我，调整我的心态。我爸替我分担了受伤的痛苦，还去安慰别人，体谅别人，让我看到他的宽容，他的不抱怨，也让我深受启发。而且，爸爸对我说，如果哭能解决问题，他就让我一直哭，可是谁都知道，哭解决不了任何问题。所以，他允许我哭一会儿，更重要的是积极治疗伤病。

我是主动交转业报告的。我曾经也想过做教练，把自己的技术和经验传给年轻队员，但是我可能没有那样的机会。所以，我宁可放弃。虽然当时挣扎了很久，但是直到现在我都没有后悔过，因为我爸爸以前教过我，人没有后悔药吃，不要抱怨。每个人都有情绪，每个人都会遇到低谷，你可以稍微发泄一下，排解一下内心的压力，但是你要知道，你真正要做的是努力奋斗，这才是最重要的。不应该把时间浪费在抱怨上。

其实我爸爸练排球的经历也是蛮辛苦的。他是一个从农村走出来的孩子，刚到运动队的时候人家笑话他，喊他"傻大个"。我爸爸从不跟别人争执，而是经常加班加点地自己练习，人家休息或者放假的时候他都在训练。爸爸不仅经常跟我说，抱怨没有意义，不能改变任何状况，反而会让你停滞不前，还用自己实际的拼搏表现，成了我的行动坐标。

现在我投身于写作中。我觉得，出书是我通过自己的努力，把梦想中的东西变成了现实，仅此而已。当然，很多人说，我写作的成功得益于打排球的经历。我不会否认，确实如此，打排球让我被更多人知道、被更多人看到。但是，很多人只看到了我因为排球得到关注，却忽略了那些年我为排球付出的汗水与心血。无论是打球的时候，还是写作的时候，我耳边都会有不同的声音：喜欢我的，不喜欢我的，正面建议的，直接否定的，甚至有存心诋毁的。我觉得这些都可以忽略不计，因为我知道我要做什么，我的心要走到哪里去。所以我会像爸爸说的那样，不把时间浪费在抱怨上，只会坚持走好自己的路。

"你来这里是干什么的"

我爸比较理智，也比较宽容大度，我从他身上看到了很多，学到了很多。我十几岁刚开始在八一队打球的时候，自己扣不好球，难免会有点儿埋怨二传手。有一次周末给家里打电话，我就说了几句二传没做好。爸爸突然很严厉地问我："你来这里是干什么的？"我当时愣了一下，想了想说："我是来打球的。"爸爸说："那你就不要抱怨，也不要计较。只有弱者才会在别人身上找问题，强者只在自己身上找问题。"我听完爸爸这句话后哑口无言。爸爸其实是在教我，要看到自己在做什么，把时间用到更正确的事情上。从这以后，我时刻记住，我是来打球的，我是来进步的，我要锻炼本领，我的目标是争取好成绩，到国家队打主力，所以不要抱怨。

平时爸爸不苟言笑，对我的要求比较严。我从来没有听他说过"我爱你"。之前我看电影《摔跤吧！爸爸》，在那位爸爸身上看到了我父亲的影子。他们都比较深沉，对孩子的呵护更多是在行动中表露出来。爸爸看到我写的书，反应很平淡，好像觉得这是一件很正常的事情。我妈妈会说："我们家老二写东西的能力遗传了爸爸。"的确如此，爸爸在单位可是"铁笔杆子"。我有这方面的成绩，他们打心眼里高兴，还喜欢拿我的书当礼物送人。我能感觉到父母的爱，只是那个年代的父母羞于表达出来，可是爱一点儿也没少。

我想对亲爱的爸爸妈妈说：谢谢你们给予我生命，养育我，呵护我，在我困难的时候给我力量。能成为你们的孩子，我感觉很幸福、很幸运。我感谢你们，我爱你们。

我还想对未来的自己说：世间所有的美好都不会在抱怨中产生，希望你做一个内心强大又平静，还懂得感恩的人。在这里，我想将刚刚完成的第四本书里的一段话送给未来的自己："我愿做落在你眸子上的一抹晨曦，我愿做挥洒在你肩上的一笔霞光。或许这对我来说太难，或许这对你来说微不足道。但我依然祈祷，我愿做星空里的一颗星，夜幕下的一盏灯，感恩，无悔，用心，足矣。"

　　谢谢了，我的家！

　　"自怨自艾"这个成语的本义是悔恨自己的错误并自己改正，现在指怨天尤人、自艾自怜。把"悔不当初"挂在嘴边，把一切烦恼归于时运不济，这样的"怨"家只会越走路越窄。赵蕊蕊的父母教会她在遇到坎坷时奋发图强，勇往直前，永远不抱怨，同时尊重她自己的选择。正是这份信任，让越蕊蕊的人生有了很多色彩，很多新鲜的生命体验。

沙祖康

从事外交工作四十五年，改革开放以来中国外交的参与者和见证者，曾任联合国副秘书长。他性格直率，屡屡语出惊人。他曾处理举世瞩目的「银河号」事件，被称为「中国最霸气的外交官」「最不外交的外交官」。

沙祖康的母亲是一位普通的农民，但她面对艰辛生活时的顽强深深地影响了沙祖康的一生，铸造了他坚韧、自尊的性格。

男子汉要扛得住，
阳光总有照到我们家的时候

出身寒门，人穷志不短

我的家乡在江苏宜兴奖垟村，顾名思义，这个村里主要是姓蒋的人家。我们家是一个小姓，用现在的话来说，我们等于是移民到这个村的外来户，全村三家姓沙的，加起来不到二十人。当年在村里还存在着一定的封建残余，总有些家长里短和大大小小的磕碰，一旦发生冲突，我们家经常受欺负。人家过来就是上百个人，我们家只有几个人。我父亲是个残疾人，母亲身材矮小。别人到我们家闹，有时甚至拳打脚踢，我们无可奈何。母亲受了气，没有别的办法，只能跑到我们家后的河边去，一哭就是一两个小时。看着她的背影，我感觉到了一股气，立志长大后不让母亲再受这样的委屈。

虽然我们家经常陷入困境，但是母亲总教导我，做人要有自尊，有志气，只有自己尊重自己，别人才能尊重你。天上不会掉馅饼，牛拴在桩上会老，去耕地也会老，牛就应该下地干活，人必须像牛一样勤奋。母亲大字不识几个，但是她身上有中华民族传统的勤劳、坚韧和善良。

在农村有一个习惯，每年初二看舅舅。我们家也一样，要到舅舅家拜年。一次，父亲带着我和弟弟去舅舅家，照例应该被热情接待。但我听到二舅妈和姥姥在厨房里议论，饭菜有好有坏，显然不想把好的给我们。我听出来了，非常生气。我觉得自尊心受到很大的冲击，我们出于礼貌来拜年，可不是冲着饭来。当时我就拉着父亲和弟弟走，还说："不吃了，饿死也不吃他们的饭！"回到家以后，母亲知道了，她夸我说："孩子，好样的，人穷，志不能穷。"

全村动员，助力上大学

母亲希望我能上大学，这样我以后就可以在城里找一份工作，摆脱农村的贫困。同时她又不希望我上大学，因为上大学要花钱，我们家非常贫困，可以说是整个村里最贫困的一家。

父亲特别希望我上学，他觉得，对农村的孩子来讲，上学是摆脱贫困和不公平的唯一办法。我从小学到中学都买不起练习本做算术。

有活干的时候，妈妈会拦着我，不让我出门。但父亲会说："就让孩子去吧。"然后我就一溜烟儿跑出去上学。

对于我上大学，母亲非常矛盾。考试那天，父母给了我一双新鞋，说进城不要让人看不起；还让我把南瓜放进罐子，饿了可以在路上吃；又给了我几毛钱，考完试回来坐船用。

我不舍得穿新鞋，于是光着脚丫子走了十八里地，来到一个镇子，再从镇子走五十里到宜兴。那是我第一次出远门，第一次看到跑得那么快的公共汽车，感觉很幸福。我急着考完试，就回家割草养猪。为了宽慰母亲，我说考得一塌糊涂，很多题目没做出来，百分之百考不上。

放榜那天我有意不去，在地里干活。一个同学挥舞着大学通知书一边跑一边喊："祖康，你考上了！"回家后我告诉母亲，学校来通知了，我考上了南京大学英文专业，需要9块钱书费，每个月伙食费13块5，坐车还需要3块钱。这些钱是我们家很大的开支了。母亲懊恼地说："这是谁办的学校，一个月13块5的伙食费！我一年的油盐酱醋也不要这么多钱，反正这个学校我儿子是上不起。"

这时邻居来祝贺我们家出了村里的第一个大学生。公社书记说："我们农民子弟考上大学是非常了不起的事情，经济困难，我们想办法解决。"于是，他向农村信用社借了这笔钱，给我充作学费。这位书记永远是我的恩人，我一直记着他。

侠骨柔情，显大国风范

从学校毕业后，我就开始了外交工作。我们中国是五千年的文明古国，我们的外交官是很儒雅的，我们国家的外交也是有道德、讲信用的。我们从来不欺负别人，当然也不允许别人欺负我们。母亲帮我塑造了坚韧不拔的性格，再加上我童年的经历，又特别喜欢看武侠小说，所以在处理国际事务过程中，我看不惯恃强凌弱、以富欺贫，眼睛里容不得沙子，总要主持正义。我永远站在弱者这一边。我对广大发展中国家有天然的同情心，这也符合中华人民共和国发展的政策。发展中国家是我们的朋友，我从情感上和他们在一起，某些或者某个霸权主义发达国家随便欺负第三世界国家、歧视人权自由时，我会本能地站出来，捍卫他们的利益。所以，我在联合国工作的时候，我一走进会场，广大发展中国家一般会感到由衷的高兴，而一些西方发达国家会感到害怕。

有人说我对外比较强硬，但我觉得不是强硬，我只不过讲了实话而已。人权、民主、自由是普遍的价值观，任何一个国家都不应该有特权。美国每年出版人权白皮书，写全世界190多个国家的人权状况，唯独不写自己的，它认为自己是楷模榜样。所有的西方国家以决议形式指责的对象，无一例外是发展中国家，西方国家把自己放在法官的位置上，把发展中国家放在被告的位置上。我认为，美国并不是真正关心谁的人权，完全是为政治上的目的羞辱他们。他们每一年在联合国人权会都要提出关于中国侵犯人权的决议草案，甚至说，每一年中国的人权状况都在倒退。我觉得，按照这个说法，中国应该退到原始社会，但是看看我们中国人，特别是年轻人，他们一个个非常愉悦开心。按照美国人的逻辑，为中国人民申冤，应该得到中国人的支持。可是，每当他们提出反华人权提案的时候，我们中国人民都强烈抵制，他们是自娱自乐，已经习惯居高临下地看待我们，自以为是。

我觉得，维护国家利益，特别是维护国家的领土完整和主权尊严，是每一个外交官，特别是中国外交官必须做到的。外交官不是去吵架，是代表国家和别的国家进行正常交往。我们的交往目的是增进了解，建立友谊，减少冲突，控制分歧，求同存异，不是为了翻脸，或搞自己那一套。我在外交生涯中处理过许多危机事件，印象特别深刻的是 1993 年的"银河号事件"。当时美国把我们的"银河"号商船堵在公海上，声称我们"违法"，派了两艘带着武装直升机的军舰，强迫我们返航。我们从改革开放和中美关系的大局考虑，在两难之间做了艰难的选择——接受核查，但是我们绝对不能接受美国的核查，最后是由美国作为沙特的顾问进行了核查。这件事可以说是中国现代外交史上的耻辱。我希望我们中国人永远不要忘记它。它说明，一个国家必须要有强大的军队，特别是要有强大的海军和空军。不管 GDP 多大，如果没有强大的军队，就不可能维护国家主权、领土完整和尊严。我现在七十多岁了，每每想到"银河号事件"，我心里都很难过。今天，我们中国的海军已经执行了一千多次护航，我们不仅维护了自己商船的安全，也维护了海上的安全。我坚信，1993 年发生的事情，今天不会发生，将来也永远不会发生。

我被美国人称为"最不外交的外交官"。2001 年，我被派往日内瓦担任联合国的常驻代表。英国大使跟我说："大使阁下，我们英国特别关心中国的人权问题。"我听了觉得特别不舒服，但还是非常温柔地微笑着对他讲："大使阁下，我看见你就想起你们曾强迫中国人民吸食鸦片，受到当年中国政府的坚决拒绝，因此 1840 年你们挑起了鸦片战争。鸦片侵犯了中国人民的健康权。而后，你们又非法占领我们的香港近二百年。今天你告诉我，英国政府关心中国的人权，我怎么想都想不通。中国的人权应该由中国共产党领导的中国人民政府关怀，中国的人权靠中国人民自己来维护。您就少操心了。"他被我说得简直哑口无言。2007 年，中央政府推荐我到联合国当副秘书长。结果，美国报纸的大标题说："最不外交的高级外交官来领导联合国了。"我觉得挺好。我讲话就是直来直去，丁是丁，卯是卯，不含糊。我觉得观点不同是正常的，因为国家的处境不一样。我比较喜欢实事求是，特别是在联合国这个多边外交场合。在我长达四十五年的外交生涯当中，无论是发达国家的同事也好，发展中国家的同事也好，我至少做到了一点：他们觉得我是诚实可靠的，是可以办事的。

"男子汉要扛得住，阳光总有照到我们家的时候"

时光瓶

在最艰难的岁月，我母亲经常感到上天无路、下地无门。可是，面对生活的绝望，母亲总是鼓励我："孩子，男子汉要扛得住，阳光总有照到我们家的时候。"

我觉得，一个人应该有志气。母亲告诉我，男儿膝下有黄金，男子汉大丈夫要做大事，应该有骨气，人可以穷，但是志不能短。我现在可以比较自豪地说，我这辈子几乎没有求过人。我觉得我的自尊心不允许我做求人的事。我没有对组织提过什么要求，我的妻儿都在外交部工作，但我不知道儿子上班在大楼的哪个房间，也不知道他的电话号码。我也要求儿子自力更生，不要求人。我儿子从不向父母开口要钱。

我妈妈从小一再讲，忠诚出在孝子家，孝子出在贫寒家。我要像妈妈学习，对孩子的关爱，应该更多地从精神上给予鼓励和培养，让他们有一种坚定的意志，要有种，要有自尊。我们应该相信他们有足够的能力，可以屹立于社会当中，用不着父母过多操心。

我想对妈妈说：我永远不会忘记你。现在我可以自豪地对你说，你希望你的儿子勤劳、自强，有志气，有自尊，我做到了。我维护了中国人的尊严，也维护了个人的尊严，你可以引以为豪。妈妈教给我的自尊自爱、艰苦奋斗的精神，体现了中华民族的精神。我感谢你的培养和教育。

谢谢了，我的家！

读经典

晏子使楚

晏子使楚，以晏子短，楚人为小门于大门之侧而延晏子。晏子不入，曰："使狗国者，从狗门入；今臣使楚，不当从此门入。"傧者更道从大门入，见楚王。王曰："齐无人耶？"晏子对曰："临淄三百闾，张袂成阴，挥汗成雨，比肩继踵而在，何为无人？"王曰："然则子何为使乎？"晏子对曰："齐命使，各有所主，其贤者使使贤王，不肖者使使不肖王。婴最不肖，故直使楚矣。"

晏子将使楚。楚王闻之，谓左右曰："晏婴，齐之习辞者也，今方来，吾欲辱之，何以也？"左右对曰："为其来也，臣请缚一人，过王而行，王曰：'何为者也？'对曰：'齐人也。'王曰：'何坐？'曰：'坐盗。'"晏子至，楚王赐晏子酒，酒酣，吏二缚一人诣王，王曰："缚者曷为者也？"对曰："齐人也，坐盗。"王视晏子曰："齐人固善盗乎？"晏子避席对曰："婴闻之，橘生淮南则为橘，生于淮北则为枳，叶徒相似，其实味不同。所以然者何？水土异也。今民生长于齐不盗，入楚则盗，得无楚之水土使民善盗耶？"王笑曰："圣人非所与熙也，寡人反取病焉。"

"晏子使楚"在中国是家喻户晓的故事，表现了晏子机智善辩的才能和政治家、外交家的风度，说明侮辱别人的人到头来会受辱于人。外交无小事，国格不可辱。沙祖康作为外交家的成功，不仅在于他的个人能力和魅力，还因为背后有强大的国家在支撑。

张鹤珊

河北省秦皇岛市海港区驻操营镇城子峪村农民，从1978年起开始守护村子附近的明长城，1997年成为「中国长城学会」首位农民会员，2007年被国家文物局评为「国家优秀文物保护员」。

张鹤珊的父亲在抗日战争期间是长城脚下一个村庄的村支书，因为拒不透露游击队的行踪，被日寇从高高的长城敌楼上推下，大难不死。从此，他视长城为救命恩人，嘱咐后代保护长城。

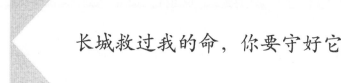

长城救过我的命，你要守好它

吃尽苦，守长城

1942 年，日本侵略者在我们城里驻了一个小队，小队长叫小野，烧杀抢掠，无恶不作。他在我们家老院里，逼迫老百姓用长城砖给他砌炮楼，东西南北各建一个，老百姓不干就会被拷打。有一天小野得到消息，八路军的一部分军用物资藏在附近的大山沟里，他就把所有有嫌疑的人弄到炮楼里面，逼问他们。我爹是村里的支部书记，小野说不能便宜他，就把我爹弄到长城敌楼上。小野拿着刺刀逼问我爹："老张，你说吧，八路军的军粮跟兵工厂藏在哪个山头？你要是说，立刻放你回家，要是不说，把你从长城敌楼上推下去。"底下是悬崖峭壁，摔下去肯定是粉身碎骨。我爹就说了三个字"不知道"。不耐烦的小野就真的命令人把我爹推下去了。我爹命比较大，长城上风很大，他的衣服后摆挂在了长城的流水槽上，然后他被半夜找他的乡亲们救下来了。就这样，我爹认为长城救了他的命。我爹在不久于人世前把我叫到床前说，长城救过他的命，要我守好长城。所以，这么多年来，我遵照我爹的遗训，一直把保护长城当作我的本职工作。

我是听着长城的故事长大的，小时候去长城敌楼里藏猫猫，对长城的一砖一石都有感情。别人破坏长城的时候我很心疼。长城保护说起来简单，做起来实在太难了。我爹嘱托我时我才十二岁，我真正守长城是从 1978 年开始。那个年代长城沿线的农村比较困难，特别是孩子上学了缺学杂费。原始状态的长城上面长了很多大树、草，滋生了很多药材，长城墙砖里面寄生的蝎子更是名贵药材，一个蝎子值五分钱，比挣工分来钱快，很多人把这当作发财之路，上长城去翻蝎子，挖药材。这种行为把长城搞得千疮百孔，长城的砖一撬就活动了，一掉地上就摔碎了。大家乡里乡亲的，甚至都得叫叔叔、大爷，我怎么管？最关键的原因是，在那个年代我没有一个正式的身份。他们老问我，你是干啥的？谁让你管了？长城是你们家的吗？你们家的就搬去你们家，搬去你们院里，你纯粹是吃饱了撑的……那个时候人们对长城的保护意识不强，还有就是太穷了，我阻止他们，就是断了人家的财路。甚至有人威胁我说："下回别让我在长城碰到你，碰到就修理你。"这可不只是说说而已。有一次，五六个翻蝎子的人过来，用钢筋做的小棍撬长城城墙，我拿着镰刀冲过去。当时野长城上都长草了，中间有一个很窄的人行小道，他们给我下钢丝套子，我左脚踝骨上被钢丝勒了一个大口子，顿时冒血不止。我摔倒在地上起不来，他们哈哈大笑。最后我用镰刀削出一根棍子，挂着它回到家。为了守长城，每天我都得跟形形色色的人打交道。我答应我爹世世代代守下去，再难我也得坚持。

那个时候，我在我们村是最没有人缘的，乡亲们都不喜欢我，都拆我的台，我一走过去人家就"呸"一声，指着我的脊梁骨说："这个老头子，吃饱了撑的。"我没法跟他们解释，只能说："记住我一句话，万里长城作证，老张是对的。"我跟他们说，长城一旦开发旅游，就来钱了。老百姓看不到这么远，说那要等到猴年马月，活不到那一天喽。我家里人也跟着遭罪，没有人缘。大概是1995年，我女儿要上高中，儿子要上初中，两个孩子的学费把我愁坏了。我保护长城并不挣钱，孩子上学又不能耽误，怎么办？把家里能卖的都卖了，玉米、高粱、谷子、小豆，加上我老伴儿养的一头老母猪，可还差两百块钱。快开学了，人家有钱也不借给我，说我管人家翻蝎子，把人家的羊从长城上轰下来，让我去向长城借钱。还有人说，你天天在长城，也不挣钱，就算我借给你，你怎么还我？我实在没法回答。最后，我老伴借了朋友两百块钱，那个人在煤矿上班，没有上长城挖过药材。这些事我们不敢跟孩子说。

除了人"修理"我，动物有时候也"修理"我。有一次，我正在长城上拿着镰刀低头走，忽然觉得后背发凉，回头一看，一条粗大的蛇盘在树上，冲着我吐信子。我说："蛇兄，我老张可是保护长城的，能不能不挡我的道？"蛇用尾巴缠着树干，准备攻击我。我吓得往后倒，不小心撞到了马蜂窝，一大窝野蜂就跟飞机似的全冲我飞来。我吓得顾头不顾尾，被蜇了两下。我的脸本来比较瘦，被蜇以后脸就"胖"了，眼睛细成一条小缝，什么都看不见。我还是拿镰刀削了一根棍子，拄着棍子一点点下山，天黑了才到家。当时我女儿四岁，正在门口跟小朋友玩，一看到狼狈的我，竟然跑回家告诉她妈说讨饭的来了。亲生女儿都看不出我是她爸爸。

　　长城是咱们老祖宗留下的，如果咱们这一代把它毁了，有一天儿女们上学读书，课本里有万里长城，但长城脚下的人却看不到长城是什么样子，问长城怎么没有了，结果是因为你爷爷、你爸爸拆了，怎么交代呢？这些话有的人听不进去，说，少给我上政治课，我孩子上学缺学费，你给我掏吗？但是我相信，邪不压正，我干这个事情是正确的。有一件事对我触动很大。我和一位老编辑走长城，发现一块修长城的碑刻。老编辑戴着老花镜念碑文，我把纸搁在膝盖上记笔记。老编辑跟我说："这个东西太珍贵了，是历史的记录，不能没了，不能砸坏了。"我那个时候没有往心里去，心想，几百斤重的大石头它能没吗？爬山都累，几百斤大石头谁能弄得动。

两三年后我再去那个地方，碑没了，真的没了！几百斤的大石碑不可能不翼而飞，肯定是人为的。这个碑没了，这一段历史就空白了。我说这一段长城是万历七年修的未必可信，有碑刻就比较准。这件事对我的触动太大了。自然灾害没有办法，人为破坏我一定要预防。

苦心人，天不负

我守的那段长城有 10 公里，31 座敌楼。我每天拿一把镰刀，巡查一遍，冬天冷的时候，装一瓶小二锅头，抓一把花生。这段长城有四百多年历史了，有很多地方已经成了危楼、危墙，有裂缝，下大雨、打雷有可能倒塌，要向主管部门反映修固。随着游人越来越多，有人趁人不注意就写一个"到此一游"，还有人喝完矿泉水把瓶子随手扔了。我碰到这种事肯定是要制止的。用硬性的办法管这些游客不行。我就带一个编织袋上去，让他们往袋子里扔矿泉水瓶，我再把袋子背下去。很多人跟我说，你白发苍苍的，我应该管你叫大爷，老大爷捡这一袋子还要背回去，我这么年轻，也把垃圾收拢一块带下去吧。

2006 年国家出台了《长城保护条例》，保护长城就有法可依了。2003年，秦皇岛市抚宁县在全国率先成立了长城保护员队伍。142.5 公里的明长城被划分成 18 段，然后在长城沿线经过的村庄聘请有责任心、对长城有感情的人当长城保护员。我终于有了合法身份去保护长城，而且是全国首批长城保护员之一。我和乡亲们的关系也缓和了。我们家附近开了一个景区，农民们开了很多的农家乐小饭店，收入相当不错，当年指着我脑门骂的人都说请我吃饭。我很欣慰，因为他们观念转化了，态度改变了，这是对我的工作表示肯定。

以前我只想把长城保护好，让我的子孙后代知道原汁原味的长城是什么样的。随着时间的推移，我从长城的碑上发现，长城这么多年肯定有故事，我开始把目光延伸到长城文化，就想赋予这些敌楼生命，让它们鲜活起来。举个例子，我在媳妇楼碰到很多游客，其中一个人写下"到此一游"，我看到了，在他肩上一拍，说："同志，到这么远的野长城来说明对长城有感情，你知道这是什么敌楼吗？这就是著名的媳妇楼，它拍过电影的。"我给他讲媳妇楼的传说故事，这一讲人都围拢过来了，讲完还给我鼓掌。然后我说："小同志，你还忍心在上面写'到此一游'吗？"他说，老师我不知道啊，还跟我起誓再写就烂手。如果我给三十个人讲媳妇楼的故事，这三十个人会给三百人讲，这三百人会给三千人讲，知道了这个故事的人就不可能再写"到此一游"了，效果很明显。我在守长城的时候，看了很多碑刻，读了很多地方志，拜访了很多当地老人，再跟长城实体一结合，加上我收集的民间传说，我就出了一本书，叫《长城民间传说》。

我的后代愿意跟着我去守长城，不是我命令的。我要先让他对长城感兴趣，所以儿子不上班的时候，我带他去长城摄影，告诉他，这叫扁楼，这是黑家楼……他有兴趣了，就可以接我的班了。现在我培养我孙子的兴趣。孙子三周岁就跟我上长城。我这小孙子特有意思，我们家来客人的时候，我给人家讲长城，他用心听着。双休日他不上学了，缠着我上长城。有一次，我们在山顶敌楼里发现一个老画家，擦手的纸扔了满地。我考验小孙子说，你去告诉画家爷爷把垃圾捡起来。他走了过去，小腰一叉，说："画家爷爷，我爷爷说的，你把这个垃圾捡了。"老画家问他："你爷爷是谁呀？"我孙子特自豪地说："我爷爷是张鹤珊，保护长城的。"老画家笑呵呵地说："你告诉爷爷，我走的时候一定会清理干净。"有时候他也给我找点小麻烦。前年春节，家里客人多，很热闹，吃饭时我孙子找不着了，我特别着急。所有人都发动起来找我孙子，差一点就报警了。结果是，我孙子自告奋勇带客人上长城，给人介绍去了。这小导游已经可以接我的班了，我觉得很欣慰。

"长城救过我的命，你要守好它"

我要对我爹说：你儿子郑重地告诉你，你跟我说的话我一直记在心里，我这么多年一直在遵守你的遗训，保护着长城，没有给你丢脸。

我想培养我的儿子、我的孙子，咱们要把长城世世代代地守下去，咱们家要做"长城之家"。十八年以后，我八十岁，我孙子二十六岁，我守了一辈子长城也该退休了，让我的儿子、孙子接我的班，守咱们的张家楼，守咱们的长城。

　　谢谢了，我的家！

登万里长城（其一）

〔清〕康有为

秦时楼堞汉家营，匹马高秋抚旧城。

鞭石千峰上云汉，连天万里压幽并。

东穷碧海群山立，西带黄河落日明。

且勿却胡论功绩，英雄造事令人惊。

　　康有为登上长城，触景生情，回顾历史，赞叹长城的悠久和雄伟，更赞叹中华儿女的豪迈气势。长城，不仅是战场上为国拼杀的儿女们用血肉筑成的，更是代代守长城人用汗水与心血浇灌的，是中华民族永远的情感寄托和品格象征。

叶超群

灯塔守护者。在中国18000公里的大陆海岸线上坐落着188座灯塔，其中的七里屿灯塔已经有153年的历史，那里就是叶超群的工作岗位。

从叶超群的曾曾祖父叶来荣开始，叶家五代人就坚守沿海灯塔，克服了生理极限与精神煎熬，失去了三位至亲之人的性命，为海上的行船照亮回家的路。2015年，叶超群的祖父叶中央一家荣登"中国好人榜"，叶中央获得"敬业奉献好人"称号。

只要叶家人在，灯塔就会亮着

不离不弃，生死守塔

从最早有灯塔开始，我们叶家就守在海边，一直对大海保有敬畏之心。第一代守塔人是我的曾曾祖父叶来荣，到我这儿已经是第五代了。别的小朋友是听着童话故事长大的，而我听得最多的是灯塔的故事。我以为灯塔上都应该是粗衣淡饭的生活，但爷爷跟我说，他曾见证了非常大的海难，也就是 1949 年的"太平轮事件"。

那年，爷爷才九岁，跟着曾曾祖父守在白节山灯塔上。他们吃年夜饭的时候，听到海上拉起了汽笛，而且笛音很不寻常，拉得很仓促，听起来好像出事了。但是大海上一片漆黑，他们虽然听到了哭声、求救声，可是因为离声音太远了，他们无能为力，只能远远看着。第二天早上，他们说从海边漂过来很多废弃物，像木板、箱子等，他们就知道碰到海难了。等到一周后，补给船带来了报纸，他们才知道出了"太平轮事件"。爷爷说过的一句话让我印象深刻："要是他们离白节山再近一点，我们一定能救起更多人。"

海上的惨案也真实地发生在我家里，我们家先后有三位亲人丧生大海。第一位是曾祖父。那时他和曾祖母一起在鱼腥脑守塔，一艘很小的补给船停靠在下面的码头上，船老大跟他的小孙子住在船上。一天晚上突然刮起了台风，小孙子跑来求救，曾祖父立刻冲了过去。天上下起倾盆大雨，海浪卷到了半山腰，曾祖父跟船老大被海浪甩到了海里，船老大拼命抱住了礁石，但曾祖父没那么幸运，再也没能上来。爷爷当时才五岁，远远地目睹了一切。他说："五岁前的事情我都不记得了，但是那一天我永远不会忘记。"那是爷爷童年的记忆起点，非常痛苦，让他刻骨铭心。

但是这样的悲剧一次又一次折磨着爷爷。1971年春节，爷爷把回家的机会让给了同事，自己主动留在灯塔上过年。但他也希望和亲人团聚，于是写了一封信给奶奶。他收到了回信，奶奶说会带着女儿一起上岛与他团聚。结果等到了补给船，爷爷只见到船老大，没看到奶奶和我的小姑姑。船老大支支吾吾的，只说奶奶得了重病，让爷爷赶紧去看她。爷爷觉得纳闷，回信收到了，怎么人突然病倒了？爷爷立刻赶到了海岛上的医院，本该去病房，但是却被直接带到了太平间门口。爷爷的心一下子提了起来，有种不祥的预感。门开了，他看到一张大床，奶奶躺在一头，小姑姑躺在另外一头。平时如灯塔般刚强坚毅的男人，在推开门的一瞬间崩溃了，蹲在地上号啕大哭。悲剧已经发生，他追悔莫及。

奶奶去世的时候只有二十九岁，小姑姑五岁。原来，前一天刮起大风，她们坐的小船翻了，奶奶紧紧抱着小姑姑，两人不幸遇难。爷爷受到的打击太大，简直无法承受。当时领导问他要不要换个工作岗位，到岸上去，或许心情会好一些。但是爷爷做了出人意料的选择。他说，虽然从二十岁开始正式守塔，但五岁后基本就生活在灯塔上了，回家连柴米油盐在哪儿都不知道，只对灯塔上的一礁一石、一针一线特别熟悉。他提出换一处灯塔守，去白节山，看着那片海，就像看着远去的亲人。他希望把工作做得更好，不让这样的事故再次发生。

爷爷守了整整四十年灯塔，是我们五代人中守塔时间最长的。平时，只要有人需要帮忙，他一定伸出援手。一个冬天，一艘小船触礁了，晚上十二点多，值班的人听到狗叫声，立刻跑到码头，发现了两个浑身僵硬、瑟瑟发抖的渔民。大家把他们背上岛，在机房里为他们擦干身体，给他们食物和水。他们把爷爷看作救命恩人，后来一直和爷爷保持着书信往来。渔民和守塔人的关系就像家人一样，机器坏了，没有米了，有人病了，大家都会找守塔人帮忙。灯塔的亮光，不仅为过往的船只带来安全，更让周围的居民觉得踏实安心。

爷爷得过一块五一劳动奖章，还被评为全国劳动模范。不过，我记忆中的他是沉默寡言的。我每年只能见他一两次，他还总爱把自己锁在房间里抽烟，封闭了自己的心。我明白，奶奶和小女儿的去世对他而言是特别大的打击，我很理解他。我们祖孙二人虽然没有非常亲密的关系，但是我非常尊敬他，更敬佩他的坚持，我想成为像爷爷一样的人。

薪火相传，不畏清苦

我的第一份工作是在舟山油库里做安全保卫，收入挺不错。但是爷爷在连续三个月里，隔三差五地给我打电话，劝我上岛守塔。我一开始不同意，因为从小就听说岛上的环境非常艰苦。夏天会干旱，从早上洗脸刷牙到晚上，都是用同一杯水，还是雨水。刮台风的时候经常断粮，补给船上不了岛，蔬菜吃一个星期就没了，大米、冬瓜还放得住，一个冬瓜吃一星期，吃完了只好喝酱油汤。我父亲在岛上守了十年，他也不太希望我再守塔。不过爷爷叫他一起来做我的思想工作，于是，爷爷和爸爸一块儿劝我。他们跟我说，岛上的条件已经好多了，有电视、空调、网络，什么都很方便。逐渐地，我明白了爷爷对灯塔的情怀，他放不下这片海、这座塔，希望把家里的接力棒交到我手上。我挣扎了很久，最后决定尊重老人的想法，上岛。可我还是跟爷爷打了预防针："我先试一试，不行就回来。"爷爷答应了。

本以为内向的性格可以让我在灯塔里待住，结果我差点儿被环境逼疯了。开始的一周，我还觉得新鲜，好像自己是来旅行的。因为我从小听灯塔的故事，对那儿充满好奇，上岛了就想到处看看，闲不住。一周之后，我既不想玩手机，也不想看电视，每天就坐在海边，发呆，看大海，或者绕着岛不停地走。我回去后跟爷爷和爸爸聊天，想放弃，他们就说，你现在条件这么好还待不住，难道要轻易毁掉当初的承诺吗？我觉得他们说得对，是我自己做的选择，那就自行调整吧。在岛上找点事做，种种花，遛遛小猫小狗，看看书，把自己的心静下来。我花了两三个月时间，慢慢习惯了这种生活。

　　岛上的工作其实挺清闲的，没有特别繁重的体力活。我每天要做的就是：早上七点把柴油机打开，提供生活用电，给灯塔续电，爬上灯塔查看是否正常，维护这些设备，维护灯塔，给往来船只提供安全。最难熬的，就是没有同龄人可以面对面沟通交流。我们的灯塔离大陆还算近，坐船大概四十分钟到，可是能聊天的人真的很少。爷爷常说，守塔人最大的敌人就是孤独。一开始我艰难地和它抗争，经过一段时间之后，我开始调整自己的心态，做点拿手菜给同事们吃，跟他们分享快乐，享受宁静的生活。

　　上岛后，我变得越来越坚强，越来越善于调节自己。不过最大的变化，在于对灯塔的理解。我在工作中已经碰到了好几次意外，印象最深的就是2015年8月。一天下午四点左右，突然刮起大风，下起雨，雷声由远到近，听着特别恐怖。上岛时，主任跟我说的第一句话是："打雷时要躲在屋子里，千万不要出去。"但是那天很不幸，雷电直接打中了灯塔，主灯和备用灯都坏了。主任喊大家一起去塔上检查，但我特别害怕，根本不敢开门出去。窗子和房子都在晃，我生怕又一道闪电落下来，打到我们附近。最后我听到主任说，他在灯塔上守了二三十年，已经不是一两次见到这样的事情了。我相信老前辈的经验，终于鼓起勇气跑出门，冒雨冲到十六米高的灯塔上，连伞都没打。主任带着我们量电压，测试灯的情况，发现原来是一个电瓶被击穿了，于是我们就抢修，换上备用电瓶，将就一晚上。晚上六点多，我们终于点亮了灯。假如灯不亮，一个小时后就要发航海通告，附近海域所有的船都不能航行。如果这样，往小了说，经济损失不敢想象，往大了说，随时有可能发生触礁等事故。

这就是我们守塔人的重要责任，既要勇敢战胜孤独寂寞，又要从容面对惊心动魄。从那一刻起，我明白了守塔的意义，还有我该有的担当。从听长辈们的守塔故事，到看着爷爷守塔，一直到我接棒，我终于把爷爷身上的奉献和坚毅的守塔精神当成了我未来的人生价值所在。

"只要叶家人在，灯塔就会亮着"

爷爷说过，如果一个人喜欢灯塔，那他只是来这儿旅游的；如果一个人对灯塔又爱又恨，那他就是真的爱上了灯塔。这话我特别有感触：一开始守塔，我有的是新鲜感，后面有了挣扎、犹豫，遇到了各种困难，当解决难题的时候，成就感油然而生，那就是真正爱上灯塔的时候。

爷爷马上就要过八十大寿了。我想先感谢他，谢谢爷爷带我入了这个行业，让我知道灯塔需要坚守，就像做人要有自己的信念。对航海人来说，灯塔是海洋的守护神。只要叶家人在，灯塔就会亮着，给路过的人希望和温暖。所以在我眼里，守塔是一份非常伟大的职业。祝爷爷健康长寿。

谢谢了，我的家！

诚子书

〔三国蜀〕诸葛亮

夫君子之行，静以修身，俭以养德。非澹泊无以明志，非宁静无以致远。夫学，须静也；才，须学也；非学无以广才，非志无以成学。

慆慢则不能励精，险躁则不能治性。年与时驰，意与日去，遂成枯落，多不接世，悲守穷庐，将复何及！

诸葛亮在这篇家训中，向儿子嘱咐了治学和修身的态度：要保持淡泊和宁静，耐得住寂寞，不被外界的纷繁诸事所扰。虽然时过境迁，这些兢兢业业、不忘初心的信条仍有积极意义。

苏芮

1983年苏芮的个人首张国语专辑《搭错车电影原声大碟》，成为内地第一张台湾地区专辑。苏芮以硬朗的风格、宽广的音域、浓厚的韧劲与强烈的沧桑感，形成了别具特色的苏式蓝调摇滚风格。代表作有《酒干倘卖无》《一样的月光》《亲爱的小孩》等。

苏芮的父亲曾是台湾地区知名的纺织商，后因投资失败而破产，但他积极面对生活的转变。苏芮在父亲的影响下，终于靠自己的打拼成为华语乐坛里程碑式的人物。

不要气馁

给父亲的歌:《酒干倘卖无》

很多人听了我唱的《酒干倘卖无》,就会想象我是那个悲惨的小孩,这其实是个误会。不过我唱这首歌的时候确实非常动情,确实是心里想着我的父亲唱的。所以,我是把《酒干倘卖无》唱给父亲的。

我很小的时候家境非常富裕,我就是"天之骄女"。我父亲经营台湾最大的纺织工厂,工厂里有篮球场、钓鱼池,还有司机。父亲非常爱唱歌,我们常在家里一起唱儿歌。但是在一次工业转型中,他的工厂倒闭,家里的资产被查封。那时候我家有一台很大的收音机,我开始学唱歌都是靠它。警察来的时候我就哭,求他们别把收音机带走,可是没办法,收音机保不住。房子也卖了,我们家九口人只能租房住。家里的生活可以说从天上到了地下。父亲没有气馁,他马上想各种办法。让我敬佩的是,父亲用两个星期把烟彻底戒掉。后来,他把酒也戒了。最重要的是,我们七个孩子都长大了,有能力了,可是到今天为止,父母从来没有开口向我们要过一毛钱。

父亲以前做纺织业,跟化工行业有一点关系。所以,后来他就租了一个化工实验室做研发。有一次,父亲在做试验的时候不小心被硫酸伤到了整条腿,可是他没有放弃,继续搞他的发明。父亲发明了很多东西,在台湾地区申请了很多项专利。他的第一个发明是一种家用的刷子,名叫"小红毛"。父亲刚出生时毛发不太黑,一哭眉毛就变红了,所以爷爷奶奶叫他"小红毛",他就把这个名字给了他发明的刷子。我和哥哥姐姐都去帮忙摆地摊,卖"小红毛"。现在女孩子化妆用的眼线液,我父亲是第一个发明者。他申请了专利，可是没有钱继续开发。于是，他大方地把这项发明专利送给别人了。父亲在我心中是非常伟大的发明家。

父亲还是一位非常好学的人，几乎每天早上都阅读。他从小失去父母，一个人用扁担挑着豆腐叫卖。所以在小时候没有书可以读，等有能力了他就非常爱看书，家里的书柜摆满了父亲看的书，包括四书五经。他很仔细地读每一本书，慢慢领会书中的智慧。

"酒干倘卖无"的意思是"收空酒瓶"，指非常穷困的生活，人在那种环境下无可奈何。我进录音室唱《酒干倘卖无》的时候，并没有看过《搭错车》，但是我想到了我们九口人挤在小小的房间里，所以我能感受每一句歌词想表达的东西。那时的录音设备不像现在这么先进，唱的时候没有办法剪接。我几乎是从头唱到尾，没有修过半个旋律或半句词，一气呵成。我心中涌动着澎湃的情怀。"没有天哪有地，没有地哪有家，没有家哪有你，没有你哪有我。"句句打动我的心。

父亲过世之前看过我的一场演唱会。我办过这么多的演唱会，那一场最激动，因为父亲在台下。我唱《酒干倘卖无》的时候，泪水一直不停地流，因为想到父亲的一辈子。我最欣赏父亲这样的男人，他经历过大风大浪，面对剧变，他有办法爬起来。那时候父亲已经七十几岁了，看完那场演唱会后不久就过世了。

每次唱这首歌我都想到父亲。它在我的歌唱生涯中永远是第一位。

给自己和儿子的歌：《亲爱的小孩》

我妈妈从来不唱歌，但是她在我心中是全世界最温柔的女人，轻声细语一辈子，即使在我们最困难的日子里也是如此。

我年轻的时候唱洋歌，妈妈听不懂，让我改唱一些她听得懂的。后来我为母亲学了几首她会的歌，就是台湾地区非常流行的歌仔戏，还要做动作。她听我唱歌很开心。我是妈妈最偏心的孩子，以前她每天晚上会给我泡一杯牛奶，只给我一个人泡。我觉得自己是爸爸妈妈最爱的孩子。

后来我唱了《亲爱的小孩》，我觉得这首歌不只是为小孩唱的，它其实没有年龄限制，每个人都是"亲爱的小孩"，包括我自己在内。每个人都拥有童真，也都会无助，会找不到方向。所以，这首歌是非常广义的。

我唱这首歌的时候感触非常深。我会想到我自己，也会想到我的儿子，好像是为我自己唱，为我的儿子唱，为每一位朋友唱。"我亲爱的小孩，为什么你不让我看清楚？是否让风吹熄了蜡烛，在黑暗中独自漫步？亲爱的小孩，快快擦干你的泪珠，我愿意陪伴你，走上回家的路。"每次唱到这里，我都会感动。每个人都有迷失的时候，每个人的人生当中不尽然那样顺利。《亲爱的小孩》一直陪伴着我，包括在我人生最低潮的时候。有些歌需要一些技巧，有些歌你赋予它太多技巧，反而画蛇添足。唱《亲爱的小孩》这样的歌，真真实实地流露情感就足够了。

我儿子说我不是他的偶像，这样我反而很高兴。我们做父母的要给孩子多一点等待，而不是期待。太期待，小孩会有太大的压力。等待的话，我们静静地看着孩子，静静地等待小孩子成长。每个人都是个体，都有自己的思想、个性，每个家都有一个方式，不需要为别人改变太多，忠于自己就好了。

"不要气馁"

父亲是我这辈子最敬爱的男人。他的话不多，但只要一说出来，就会对我们影响深远，给我们很多思考。父亲对我说"不要气馁"，我真的很受用。

我想对儿子说：父亲一生对我的影响非常深远。他曾经说，人一生下来就像一张白纸，会染上很多颜色，所以走之前要尽量还原白色。他总是念着曾经帮助过他的人，也说过要懂得尊重别人，要守本分，多为社会做出贡献。

谢谢了，我的家！

《商君书·战法》中说："胜而不骄，败而不怨。"苏芮的父亲在生意成功时，善待家人，善待朋友，在生意失败时，自立自强，从头来过。苏芮以父亲为榜样，在失去天之骄女的生活后，执着于歌唱事业，并将自己的生活经历化作演唱时的真情实感，从而引起无数人的共鸣，闯出了自己的成功道路。

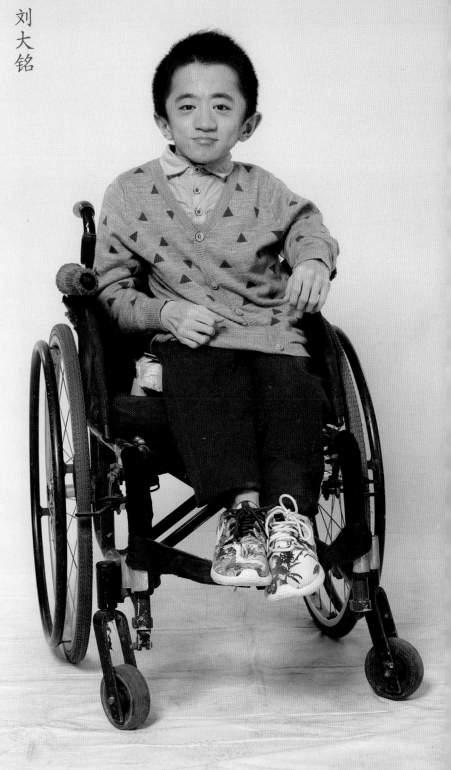

刘大铭

1994年出生后即患有世界性罕见疾病成骨不全症，数次与死神擦肩而过，仍顽强地生活和学习，实现了自己的三个愿望。

刘大铭的母亲赵姣莲全程陪伴儿子战战兢兢的成长过程，在无奈的"狠心"之下付出了一个母亲最深沉最厚重的爱。

没有人会同情你流下的眼泪

"猫妈""虎妈"，狠心藏大爱

我是 1994 年出生的，今年二十四岁了，所以医生当年说我活不过十二岁的预言不攻自破。我非常庆幸我的生命能够延续下来，对我来说一切皆有可能。因为这个预言，我没有上幼儿园的经历，上小学之前通常一个人在家，最大的活动空间是一个沙发，能看到的也都是一些非常固定的东西，比如天花板、书柜，偶尔看一些电视节目，最常看的是《动物世界》。我母亲经常跟我说，其实我们跟动物有很多地方是相同的，强大的动物会吃掉那些比它弱小的动物。我们只有不断强大，才能够独立生存。母亲希望我也能够越来越强大，有一天能去想去的地方。

六岁以前父亲母亲对我非常关照，某种程度上可以说是一种全方位的、没有死角的呵护，我日常起居的任何事情都由他们包办。六岁以后他们的态度发生了逆转，突然对我非常苛刻。吃饭的时候，我父母要求我把每一粒米吃完，不允许剩饭，不小心撒在桌子上的米也要捡起来吃。对我来说这的确是不容易完成的事，因为我个子小，食量不大，饭又盛得多。穿衣服时，母亲帮我把最上面和最下面的纽扣扣上，但是中间的扣子要我自己扣。冬天的早晨，我光着上半身在卧室里自己系扣子。当时的我更多是一种挣扎、不理解、任性。我小时候经常哭鼻子，感觉委屈就哭，母亲就让我把眼泪擦干净，还说没有人会同情我流下的眼泪。

母亲经常说，我其实可以干很多事情，只不过自己认为做不了。后来，我开始学习一些自己感兴趣的东西，挑战了很多自己原本觉得不可能做到的事，就在那个时候学会了拿笔。我母亲认为，最大的呵护是让我了解这个世界的本质是什么，小孩子忍受委屈和成人面对困难在本质上是一样的。我母亲是很平凡的人，她的苛刻和担忧中充满着一种看不见的爱。她会想，儿子长大、她老去之后，她没有办法陪在儿子身边帮忙，儿子要独自面对这个人人跑得比他快、站得比他高、做事情比他轻松的世界，这个世界对儿子来说无比残酷。她希望我强大起来，尽管我不能站起来，不能像其他孩子那样轻而易举地蹦蹦跳跳，但是她从来没有放弃让我成为一个强者的希望。她觉得，即便我不能够独自走出去哪怕一步，但是我可以用心、用思维去丈量世界的宽度。

我在离家门口非常近的普通小学度过了美好的小学时光。一开始的时候，老师和校长很担心，因为六七岁的孩子都不懂事。成年人会保护我、呵护我，不会撞击我，可孩子们不知道。这个时候我真的要去面对一个新的世界了，尽管只是一个孩子的世界，可那里没有包容，没有同情，没有保护，我要完全独立地生活。可我觉得很快乐，我会写他们不会写的字，写得比他们快，我可以读更厚的书，给他们讲他们没有听过的故事。记得在小学毕业的时候，当地的记者去报道我上小学的事情，班上有一个跟我玩得很好的小朋友说："我觉得他除了经常坐在那儿以外，没有任何地方与我们不同。相反，我觉得我们跑着的时候还没有他坐在那儿想的事情多，或许他已经'跑'到了一个我们用脚走不到的地方。"

父母对我要求非常严厉，然而他们对我的学习并不苛刻，从小学到高中，几乎每天早上我爸都会来床前问我还要不要去上学。我一直告诉父亲，我要去。到了初中，作业太多了，晚上很难写完，身体又不好，我父亲说，我给你写一句话，你明天转给老师，不用完成作业了。我说，别人能写多少，我就能写多少，我可能写得比别人慢，但是永远不可能不写。只要我的手臂还能动，只要我还能叫你"爸爸"，我一定会写下去。然后我父亲说："既然你想写，我就一直陪着你，加油！"现在想起来，那个场景还是很温馨感人。小学期间我做了非常多的手术，每次推我上手术室的时候，父母总是在手术室门口跟我告别，一直紧紧握着我的手，长时间不愿意放开。送我上手术台前他们说是送我去看电影，他们把手术时用的电脑屏幕说成银幕，但其实我是知道真相的。做完手术之后我非常疼，就忍不住哭了，我跟父亲说流泪是因为光线太强了。我发现，眼泪虽然可以发泄自己的感情，但是会给别人带来负面情绪，所以我要学会忍住眼泪，把眼泪流在这个世界看不见的地方，把眼泪流在心里。这样我才会成长起来。我对眼泪有了新的理解，对父母有了新的理解。我母亲很少流泪的，她说，无论表达悲伤还是懦弱，眼泪是没有用的。因为它只是一种暂时的发泄，不是长久的解决办法。我父母一直很坚强地陪伴着我，走了很久。

生而为我，做灵魂行者

我是"瓷娃娃"，我的病学名叫成骨不全症，致病原因是基因突变。人在不断进化，从原始人一直到今天的人类，我可能在进化中有一个小小的意外，基因发生了突变。这个基因导致我的骨骼比常人的脆弱，容易发生骨折。我小的时候做过一个手术，在我右侧大腿里放入一个钢针，随着我的成长，它变短了，而且发生了偏移，刺破了大腿的骨骼、血管、肌肉，最后突破了皮肤，暴露在膝盖外面两毫米。那是 2009 年，我正在上初中二年级。我不敢跟家里人说，因为我非常想留在学校里继续学习，我觉得只有每天早上跟他们一起坐在教室里，我才是他们中的一员，我们才是相同的、平等的。如果我有一天无法在天还没有亮的时候走出家门，坐进教室，打开书本，就意味着生活在逐渐抛弃我。我不想被抛弃，所以我就一直忍着不说。坐轮椅向前每走一步都会非常颠簸，钢针会刺破周围的组织，血会从我的裤脚流出来。最后我实在是忍不住了，就把这件事告诉了父母。他们非常愤怒，还很失望。我父亲说："如果你失去了生命，你怎么给我和你妈妈一个交代？我们的后半生要怎么办？你知道不知道你的行为非常自私！"我当时特别委屈，我为了上学已经忍受了这么多痛苦，可他们还要说我很自私。后来我才意识到我真的错了，因为我不该用自己的梦想去伤害家人。虽然我有最想做的事情，最怕失去的事情，但我不是一个人，这个世界有很多牵挂我、爱我、担心我的人，在做每一个决定之前我要考虑他们的感受。

在天津，我三个月内做了两次非常大的手术，手术后打上了我一生中最痛苦的石膏，整个身体被固定成"大"字状，在那样的情况下整整待了187天，除了头和手臂，没有任何地方可以动。身体要经受非常真实的、时时刻刻从不间歇的折磨。我真正感觉到，必须要与命运决一死战了。那个时候，父母最希望我能健康地活下去，没有任何别的要求。可是，在我经历了极端的手术痛苦之后，母亲又说了一句非常经典的话："儿子，你知不知道'久病床前无孝子'？世界上再爱你的人，愿意为你付出生命的那个人，也不愿意看你一生一世都躺在病床上，一直陪着你。"起初我很委屈，难道生病是我的错？难道妈妈不想照顾我了？但是后来通过母亲这句话，我明白了一件事，就是不能一直用消极的态度、病恹恹的身体去面对这个世界，虽然病不是我的错，但对家人是一种看不见的折磨。所以我要积极起来，去做一些新的改变，给病床前陪伴、照顾我的人一点点希望。

母亲从没有离开我，一直陪伴在我身边。我出院回家，母亲在没有任何人帮助的情况下，一口气把我抱到六楼。石膏非常重，加上我自身的体重，总共六十多斤。这件事情对我触动非常大，我觉得她没有变，还是那个独一无二的母亲！所以，我不再纠结母亲的话，我开始想我应该成为什么样的人，第一次对人生有了梦想和目标。我不能一辈子躺在这个小小的床上，不能只仰望天花板，不能让疾病把我打倒。

手术后我定了三个目标。

我的第一个愿望是活下去。当时我的脊椎发生了非常大的形变，几乎全中国好医院的专家都说没有办法为我手术。我只能为自己的生命倒计时，我不甘心，不想这么小就失去生命。我背着父母给全世界脊椎外科领域最好的专家写英文电子邮件。我在信中写，我非常想活下去，但不光是为了自己，我并不惧怕死亡，如果我能在这个世界上多活一点点时间，我就可以为活着的人创造更大的价值和希望，让更多的人因为我活着而有更大的信心活下去。大概过了三周，意大利的一位大夫给我回了一封邮件，说他做过非常多的脊椎手术，所有的病人在生命垂危时刻表现的基本上是对生的渴望，对这个世界的眷恋，唯独我非常另类，我不是为自己活，而是能够让别人活得更好。他说，他愿意为我做手术，但是有超过一半的死亡率，如果我愿意接受这个实验型的手术，他也愿意为我冒这个险。我当然愿意了。我父亲是赞成的，但我母亲反应比较激烈，她不愿意，因为当时医生说，只要在床上躺着，只要不选择坐着，不要继续上学，不考虑正常人做的事情，几十年内我不会有生命危险。我就对母亲说："中国有一句老话叫'好死不如赖活着'，可是我作为你的儿子，最不赞同的就是这句话。我觉得，一个人在世界上生存着，应该知道他为什么活着，应该清楚生命该怎么度过和失去，我想选择我自己的生活，而不是被生活和命运选择。"后来父母就带我去做了这个手术。

2012年10月2日，我母亲推我上了手术台，她穿了一件红色的夹克，在手术台旁边拉着我的手说"肯定没事"，然而她的声音越来越颤抖。她抱着摄影机，想把这一刻录下来。镜头的焦距调得越来越大，直到无法跟上我的手术车。在她关闭摄像机前的最后一刻，我听到了她的哭声。我俩争执最大的时候，她在网上给自己留言："希望上天保佑我的孩子，让他平安回来吧！"她从来没有在我面前说过是否平安回来的事情。我明白，这是母亲对孩子的爱。母爱是深沉的，看不见的，用"伟大"这个词修饰母爱是肤浅的，是片面的，因为它包含了很多甚至她们自己都没有办法理解的东西。这就是我的母亲、我的父亲，这就是给了我生命、陪伴我的家人。手术非常成功，是一个了不起的奇迹。

我的第二个愿望是出一本书，它能够反映我如何与生活相处、抗争，它能够给他人的生活带来力量。第三个愿望是在世界一流学府接受最好的教育，我希望用整个世界、整个社会眼中不完整的生命，去学习尽可能完整的知识。大家觉得我满身石膏，像一个木乃伊一样，奄奄一息，就像井底的青蛙仰望星空，怎么可能实现这些愿望呢？最大的阻碍，不是自身有哪些限制，或者存在于哪些逆境之中，而在于你是否有这样的决心，真的想要做成什么。

很幸运，在过去五年中我实现了我的三个愿望。我被世界排名第二十九的英国曼彻斯特大学心理学专业录取，成为我们国家第一位坐在轮椅上就读于世界五十强大学的大学生。我有一句特别想说的话：希望只会眷顾那些愿意为之付出一切代价的人。

人生像攀登一座非常高的山，没有办法达到顶峰，我们达到的位置只能是最适合的位置，让自己感到最幸福、最舒适的位置。父母为我实现这三个目标带来了坚韧、勇敢、面对真相的勇气，让我能够坦然地面对自己的优势和缺陷。当我们能够充分接受自己的时候，我们也可以更好地与世界互动，与世界真诚地相处，与世界勇敢地相处。有一天我的父亲母亲会觉得，他们最担忧的孩子，那个最不被这个世界看好的孩子，没有办法和大家站在同一起跑线上的孩子，可以引领着别人勇敢地跑步了。还有比这更幸福的事情吗？！

在我的书《命运之上》的结尾，是我在高中时代写的一首诗，这首诗表达了十八岁的我对生活的理解和感受。

灵魂行者（节选）

你将躯干给了病魔，却把灵魂留给了生活。

你将快乐分享于情感，却把悲痛留给了心窝。

你将梦想给了青春，却把苦难留给了执着。

你将最好的，都献给了生命，将最坏的，都葬在了荒漠。

你的眼泪，没有干涸，你的苦难，没有消磨。

可是你依旧活着，活得那么坚毅而洒脱。

"没有人会同情你流下的眼泪"

我从小到大印象很深的一句话是我母亲告诉我的："没有人会同情你流下的眼泪。"小的时候我不是非常理解，但是随着成长中面对了各种各样的困难和挫折，这句话在我脑海里越来越清楚。她希望我面对病痛的折磨时能强大起来，她对我未来的担忧中充满着一种看不见的爱。

中国有一句老话："滴水之恩，当涌泉相报。"这么多年过去了，我从柔弱的孩子走到了今天，却不知道怎样用我滴水般的能力去报答父母对我涌泉般的恩情。

我想对爸爸妈妈说：其实你们承受的比一般父母要多得多啊！一般的父母在教育孩子时最先想到的是孩子的吃饭、教育，而你们却要关注怎样让这个孩子活下去、生存下去。你们会担忧，夜以继日地担忧，担忧你们老了以后这个孩子怎么在这个复杂的、汹涌澎湃的社会中独自一人生存下去。

爸爸，我印象最深刻的是，我很小的时候，在下着大雪的无数个早晨，你带我去书城看书。那个时候的你步伐比现在迈得快，抱着我走那么远，中途都不停歇，抱着我去每一个书架前，直到我挑到最中意的那一本书。

妈妈，我印象特别深的是咱俩一起看《动物世界》，还有你帮我系好第一粒和最后一粒扣子的日子。正是那些简简单单的举动，让我学会了理解、尊重生活，让我更好、更平和地与世界相处。

我是一个与众不同的孩子，你们说我是上天给你们最好的礼物。我也明白，我们是一个与众不同、不可替代的家，正是这样的艰难挫折、悲欢离合，让我从生命的深渊走向了改变世界的舞台。

我要谢谢我的父母，谢谢所有在我成长经历中帮助过我或者给予我压力的人。我们是最幸福的一家人，也是最特别的一家人。我为成为你们的儿子、为遇上你们这么伟大的父母，感到深深的自豪和骄傲。

谢谢了，我的家！

报任安书（节选）

〔汉〕司马迁

古者富贵而名磨灭，不可胜记，唯倜傥非常之人称焉。盖文王拘而演《周易》；仲尼厄而作《春秋》；屈原放逐，乃赋《离骚》；左丘失明，厥有《国语》；孙子膑脚，《兵法》修列；不韦迁蜀，世传《吕览》；韩非囚秦，《说难》《孤愤》；《诗》三百篇，大底贤圣发愤之所为作也。此人皆意有所郁结，不得通其道，故述往事，思来者。乃如左丘无目，孙子断足，终不可用，退而论书策，以舒其愤，思垂空文以自见。

仆窃不逊，近自托于无能之辞，网罗天下放失旧闻，略考其事，综其终始，稽其成败兴坏之纪，上计轩辕，下至于兹，为十表，本纪十二，书八章，世家三十，列传七十，凡百三十篇。亦欲以究天人之际，通古今之变，成一家之言。草创未就，会遭此祸，惜其不成，是以就极刑而无愠色。仆诚以著此书，藏之名山，传之其人，通邑大都，则仆偿前辱之责，虽万被戮，岂有悔哉！然此可为智者道，难为俗人言也。

周文王、孔子、屈原、左丘明、孙膑、吕不韦、韩非子以及司马迁本人，面对身体的残疾或命运的残酷，没有沉沦，而是为后人，为中国文化宝库留下一笔笔精神财富。

平 安

年轻歌手，声音清亮优美，情感深厚充沛。以融合美声和流行的演唱方式赢得大众的喜爱。近年来，他热心于公益事业，尤其是用歌声给孩子们送去快乐。

平安的父亲是上海人，虽然从事科研工作，但热爱文艺，是平安的音乐启蒙老师，也是平安选择和坚持音乐梦想的领路人。

为什么不继续唱下去呢？

一个人的选择

爸爸是位慈祥的父亲。一直以来，他不太会向我下达"你必须这样"的命令，而是用"你可以这样"的建议，让我思考，给我选择。爸爸是我的音乐领路人。他虽然不是科班出身，却知道我喜欢唱歌，喜欢音乐，一直呵护我对音乐的兴趣，还培养我学习小提琴，提升我的音乐素养。随着年纪慢慢增长，我接触到了更多风格的音乐，比如《童年》《外婆的澎湖湾》等台湾地区民谣。我深深地被边唱歌边伴奏的表演方式吸引，从此爱上了吉他，还一发不可收。开始的时候，爸爸并不赞成，他希望我还是按照他的设想，按部就班地拉小提琴。在他看来，流行音乐受人瞩目的时间最多十几年，可古典音乐历经百年岁月的洗礼，受众又多，更何况把古典音乐学好了，流行音乐肯定完全不在话下。但是于我而言，边弹边唱真是一种享受。我参加了大学的吉他社，经常开心地抱着吉他唱歌给同学们听。当时我的声线比较像熊天平和林志炫，每次唱他们的歌都挺受欢迎，这更加坚定了我学吉他的心。

我和爸爸的意见出现了分歧，我便使出激将法："爸爸，要不你学学吉他吧？"爸爸果然"中计"了："吉他就是在小提琴上面加两根弦嘛，我小提琴拉得好，吉他肯定能弹得好！""那你学学吧，你看我都能弹唱了，你什么都不行，你只会拉琴，还不能唱。"他还是不肯，也许没办法一下子就接受新鲜事物。我继续说服他："你看我抱着吉他唱歌，被这么多同学喜欢，你为什么不试试呢？你也喜欢唱，如果有一天，你在你们单位的文艺表演里来个吉他弹唱，也是另外一种风景。不用再在后面做伴奏，而是在台前带着一种乐器去唱歌。"爸爸没有再说什么，既没有否定我的爱好，也没有回应我的提议。

直到有一天，我在一盘磁带里听到了爸爸的回答。那时他已经去世了，家里留下了他买的唱片机、双卡录音机、磁带和黑胶唱片，再加上爸爸学德语，还留下了一些语言学习用的磁带。假期回到家，我做作业，妈妈做家务，我随意拿起一盘磁带播放，充当我们工作的背景音乐，好像爸爸依然在陪伴我们。那盘磁带先放了嘈杂的德语，叽里咕噜的，我和妈妈都没在意。"吱吱"几声过后，突然传来了爸爸的声音——他在一边弹吉他一边唱齐秦的《狼》。正在写作业的我愣住了，妈妈本来在厨房，听到声音马上跑进我的房间。我回头，看到她呆呆地站在门口。我们四目相对了一会儿，两人的眼泪夺眶而出。

我知道，妈妈哭，肯定是因为听到了熟悉的声音，想到了自己一直思念的丈夫。而我的眼泪里，更多的是感激：爸爸用这种方式表达了他对我学吉他的认可和理解。他在磁带中录了好几首歌，还说了一段话："儿子，我也不知道为什么会录这样一个磁带。你老是说我不肯学吉他，其实也不是不肯，只是希望你不要因为音乐耽误了学业，希望你把音乐当作一个爱好。但是，看到现在有这么多愿意听你唱歌的人，我就越来越高兴了。我觉得你可以做出自己的选择，爸爸通过这种方式支持你！"

我的泪水里还有遗憾。爸爸去世前，我忙于学业，再加上相隔两地，没法直接谈心，只能偶尔通过信件交流。他该怎么向我表达他的支持呢？听着磁带，我的脑海中浮现了那个画面：某年寒假我带回家一把破旧的吉他，爸爸在沙发墙上打了个钉子，亲自把吉他挂上去，因为那是儿子的宝贝。我想，说不定他本来等着我放假回去，就能够直接弹唱给我听。可惜他知道自己挺不到那个时候了，只能在某一天取下吉他，拿出磁带，按下"录音"键，一首接一首地弹起来，再把心声录下来，留给我听。

这么多年过去了，虽然我们还保留着那盘磁带，但它的音质已经完全不行了，只能听到非常扭曲的噪声，没有办法听到爸爸自己的声音。希望能有一个机会修复磁带，用数码方式把爸爸唱的歌、说的话保存下来，也算是给妈妈和我一份非常美好的回忆。

两个人的梦想

虽然爸爸没有当面说出他支持我学吉他，但是他曾当面鼓励我要坚持唱歌。大三时，我第一次参加了有电视播出的比赛。因为成绩还可以，就兴奋地管电视台的朋友要了录像带，把它寄给爸爸看。那时候他已经生病了，我希望通过这盘录像带表达我对他的关爱。看完我的表演，爸爸意识到儿子竟然会通过唱歌被这么多人认识，于是，每当有朋友来家里看他，他都得意地把录像带拿出来向大家炫耀一番。妈妈告诉我，一个十几分钟的节目，他从头到尾看了无数遍，已经变成了特殊的评委，还把我的表情解读得特别详细：这个眼神是迷离了，那是忘词了；这个是兴奋了，表现有了，进入情景了，等等。

有一次在医院，爸爸一边换药，一边慢慢告诉我，他小时候也有音乐梦，因为种种原因只能偷偷摸摸地学，没法通过考试进入音乐学院，所以，看到我能参加比赛，还有那么多观众朋友喜欢我，他觉得说不定我可以完成他的音乐梦想，同时也完成我自己的梦想。尤其在病重以后，爸爸把这份梦想的归属感放到了我身上，希望我能带着我们两个人的梦想，在音乐的道路上搏一把。

大学毕业时，我选择了会计工作。朝九晚五地上班，晚上去酒吧唱歌。结果2003年碰到了"非典"，公司把我裁了，没地方让我唱歌，我又不能伸手管妈妈要钱，于是就在兜里揣十块钱，想办法蹭饭，维持一个星期的开销。那段时间里我经常审视自己：为什么父母要我上大学学金融，而只让我把音乐当成爱好呢？因为他们希望我的生活能有规律，不要有了上顿没下顿。在这个十字路口，我也要做自己的选择。恰好，我找到了一些跟我一样在音乐路上苦苦挣扎的朋友，终于我不再孤单。接着我参加了比赛，拿了冠军，到处有演出，甚至上了音乐节的大舞台。第一次上台，看到下面黑压压的上万人，心里是抑制不住的兴奋。那一刻，我真正为自己找到了一条音乐道路——与志同道合的朋友一块儿做乐队。可惜在2006年，乐队解散了，朋友们分道扬镳，我又陷入了孤立无援的状态。而且这一次是取得了成绩后再次回到原点，心里的不平衡不言而喻。我不知道自己能干什么，这时候我又想起爸爸的话，我告诉自己，我这么热爱音乐，如果彻底放弃了，才是真正的失败。现在我为音乐付出了很多，还没得到结果，只能算挫折。挫折让我审视自己，做出更好的选择，而不是退缩。于是，我还是决定坚持。2007年，我又鼓足勇气，一个人去参加唱歌比赛。

冥冥之中，好像每一次快要跟音乐说再见的时候，总有一种力量把我拉回来。每年清明节，我都会去看爸爸，还会多留一会儿跟他说说话，告诉他我今年做了点什么，是不是应该再做些什么……空旷的山谷里无人应答，我就这样跟爸爸汇报，我一直在坚持我们两人的音乐梦。

三个人的音乐

妈妈对于我的音乐梦一直是既不支持，也不反对。不过她和爸爸一样，尊重我的选择。直到有一次她看了我的演唱会，回来之后才向我坦诚道："儿子，没有想到那么多人喜欢听你唱歌。以前我都不太理解，你们做这个行业的人能有饭吃吗？能养活自己吗？能把音乐表演当作一生追求的事业吗？"她还跟我分享了他们俩的浪漫往事，"你爸爸学物理的，老实可靠，没有想到他一直有一颗未灭的音乐心，还唱歌给我听，写一些东西表达浪漫。看了你的演唱会，我好像在你身上看到了你爸爸的影子。我理解了，你爸爸有很多梦想没有完成，通过你，可以去完成。既然有这么大的舞台，妈妈感到欣慰，也放心了。"

从此妈妈全力支持我。其实妈妈也受到爸爸的影响，喜欢听音乐，做家务时偶尔还哼上两句。在我的感染下，她去老年大学参加合唱团，在家里弹钢琴，生活得有滋有味。她最享受的，还是当我的评委。妈妈会去追看我的所有节目。跟爸爸相比，她对我更加严苛一些。每次回家，妈妈就拉着我，好一番评头论足：这个手势不对，那件衣服的扣子没系好；这首歌情绪表达错了，那个词又背错了……全部都是小细节，对我而言却是最温馨的家庭时刻。每次演唱会妈妈都会来，虽然她坐在观众席很不起眼的角落里，但总是让我压力倍增。因为我希望通过演唱会，得到妈妈发自内心的认可，让她能真正地为我骄傲。相比起外界的掌声、鲜花，家人温暖的港湾才是我坚持梦想的最大动力。

爸爸过世之后，我就不再碰小提琴了。有一次演唱会的歌曲里正好需要拉一段小提琴间奏，我便犹豫着要不要重拾小提琴。妈妈劝我，如果练习时间不够就算了。可我觉得，爸爸的这把琴留到现在，正需要我发扬光大。我花了两三个月的时间拼命练习。表演之前，我还非常不自信地跟观众坦白："我已经很多年没有碰琴了，但现在，我想用这种方式唱给大家听，也给父亲一个交代。"

音乐响起来了。一开始我拉得非常谨慎，生怕自己出错。慢慢地，一幅幅过去的画面不断闪回，我仿佛刹那间就在舞台上回到了小时候：每个星期，爸妈同事的孩子都会来我家，妈妈帮我们切好水果，我们就一起练琴，爸妈是我们的观众。小提琴的四根弦对于孩子娇嫩的小手，简直可以算一种"刑具"——大人手上有老茧，小孩却没有，经常是手指按下去就有一个印儿。我问爸爸，能不能像弹古筝那样，在手上套一个橡皮膏。他板起脸说，当然不行，小提琴就要靠手指细微的触感，才能找到最漂亮的音色。有时候，我一边拉琴，一边手指就划破了，爸爸面无表情地帮我擦掉血迹，让我休息一会儿，等到手止血了让我接着练。如果我的练习表现不好，还有折磨人的单独加练等着我。爸爸会让我用肩和下巴夹着琴做事，一直到脸"胖"了，就是夹琴的那块肉肿了，他才允许我把琴放下……

一曲终了，观众们鼓掌欢呼，可我的心里五味杂陈。我仿佛只看到坐在熟悉位置上的妈妈，她歪着头，微笑着聆听。还看到了爸爸，他听得格外入神，认真地帮我打拍子。

感谢小提琴，它不仅磨炼了我的意志，让我面对坎坷时更有勇气，还帮我见到了爸爸。我知道，因为小提琴，因为音乐，爸爸会永远和我在一起。

无数人的快乐

我的名字是妈妈起的，妈妈希望我能一辈子平安。在我们家，一直遵循着"平淡是福"的为人处世原则。而在歌曲的演绎上，我也想把家人之间、朋友之间温暖而简单的亲情和友情用声音表达出来，感动听众。

除了做自己的音乐，我现在的重要工作是去贫困县当支教老师，我在困难的时候得到过朋友的帮助，因此我也想尽我所能帮助别人：我教小朋友们唱歌，帮他们组建合唱团。这些孩子大多是留守儿童，和小时候的我有相似的经历。我的父母都是知青，一直在成都工作；而我生活在上海，从小在爷爷奶奶、外公外婆、阿姨婶婶的家里吃百家饭长大。父母不在身边，有许多成长中的悄悄话没人可说。这些孩子也是如此，很多人的情感表达有障碍，甚至会有一些自闭倾向。我想通过艺术教育和音乐的力量，再加上体育运动，为他们的情感宣泄提供一个很好的出口，让他们学会调节情绪，而不是用一些极端的方式解决问题。

这些孩子真的很缺乏艺术教育，生性活泼的他们一接触到音乐课，都高兴坏了。我趁机在音乐课里加了一些小道理，教他们爱生活，爱父母，爱自己。支教带给我的感悟，也是我创作新歌的灵感源泉。比如《姐姐》这首歌，讲的就是师生情：到了毕业季，孩子们马上要跟姐姐告别了，姐姐还要嘱咐大家一句话：我们爱爸爸，爱妈妈，爱祖国，我们爱善良，爱坦荡，兄弟姐妹永远难忘。"姐姐"就是我支教所在地的一个乡村老师，她将毕生所学毫无保留地教给孩子们。学校里，孩子们不喊我们"老师"，而是喊"哥哥""姐姐"，这样显得更亲近。每年，姐姐都目送着一批批的学生去县城读书。她既为孩子们能够去更广阔的天地而高兴，也为离别、为自己没法再给他们提供帮助而伤感。她对我说过："其实我教不了他们什么知识，但是最基本的做人道理，还是希望孩子们受用。一定要爱爸爸，爱妈妈，要做善良坦荡的人。"姐姐就是我的榜样，鼓励我通过音乐的力量帮助更多的孩子健康成长。

我喜欢的歌手是迈克尔·杰克逊，他的歌总是关注困境中的孩子；也因为他的歌，人们了解到了这些需要帮助的群体，我觉得音乐最宝贵之处莫过于此。爸爸在我心里种下了一颗音乐的种子，现在，我也在孩子们心中播下音乐的种子，让它能够在更多的地方生根发芽，长成一片绿色的草原。这就是我的音乐梦想——通过自己热爱的事业感染身边的人，快乐地面对生活。

"为什么不继续唱下去呢？"

有一次我帮爸爸换药，他为了忍住疼痛狠狠地掐自己的手，咬着牙，黄豆大小的汗珠一颗颗滴下。就在这时，他突然对我说了一句话："你那么喜欢唱歌，你唱歌我们都喜欢听，为什么不继续唱下去呢？"我当时就觉得无法言语。从此，这句话一直伴随着我，尽管音乐道路浮浮沉沉，我始终没有放弃。现在我想告诉爸爸，我今天能够坚持唱歌，有你的一份功劳。虽然你已经没法看到我所有的成绩了，但是没有关系，现在有这么多人支持我，而且我也在教小朋友们唱歌，就像你留在磁带里的那段话，音乐的力量可以把爱传递下去。所以爸爸，我相信，在我开演唱会的时候，在我多年以后重新拉起小提琴的时候，你会坐在某个角落，可能是妈妈旁边吧，跟她一起听完我的歌。

既然爸爸给了我一个期许，我也希望给我的孩子一个期许。我想对未来的孩子说：你不一定要有多大的作为，但是我希望你如歌里面所唱的，是一个善良坦荡的人。你一定不要放弃音乐，就算不像爸爸这样把音乐当作一份事业，也希望你从小把音乐看作一生的爱好。

谢谢了，我的家！

这位年轻的嘉宾，他的名字听起来、写下来都很暖，他的模样，他的笑容，他的眼神也很暖，他的歌声更暖。在爸爸的引导下，他成为小"琴童"，提升古典音乐修养；在爸爸的支持下，他开始学习吉他，走上自己感兴趣的音乐道路；在爸爸的鼓励下，他面对坎坷，始终不曾放弃对音乐的热爱。父亲用宽容、理解和认可陪伴孩子成长，即使已经天人永隔，爱从不缺席，并将播撒到更多人的心田。

西茜

1990年出生的年轻画家，主动放弃学校教育，五岁拜父为师学习绘画，以写实主义油画作品步入画坛，多次在全世界范围内举办个人画展。

西茜的父亲引导西茜爱上绘画，成为女儿的艺术启蒙老师。当西茜坚持退学回家、专攻绘画时，他以父亲的胸怀和担当为女儿撑起一片天，鼓励她坚定地走自己的绘画创作之路。

你要成为自己想成为的人

父亲的决定

　　我小的时候，只要想学什么，爸妈都会支持我，我在尊重和理解的氛围下长大。小时候我的爱好很多，想学弹古琴、钢琴和琵琶，爸爸说："没问题，我可以弹吉他给你伴奏。"我还要学武术，爸爸就开玩笑："我学不了你那些，但是我可以在你身边打太极。"我的任何想法，爸爸妈妈都鼓励，还想陪着我一起实现。快过八岁生日的时候，我把自己深思熟虑后的重要决定告诉了他们：我要退学。

　　这并不是我随口说出的任性之语。上学之前，我一直按着自己的轨迹，每天自由地读书、画画。爸爸是位画家，我看着他心生羡慕，于是就有了当艺术家的理想。爸爸看我又有愿望，又有些灵气，就让我在五岁的时候拜他为师，正式学画。

　　到了要上学的年龄，我本来非常期待校园生活，想有很多时间跟小伙伴们一起玩，大家开开心心的，过快乐的集体生活，结果却完全不是我想象中的样子。老师们留了很多作业，我根本没有时间玩。爸爸还特意去学校问老师："我的孩子在家里就已经学完了课程，考试也没问题，可不可以不让她写作业？"老师听了爸爸的话非常吃惊："谁也不能搞特殊啊。"没办法，妈妈就帮我写一些作业，想给我更多的课外时间。我还喜欢在课上偷偷看课外书，结果被老师发现了，他们觉得我不尊重他们，罚我站。

　　我总以为自己很乖。在家里，爸爸会跟我提要求，不过他不会命令我，而是耐心引导我，给我指点方向，我会努力达到他的期望。到了学校，因为我"不听"老师的话，就成了个"叛逆"的孩子。终于，我郑重地把退学的想法告诉了爸妈。他们互相看了一眼，问我："你想好了吗？再好好想想吧。"他们告诉我，追求梦想，当艺术家，他们都支持；但是人不能太理想化，上学符合大多数人的思维习惯，如果没有实现艺术理想，上学起码还有一个保障。我一下子就哭了，跑回房间关上门，把自己锁在里面，不跟他们说话，算是给彼此留一些时间和空间考虑这件事。

不管在任何时候，爸妈都用包容的态度对待我，他们想得更多，自然明白退学的决定会给我们家和我带来多大的影响和考验。但他们从没怪我胡思乱想。面对我的坚持，爸爸做了决定：支持我。我很欣喜，可当时根本没有考虑到，这个决定带给了爸爸多少压力。

父亲的担当

我退学了，爸爸就"上岗"了，几乎成了我的全职老师。五岁时我已经拜他为师，但是现在，他要教的不仅是画画，还有更多学科。爸爸认真地思考了很多，包括希望我读什么书，学什么知识。他自己做了教材，给我指定必读书目。每天上午教画画，下午带我去图书馆，晚上散步回家，我们会交流当天看了哪些书，阅读的感受是什么。我特别佩服他的速记能力，为了让我节约用眼，他会每天读一两本书，再把里面的精华部分背给我听。他最喜欢的书是《道德经》，特别给我传递了以自然观万物的观点。他希望我能沉浸在阅读的海洋里，从哲学和文学的角度看待未来我要学习的绘画艺术。逐渐地，爸爸不再限制我的阅读范围，而是鼓励我什么类型的书都要涉猎，帮助我能跟任何人有共同语言。

为了成全我成为不一样的人，爸爸牺牲了很多。他一方面为眼前的日子发愁，另一方面也忧心我的未来。他为了专门教我，辞去了学校的教务，只能做职业画家，收入不稳定。在我十岁时，他的健康又出了问题。一开始被诊断为心肌梗死，后来才知道是早期癌症。因此，他不能再高强度工作，连画家也当不成了。我们一家三口彻底没了经济来源。我们卖了房子，简直到了山穷水尽的地步。外婆看我们实在可怜，就把她的养老金和劳保卡交给妈妈，我们节约着勉强过活。最困难的时候，我们家每天的生活费不能超过五十元，但是，买绘画材料和书的钱一样不落，就连我的其他爱好爸妈都依然支持。他们理解，自从我退学，就没法和太多同龄人建立友情，这些爱好就是我的"朋友"，能缓解我的寂寞。

其实在那个时候，爸爸承担的最多，但却丝毫没有让我感受到任何压力。他的自信让我坚定，给我信念和力量。他认为，只要我拥有善良和坚持的品质，追求自己的梦想，未来我们一定会有最美好的结局。爸爸总是跟我说，你一定要成为自己想成为的人，我们能理解你，因为艺术不能被规定，你要一步步去探索属于自己的路。这条路可能非常窄，窄到只有你一个人能通过，但是你要去寻找，哪怕披荆斩棘，经历种种磨难。与众不同的经历与想法，对你未来的创作非常有帮助。

爸爸一路引导我做自己，让我在每个年龄段都对自己有清醒的认识。我从小的梦想是当画家，后来随着创作经历的丰富，我的想法也更加完善。我希望自己有爱心，保持童心。我眼里的世界是美好的，我遇到的每个人

163

都是独特而可爱的，我希望通过绘画表达自己内心的感悟。我热爱中国传统文化，因此我的很多画作都在传递中国古典之美。比如刚为我赢得2017年美国艺术大奖赛一等奖的《蝶恋花》，人物的汉服、发式都是我亲自设计的。还有《莲花》，它非常能代表中国人的精神境界——象征的不仅是女性的高洁，还有君了的高尚情怀。创作《莲花》时，虽然我用了油画的颜料和画布，但背景是如古画般的素面。观看了越来越多国际知名博物馆的藏品后，我越来越意识到表达中华之美的重要性。因此，我在大多数作品中都追求东西方文化的融合，表现中国画的腔调和审美意境。

父亲的牵挂

在我二十四岁那年，爸爸离开了我们，去往另一个世界。他没有看过我现在的作品，但我想传递的想法和信念都来自他的培养。爸爸的身体一直不好，随着病情越来越重，我们都很清楚地意识到，他的告别越来越近。我和妈妈分工，我白天照顾他，妈妈夜里照顾他，几乎寸步不离。当时爸爸安慰我们："我们一家人在一起的时间要比很多人多，所以不要哭，不要伤心，要坚强。"

我记得他离开我们的那一天是2014年2月18日。因为癌细胞扩散到了大脑，他忘记了一切，连自己都不记得，却在去世前一晚不停地跟我说："宝宝，你喝水了吗？要喝水。"还对相恋多年的妈妈说："很多人不懂你，但你是我最珍贵的宝贝。"第二天早上，他已经完全不能说话，只是看着我，看着妈妈。我永远不会忘记他充满眷恋又坚定的眼神。最震撼我的是，他的神情里没有一丝伤感，只有满足和欣慰。

爸爸走了，我没法像他在的时候那样随时跟他倾诉，只能在他的照片前跟他说话。一开始，我觉得失去了最宝贵的东西，好像一切都没有意义。后来我慢慢明白，我还在，我可以在我的生命里、在我的作品里延续爸爸的思索和表达，还有他的人生路。我有一幅重要作品《珍珠》，它的含义是，每当我流一次眼泪，就收集一颗珍珠，等它们串成项链，那就是我浓浓的回忆，其实我画的是自己。大家可能觉得这个人是忧伤的，但我想要传递的是，生活会让我哭泣，人生一定会经历悲欢离合，但是人们心底最真的信念，也许会在你最伤感的时候爆发，会让你在最感到绝望的时候看到希望。我在生活中感到困惑和迷茫时，总会感受到父亲。他虽然离开了我们的世界，但是他一定会在另一个世界看着我，看着自己的女儿成为他希望的样子。

爸爸拥有高贵的灵魂，他身上有一种光亮，是内在的尊严、坚强和从容散发的光亮。他为了所爱的人，为了追求艺术上的桃花源，可以牺牲自己。他在我眼里是完美的，我永远都会努力，让他以我为傲。我要像他一样拥有善良的内心，不自私，不被现实同化，保持我的初心。

"你要成为自己想成为的人"

无论自己的生活多么困难，爸爸都一直对我说："你要成为自己想成为的人。"我觉得，我正在慢慢实现他的愿望。

我想要说太多声"谢谢"给爸爸妈妈，谢谢你们让我坚强勇敢，更要谢谢你们教会我如何去爱，因为爱能让我经受这世间所有的考验。每当我感到无助、难过、脆弱，我就想到你们。只要为了自己所爱的梦想、事业，为了所爱的你们，为了让你们为我骄傲，我的一切努力都是值得的。

爸爸，我很想你，虽然我会痛苦、无助、害怕，但我总觉得你从来没有离开过我。无论如何我一定会笑着活下去，会比以前更懂得快乐的真谛。我也会照顾好妈妈，用尽全力保护她。我会像你一样，永远用孩子般纯洁善良的心看待一切，传递爱和理解。我也会像蜡烛一样燃烧自己，哪怕只贡献一点儿亮光，我的一生就有价值。我会创作更多有意义的作品，让世界看到更多的中国美。希望有朝一日我能像你那样，拥有深沉、高贵和饱满的灵魂。

谢谢了，我的家！

道德经 （节选）

上善若水。水善利万物而不争，处众人之所恶，故几于道。

居善地，心善渊，与善仁，言善信，政善治，事善能，动善时。

夫唯不争，故无尤。

　　西茜的父亲最喜欢给女儿讲《道德经》，通过文字传递很多人生哲理。这段文字赞颂了水善于滋养万物，却不与万物相争。待人真诚友爱，说话有信用，处事发挥优势，行动把握时机。这些都是"善"的表现。

张京川

业余登山爱好者，曾在武警部队服役，当过攀岩教练，2013年国际登山爱好者巴基斯坦遇袭事件的唯一幸存者。

张京川的爷爷是老红军，1930 年加入贺龙的第三军，身经百战，多次与死神擦肩而过，练就硬汉血性。

男人一定要有血性

绝不能跪着死

2013 年我们自己组织攀登世界第九高峰南伽帕尔巴特，是此前中国业余登山者从来没有攀登过的高峰。那是我第二次去巴基斯坦，所以很熟悉，很顺利地到达了大概海拔 4400 米的登山大本营。队员来自八个国家，有二十七八名队员。那一天夜里十二点半左右，熟睡的我突然被惊醒，听到外边很嘈杂的叫声，还有人使劲踢我的帐篷。在国际登山队里，大家都非常有礼貌，基本不会发生口角，更不会有行为上的触犯。我正纳闷，这时一支冲锋枪的准星把帐篷扎破了，正对着我。我把头伸到外面一看：全副武装、穿着迷彩服的男子拿着冲锋枪示意我出来。我第一反应是当地的警察或执法者来检查我们的护照和登山许可证。我正要穿鞋，那人却把我的鞋扔了，拉着我的头发往外拖，把我推到 20 多米外的空旷地方，已经有十几个登山者在那儿跪着了。他们强迫我也跪在那里，用大概 3 厘米的布条把我绑起来。绑我的人看到我戴着表，就示意我脱下来，我示意他给我解开手。我从来不是逆来顺受的人，当他再次绑的时候我留了一个心眼，把手尽量往背上靠，手腕尽量地向外撇开，留有一定的缝隙。以前我在武警部队服役，知道一些技巧。等他转身去绑别人，我一个反手就给自己松绑了。他们抓另外的人用了很长时间，差不多一个小时。我当时建议帮其他人解开，趁着只有一个人看守大家一起跑。但是，他们都说不要乱动，不要惹怒他们。大家都以为是劫财。

他们抓完全部人以后，给我们每个人摄像，让我们说出自己的名字、国籍。这时候我脑海里出现了一些平时看的电影片段，意识到我们可能是作为人质被绑架了。这时我决心一定要跑。我预先设定了逃跑的路线，从哪儿跑，怎么以最快的速度，怎么用一些遮蔽的物体和帐篷挡住自己。我把一只脚收起来，改成单腿跪着。三个恐怖分子推弹上膛，一起开始扫射。就是极度恐惧的一刹那，我做了一个决定：宁可跑着被打死，也不能跪着被击毙。我站起来做了一个后击的动作，然后沿着我设定的路线开始跑。子弹打在地上，炸起来的土打在我的屁股上、背上、手上，感觉中了好几弹，可当时只是想着一鼓作气把前面这段路跑完，也下意识地做了一些规避的动作。尽头是一个雪坡，底下是冰河，我毫不犹豫地跳了下去，躲在两个大冰柱子中间。那时候我很清楚，人失温会发抖，直到丧失生命。我只能回帐篷区找衣服。我不停地爬，让身体热起来。看到那些人在营地一角，戴着头灯，不知在说什么。我匍匐进帐篷里，本想找件衣服穿，可是看到了卫星电话，一按就响，我一慌，拿起电话就蹿出帐篷跑了。

我不能打电话给我母亲和爱人，她们不仅不能帮我，还会担心。我就打给我的同事：发生了意外，不明武装分子对我们扫射，我的两个哥们儿可能已经死了。赶快报警！我迅速说完这些就把电话挂了。同事不停地打报警电话，公安部门把这个情况不停地上报。

我当时不想放过那些人。我非常清楚，我们上大本营用了三天半，他们下山也得需要两天半。因为还是没有穿衣服，我就进行横向运动，保持身体的热量。我再回营地的时候已经看不到灯光了，漆黑一片。我不敢确定他们有没有撤，要再冒险回去把衣服穿上。我五厘米五厘米地挪动，慢慢地爬，爬进帐篷，确定没有动静后，轻轻地穿上我的衣服，补了水，把所有的装备全部带齐。我想看看会不会还有活着的人，就爬到了当时开枪的地方。我在那儿静卧了三五分钟，一点声音都没有。我顺着每一个人仔细摸他们的脉搏，确定他们全都不在了。一时间我不知道该怎么办。我想拍下证据。结果闪光灯才闪了一下就有人说话，我吓得拎起冰镐，以百米冲刺的速度往山上跑。后来才知道，说话的是当地的帮工和厨师，他们被绑在帐篷里。我拼命跑到了可以 360 度俯视整个营地的地方。这个时候天蒙蒙亮，我在背包里找出通讯录，给我妹夫打电话。我让他把我的名字、出入境时间报到外交部，由外交部协调。打完这通电话我如释重负，就在那儿等。在等待救援的近八个小时里，我一直拿相机的变焦镜头看着营地，直到第一架直升机从山谷里驶来，跳下六个全副武装的人，然后直升机一架接一架飞来。我把羽绒服反过来穿，红色穿里面，黑色穿外面。直到确认他们是来救我的，我才敢现身。他们迅速把我包围起来，确定我的身份。验明了以后，他们如获至宝一般把我保护起来。这时候有一个指挥官拿了一个卫星电话给我，里边的声音说："京川，你辛苦了，我是中国驻巴基斯坦大使孙卫东。"他用了一个"京川"，把我当时惊恐的情绪安抚住了。接着他说："祖国人民都非常关注你的安全，你现在什么都不要做，我在伊斯兰堡国际机场等着你。"大使像家人一样传递非常柔软的信号。我第一次感觉到，一个人在孤独无助时得到的帮助是多么珍贵。坐上直升机，看着越来越远的营地，我感觉自己的魂魄丢在那里了。在大使馆洗澡的时候，我头上有血流下来，这才发现头顶上被子弹擦出了五六厘米的槽，因为处于非常紧张的状态，我一直没有发现。

三代军人世家

很多人问我以后还登不登山，我有冲动说从此不登山了。但是，我内心觉得肯定做不到。我生活在三代军人的家庭里，从小就不安于现状，总要做想做的事情。

我爷爷是一个老红军，在战争年代从士兵、排长、连长、团长、师长、军分区司令一路打过来。当兵前他在秀山县一个非常偏僻的小山村。他们有三兄弟，他是老二。爷爷六岁丧母，十五岁丧父。哥儿仨相依为命，给地主放牛。我爷爷性格刚强，1930 年当挑夫时参加了贺龙第三军，无数次负伤。他哥哥和弟弟不知道他当兵了。爷爷上延安抗日军政大学时，为了给家里报平安，写了一封信，说在延安做点小生意。这封信送到家里，家里没有人识字，就找师爷念信，被村里的保安团知道了。他们说，在延安绝对不可能做生意，一定是当红军。于是把老大、老三带去拷问毒打。结果两个人被打完回来就死了。1949年以后我爷爷才知道。

他给我讲的故事中，有一点和我非常相似。百团大战的时候，爷爷在一次战斗中负伤了，子弹在他头上擦出一个口子，再低一点头盖骨就打开了。我在巴基斯坦也是被弹片在头上留了一个口子。好像是宿命，类似的事情那么多年以后发生在我身上，非常不可思议。

爷爷从小对我们说，有些时候敢和不敢会有完全不同的结果，你一定要有血性去面对。他作为一个老兵，出生入死打了几百场仗，身上四五次负伤，有资格说这句话，他在家里面有这种威望。

爷爷去世前半身偏瘫了，其实就和他的血性有关。他坐在书房里看书，滑倒了，半个身子被椅子压着。家里有警卫员，有阿姨，可他一句话不说。一个小时后警卫员去续水时才发现，赶紧送医院，可是因为被压的时间长了，就偏瘫了。他就是这么倔强，当时我不能理解他为什么不求救，现在能理解了。对于他来说，寻求别人的帮助是他心里的一道坎，他过不了自己的坎。最后的日子里他行动很不方便，每一次整理床铺的时候，我干脆把他一把抱起来。他看我的眼神里有疑惑，有不甘心，有落寞，我能感觉到他不愿意这样走完最后的路。爷爷的遗体火化以后，骨灰里有四五块弹片，这对我是无形的教育。他就是这种硬汉的形象，我一直把他当成我的偶像。我觉得，男人必须有他这种热血，他这种性格。

父亲和爷爷完全是一个模子刻出来的，只喜欢做，不喜欢说。他每天早起，把被子叠得整整齐齐。平时也是雷厉风行，对我比较严格。

别人都说"无处安放的青春"，我是"无处安放的血性"。我回到地方，在机关工作后，一定要找到非常适合自己，甚至能体现自己能力的舞台。登山比我以前经历过的所有痛苦还要痛苦，而成功的愉悦比所有物质上的愉悦都要愉悦，好像没有尽头，爬完六千米想七千米，爬完七千米想八千米，爬完八千米就想爬最险的峰，感觉这个舞台很宽阔。我觉得爬完一座山以后，这一年都非常充实，对自己有所交代。山峰上的风景，对自己的肯定和愉悦，无法用语言来形容。有了登山的目标以后，我就朝着这个目标不断奋斗。平时多流汗，战时少流血。从一个好知者变成一个乐知者，我非常开心做这个事情，虽然身体很疲惫，但是我找到了生活方向。我不敢懈怠，就像有个人无形中盯着你，要赶快跑步，做体力准备。每天、每个星期、每个月的生活，都围绕这个目标，生活就丰满了。无数的诗人对山顶都有绝美的称赞。没有脚踏实地去走过、看过，听别人怎么描述都不能体会山顶美妙的万分之一。有时候底下的云朵像仙境一样，我感觉自己像《西游记》里的孙悟空跳到了云朵上，非常震撼。通过自己的努力达到目的，这种满足感无以言表。那种环境里，人全身心和自然交融，身体产生一些悸动，和精神合二为一。

我儿子到五六岁前性格很温柔，很软弱。我就开始教他跆拳道、登山、皮划艇、徒步，密集地"轰炸"他，不停地带他行走。一开始他不喜欢，觉得很痛苦，我要不停地给他做思想工作。他九岁的时候，我们在库姆塔格沙漠徒步，因为迷路，我们十个小时没有喝一滴水，我儿子歇斯底里地喊："爸爸，你把我埋在这儿吧！"确实很痛苦，但是他挺过来了。他到十三岁的时候居然说，老爸今年安排什么了？不要太简单噢。这句话让我非常开心。我把登山以外的所有无处安放的血性融入了对儿子的教育中，我每天去接他，去送他，在这个过程中跟他交流。他现在已经爬了四座5000米以上的雪山，他第一次爬雪山是八岁，登上了哈巴雪山，九岁徒步库姆塔格沙漠，还环了台湾岛，环了青海湖，去了拉萨，然后到了新疆慕士塔格峰。2017年爬了非洲的一座山。我觉得他现在有点小男子汉的气概，而且他很淡定。他妈妈跟着一起去做做后勤。我爱人为我承担了很多，她为家庭做了很多贡献。

我觉得，人生中不知道会发生什么，现在吃的这点苦以后会成为人生的财富。现在我留给儿子的这些财富没有人能够拿走。我希望他做一个有胆识、有魄力、有勇气的人。在当今的社会，物质已经不再缺乏，缺乏的是对待困难的态度，人只要勇敢，有对付困难的方法，去做了，才会知道有各种不同的解开死结的方法。我认为，作为一个男人，这一点是最重要的。希望他在碰到困难的时候，从害怕挑战到勇于挑战，乐于挑战。

"男人一定要有血性"

时光瓶

爷爷从小对我的教育就是军人式的。他说得最多、给我印象最深刻的话就是："男人一定要有血性。"这是他总结的一句话。我哭的时候他经常用这句话教育我。

我想对我儿子说：儿子，从你祖爷爷、爷爷到我，我觉得应该给你留下了一些东西。希望你能记住，你一定要做一个勇敢的人。你不要认为勇敢是一种愚蠢的无畏，其实勇敢是一种信仰，一种自信，一种对待困难的态度。爸爸没有办法留太多的物质遗产，但爸爸把自己以身践行的勇敢精神留给你，希望你在你的人生当中能够勇敢地面对一切。

谢谢了，我的家！

一丹说

一个人会遇到什么，成为什么，要看他的血管里流着怎样的鲜血。昆明的张家，一代代将"超越极限"的精神血脉相传。即使经历生死，依然面朝前方，坚定地走下去。

吴 纯

　　八岁开始扬名湖北钢琴界，中国唯一获得国际三个博士学位的青年钢琴家，获得过十八项国际大奖，被欧洲媒体誉为『闪耀在欧洲的中国钢琴之星』。现为英国皇家音乐学院、乌克兰敖德萨音乐学院、德国弗赖堡音乐学院等的客座教授。

吴纯的母亲吴章鸿女士，在经历了离异、下岗等挫折后，努力靠自己的双手，每天打五份工用四块钱，终于帮助儿子实现音乐梦想，在黑白键上奏出人生华彩乐章。

强者不是没有眼泪

坚毅自立

　　我十一岁时父母离异了，我和母亲一起生活。有一次母亲带我到新华书店，给我买了两幅字——一是"坚毅"，一是"自立"。这两幅座右铭一直陪伴着我。在"自立"那幅字下有一句话："靠山山倒，靠人人倒，靠自己最好，凡事莫存依赖心，以自强自立为本。"母亲希望用简单的语言激发我的能力，让我知道应该承担的责任，我是家庭的一员，就像人字结构，一撇一捺，我和母亲互相支撑。我们在教室住了半年左右，这两幅字就一直陪伴我们。

　　我四岁左右时，一位很有心的幼儿园音乐老师通过一个学期的观察，发现我比别人学得快，唱得准。某一天家长会上，她拉着我母亲的手说，这个孩子有音乐天赋。母亲找了很多亲戚朋友，借了1000多块钱买了一架电子琴，虽然当时她的工资只有40块钱左右。我第一次按下琴键，觉得声音很好听，感觉我可以和琴对话。学了差不多十个月，电子琴老师对母亲说，这个孩子的手特别好，音乐感觉很好，记忆力也不错，常常超额完成作业，应该去学钢琴。钢琴快5000块钱，在80年代真是一笔巨款。母亲又去借钱，找了很多人。母亲直到现在也不告诉我她是怎么一家一家开口借钱的，但我可以想象有多困难。有一天，钢琴送来了。我当时很小，第一次见到这么大的钢琴，听着自然、纯净的声音，好像在敲击心灵。我弹了两个小时没有停。

　　五岁的时候，我开始去一位钢琴老师家上课，每周日妈妈陪我坐一个小时的车去。为了上八点的课，我要六点半起床。有一次下大雪，母亲问我去不去，毕竟这不是上学，没有硬性规定。我觉得必须要去，没有理由。下了车以后要步行十五分钟。雪很厚，我走得深一脚浅一脚。母亲要抱我，我不同意，不想她太累。最后终于坐在钢琴前面了，我流下了眼泪。老师和母亲都不知道怎么回事，只见我双腿不断地哆嗦。我只说了两个字："我冷。"我的膝盖以下全湿透了，两层棉裤，一条毛裤，所有鞋袜都湿了。母亲为了完成我学钢琴的心愿，非常艰难地筹钱，钢琴和钢琴课都来之不易。既然选择了，我们就走下去。我潜意识里就这样想。

对于孩子来说，钢琴最初是一个兴趣，但是之后每天的练习，记五线谱，非常枯燥。这时老师的教导和家长的陪伴真的是缺一不可。母亲的笔记与陪伴对我很重要。我练琴的时候，老师说，我就马上做出来，没有时间记，母亲就非常用心地记下老师的每一句话，回家后帮我复习，有的放矢。这种陪伴非常重要，尤其是对小孩子。

家里出现变故后，我学琴的压力更大了。最初钢琴不能放进教室，晚上下了课，我去母亲同事家里，他们吃饭，我练琴，练完以后去食堂吃饭，然后带饭回去给母亲。我先写作业，写完作业用收音机听音乐。妈妈吃完饭继续忙，比如焊接。我不会焊，但会帮她插元器件，让她省时间，我也锻炼了动手能力，同时承担了家里的责任。

我们不能一直住在教室里，总要另想办法。母亲就找了许多活儿干。夏天的武汉特别热，差不多40摄氏度。妈妈带着我去采购材料，大概三个小时的路程，转几次公交车，背着二十公斤左右的元器件或者塑胶棒。我虽然小，但能扛起一个袋子。我就是强者，能为母亲分担。我问母亲，你这么辛苦，老板给你多少钱，三七开还是四六开？母亲说，她没有技术，只能拿劳动力去换钱，拿时间去换钱，拼命地挣很少的钱，她让我好好学习，因为时代在进步，我要成为有本事的人。家庭少了父爱，我却没有感到任何缺失，因为母亲给了我全部的爱，更多的爱。母亲潜移默化地影响了我，是我的人生榜样。

母亲的一个同事知道我们的境遇后，就提出让我教她七岁多的女儿练琴，这样一来，我可以学以致用，她也可以名正言顺地给一些报酬。我很志忑，母亲说，你放心，记下老师说的每句话，自己推敲一下，这样既可以温故知新，又可以在教的过程中看到别人的缺点，自己可以规避。然后，我这个小老师就上任了。第一节课我战战兢兢，因为她有点儿顽皮。上了几堂课后，她完全可以坐下来听我说话，慢慢地按照要求规范地完成。母亲的同事说，她看到了女儿的进步，看到了我的用心，希望我的坚定信念可以影响她的女儿，让她坚持学琴，爱上钢琴。一个星期四堂课，我的报酬有100块钱。这钱对于当时的我来说好多，沉甸甸的。我拿着钱一路跑，看到妈妈的时候特别高兴，告诉她是我赚的钱，就扑在她怀里。她当时流泪了，说："我儿子长大了，可以为这个家做更多了。"

那时候我接触最多的是10块钱，印象特别深刻。母亲当时打工，没有时间安排生活，就每天给我10块钱，让我安排我们两个人的生活。我之前没有管过钱，这是一种信任。我肯定不会买玩具、零食，我尽量让母亲每天吃肉，哪怕一点点。我常常琢磨怎么分配钱，这个多一点，那个少一点，中午多一点，晚上少一点。母亲希望我懂得，孩子不只是一个消费者，不只是一个享受派，还可以创造财富。孩子在家庭里有权利，也有义务和责任。

面包面条

1997年，乌克兰音乐学院的波波娃教授到武汉讲学。她听了我的演奏后觉得我有才华，可以培养。当时我才十五岁，妈妈有点不舍得，但她还是接受了老师的建议。1998年我出国之前，母亲刻意培养我的生活能力，包括洗衣服、做饭等琐事。同时，我也在筹钱。那个时候我的学生更多了。当时在乌克兰一年的学费加生活费要3000美金。1998年冬天，我妈在机场给了我沉甸甸的3000美金，她说那是我们的全部家当。她还说，我要做好六年不回家的准备，因为没有钱买机票。我清晰地记得，当时我拖着两个34英寸的皮箱，背着个背包，拿着个挎包。我不回头，面朝前方挥手告别，我怕一回头两个人哭成泪人。我希望未来六年中母亲思念的是我的背影，而不是我的哭脸。

刚到乌克兰的时候我条件不好，零下25摄氏度，没有热水，我要去很远的地方洗澡，常常感冒。那里天亮得特别晚，又黑得特别早。但是这些不会影响我，我的信念很坚定，我知道自己是来学习的。钢琴源自欧洲，这是我的寻根之旅。

11月8日是我到乌克兰的第五天，为了交学费，我把手上的美金换成当地货币。为了换得多一些，我就去了更远更偏僻的地方。结果我在路上被骗了，1500美金学费全没了。当时我整个人都炸了，身体不断颤抖。我知道家里的条件，不可能告诉我妈，我只能想办法自己把这件事扛下来。

我先用1500美金生活费去交了学费，身上剩下几十美金。我每天早上五点多起床，六点音乐学院一开门我就去练琴。有一天，我发现一个老板送牛奶，我就去打听。他说有些老人习惯喝这种牛奶，早上必须送。我就请他把这份工作给我，报酬只要牛奶和面包。俄式面包比较大，切成三份，早中晚各一份，我一天的饭就够了。早上喝牛奶，中午和晚上喝白开水。这样的生活我坚持了一年。琴房的老奶奶都记得我每天拿面包去练琴。此外，我还送过外卖、刷过墙、贴过壁纸、帮过厨、做过配菜、做过家政。反正能做的都做。我每天睡三个小时，而且学琴不能落，语言不能落。这份坚毅是母亲给我的。我深知自己没有退路，必须向前。最难克服的是想家，想妈妈，想故土，一听到中国人说话就觉得很亲切。

那个时候没有手机，没有微信，没有QQ，只能用手写信。信的主题永远是特别好：这里的环境特别好，我的生活特别好，什么都好。我说厨房可以公用，饿了随时都可以做饭，其实这些我都是听同学说的。我吃着面包，喝着白开水，给母亲写我每天吃红烧肉、肘子、肉丝、鸡腿……我准备好两行菜单挨着写。我只能报喜不报忧，让她安心。有时一边写，一边哭。这是我当时的秘密。

自从机场一别后，母亲也过得十分艰苦。我走了以后，母亲做了一个决定，虽然她打了五份工，每天却只能拿四块钱生活。她一个人在家不开火，不买柴米油盐，就吃食堂的饭，早上买一个馒头和一碗粥，花一块钱，中午控制在一块五，晚上吃一块钱的面条，没有油，没有鸡蛋。当时她也没有对我说这些。当她体检不能抽出静脉血时，她的同事笑话她，说她被儿子吸干了血，她马上否定，说那是她自愿的选择，是她的责任。她说，一个母亲把孩子带到世界上，不可以让孩子成为社会的垃圾，而是要成为大写的"人"，要为社会添砖加瓦，而不是捣乱。她觉得她必须坚强地活着，成为一个钢铁之躯，不能生病，不能放弃，不能堕落，必须承担对孩子的责任和义务。这是母亲当时的秘密。

我母亲说："我有眼泪，有时候眼泪是很无奈的，有时候眼泪是很伤心的，有时候眼泪是很欣慰的。我是一个单亲妈妈，没有拿到抚养费，没有父母帮忙，没有兄弟姐妹支持，我一个人带着这个孩子在苦海里挣扎，与命运抗争，与困难抗争，我要成为强者，我要撑起一片天，让我儿子有最好的教育，最好的成长，成为一个德才兼备的人，成为一个合格的公民，这是母亲必须尽到的责任和义务。"

我母亲就是这样坚毅，在困难面前绝不低头。她含着眼泪不停奔跑，一直跑到今天。当年我给母亲写了很多信，几千封，为了不超重还写得密密麻麻。她一遍又一遍地读我的信。回国后我才看到那些信纸都被浸湿过，有我的泪，也有母亲的泪。

现在我几乎每场演出都带着母亲，只要她有时间，只要她身体允许。我演奏的每一个音符，都是献给她的礼物。

"强者不是没有眼泪"

时光瓶

我的家庭出现变故后，熟悉的生活没有了，连住的地方也没有了，我和母亲住在学校的教室里，睡在课桌拼凑的"床"上。冬天的教室四处透风，特别冷，我们抱着取暖。"床"不太宽，我们尽量给对方留更多位置，可是有一次我们掉下地了，然后就对着流泪，不是因为疼，是因为境遇。母亲说："强者不是没有眼泪，但我们要做精神的强者，命运的强者。"

亲爱的妈妈，生日快乐。感谢你为我付出了一切，包括你的生命。儿子在外多年，很少陪你过节，包括你的生日。我希望接下来你的每一个生日都会有我真实的陪伴。你曾告诉我，苦难是财富。我现在觉得，唯有你战胜了苦难，将它们踩在脚下，回看的时候才是财富，要不然只是记忆和经历。谢谢你给了我所有的经历，从小对我的培养，用你的一切养育我，跟我一同成长。

我也送一份祝福给我未来的孩子。我希望你不论顺境还是逆境，都能坚强坦然地面对，把吴家的家风传下去，把自立和坚毅融入你的每一天。

谢谢了，我的家！

一丹说

每一个琴童的身后都有亲人的目光，那目光里有急切、有焦虑、有期待、有欣慰。吴纯和妈妈的故事，伴着泪水，伴着微笑。这就是生活本来的样子。

崔京浩

朝鲜族歌手，师从谷建芬。1994年为电视剧《三国演义》演唱插曲《民得平安天下安》《当阳常志此心丹》等。2017年发表个人专辑《献给天下父母的歌》。

崔京浩在九岁时失去了父亲，他的母亲又当爹又当妈，辛苦养育六个孩子。一家人同甘共苦，心心相印。

我们一家人再也不要分开

父亲突然离世，母亲撑起全家

我从小在一个很普通的农民家庭长大。我父亲是牙科大夫，我们家很富裕，有自行车，有怀表，有特别大的上海牌收音机。那时候我们非常幸福。可是我九岁那年，父亲突然去世，当时我们家最大的孩子十七岁，最小的三岁。从那个时候开始，我们这些孩子基本上是看着妈妈的眼神长大的。妈妈天天哭，真的很无奈。大哥十几岁了，懂点事，说不念书了，要出去干活。后来大姐也闹着不念书。我妈妈本来不同意，我大姐就偷着出去干活。当时是挣工分，妈妈身体有病不能干活，只能让他俩挣工分。我们四个小的孩子在家围着妈妈转。有一次我们的亲戚劝她，她一个人带不了六个孩子，想办法送几个给人寄养。我二姐就被送给了别人。我大姐天天到那家人门口，等着妹妹出来和她玩，一直玩到天黑。二姐每天也等着自己的亲姐。这样持续了一个多月，那家人实在看不下去了，把二姐送了回来。

从那以后我妈生活上有了一点变化。有一年，我妈妈买了小猪崽，然后天天去量猪长多大了，我们就说猪比我们重要，她哭了，说："猪是重要，但都是为了你们，我们一家人再也不要分开。"从那时候开始，我妈什么都干，女人干不了的事也干。孩子们越来越大，我哥穿过的衣服我穿，一个一个往下传，到我弟弟穿的时候基本上破得不行了，我妈就给他缝缝，我们从小到大没有一个人穿得破破烂烂。我们朝鲜族的礼节特别多，在外面不礼貌了，人们会指责你是没有爹教养的孩子。我妈说，出去见了大人千万不要跑，必须行一个礼。她从那个时候开始想，她虽然没有丈夫了，但也能养好孩子，也不用领补助金。她知道，自己坚强了才能带好孩子，以后的日子不能服输。我们农村每年冬天需要拿稻草盖房顶，防漏雨。按规矩，朝鲜族女人不能上房顶，但爸爸不在，妈妈只能上去。我妈弄得比邻居男人们弄得还好。鸡圈也是我妈自己搭建的。还有一年，我妈把猪养到了二百多斤，卖出去以后领回二百斤的玉米、猪饲料，还有粮票什么的，可是在商店被偷了，粮票丢了，第二年春天的粮食就不够。妈妈哭了三天，又把猪崽买回来，又开始量，养到二百斤拿去卖。我妈真是辛苦，真是要强！为了孩子们，她比别人家的妈妈想得多。除了我大哥和大姐，其他孩子都上学，没有一个辍学的。小时候我不知道我妈苦，长大以后才知道。妈妈在我们面前有笑容，背地里不知道偷偷哭了多少次。

1981年我去当兵，我妈当时特别高兴。我复员回来时，我妈哭着跑来接我，上下看我，看完了领回家，什么话都不说，先做大米饭和大酱汤。我考上文工团后，我妈给我买了一辆自行车，因为从农村到城里要走半个小时，我下班回到家她就很高兴。在我妈心目中，我是一个有出息的孩子。我妈没看过我的演出，她看见我天天在家练《再见吧，妈妈》，就问："妈妈有那么好吗？天天唱妈妈。"她心里其实热乎乎的，特别自豪的感觉。

我就接着唱，我妈妈也跟着唱。我妈去世以后，打开她的遗物，我发现她包里有领章和帽徽。原来我妈一直把我的领章和帽徽带在身上，我能感觉到妈妈为我而自豪。我当了两年兵回来以后，文艺工作干得更多，更出色，还开演唱会、捐款资助贫困孩子。在我妈妈心里，当兵是我的转折点。

母亲的韧性世代传承，家是软肋也是铠甲

我母亲去世是在 2011 年 1 月 11 日。最后时刻，我问她，是不是养我们很辛苦，很后悔。她说，挺好的，都过去了。我让妈妈给我录了一首朝鲜族歌曲，那是我小时候经常听的。也在那一年，各种各样的原因使我离开了舞台。我没有上过大学，离开舞台哪儿也去不了。正好那年我的孩子上学，我要养家糊口，压力很大，所以我基本上处于抑郁中。想妈妈的时候我就回老家，去"看"我妈。这个状态持续了将近两年。

我处在最低谷时女儿在外上学。她打电话也是报喜不报忧。妻子大概跟她说了一下家里的经济状况，她就回家来。我晚上第一眼见她，心里就想哭，感觉这孩子是世界上最可怜的孤儿的孩子。女儿学音乐剧，她为了找工作参加各种各样的面试，早上六七点就起来化妆。我对女儿说，别太累，我当爸爸的本应该让她过得更容易一些，我觉得对不起她。女儿很懂事，为这个家一点一点地努力。

后来有一个韩国朋友说，在韩国街道上擦鞋挺赚钱的。我觉得不错，我是农民的孩子，这算什么！就做起来了。我请一位韩国技术员教我擦皮鞋，他擦得特别快，特别亮。我现在擦皮鞋也挺好。我最有压力的时候也没有妈妈当初压力大。我妈一辈子都是为了孩子，为了家。我能走出最困难的时候，骨子里是靠着妈妈那股韧劲。

我好像是为了歌唱而出生的。从小我就喜欢唱歌，邻居根据我的歌声知道我什么时候回来，什么时候出去。困难时期快过去了，知道该怎么做的时候，我想开一场演唱会，主题就是"感恩"。我举办演唱会不容易，但还是成功了。在那场音乐会上，我最动情的歌是《烛光里的妈妈》。特

别感谢我的恩师能写出这么好的歌。我每次唱这首歌的感觉都不一样。观众席里如果有老妈妈，演出的时候我就和她对视，我就唱给她听，感觉那就是我妈妈。所以，我每次唱歌的时候，就感觉我妈妈还活着。我用最大的能力表达这首歌。音乐会结束以后，女儿说我变了很多，前四年我一直没有勇气跟我的妈妈说再见，我用那场演出、用这种仪式跟她说了最后一句"再见"，然后我真的放下了。我重回舞台，我们家曾经倒下的支柱又立起来了。女儿做第二支柱，她身上也有一股韧劲。家里像以前那样开开心心的，靠的就是那种韧劲。女儿说，很庆幸我在这个年龄段走到人生低谷，往后只会越来越好。我比以前更爱生活了，我相信母亲当年也是。经历过人生的低谷，后面的生活会越来越好。

时
光
瓶

"我们一家人再也不要分开"

妈妈曾经把二姐送给别人，后来又接回来了。当时她说："我们一家人再也不要分开。"虽然她的声音不高，但这句话那么有力量，一下就刻在了我的心里。我感谢我妈妈给我这样一种力量，一种看不到摸不到的力量。人生的路不是一帆风顺的，有了女儿以后我很幸福，感谢女儿在我最困难的时候支持我，感谢她一直在我身边。希望我女儿继承好奶奶的品质，不管什么事情，要坚强面对，要顺其自然，所有的事情都会过去的，走过去是另一片天。

谢谢了，我的家！

读
经
典

诗经·邶风·凯风

凯风自南，吹彼棘心。

棘心夭夭，母氏劬劳。

凯风自南，吹彼棘薪。

母氏圣善，我无令人。

爰有寒泉，在浚之下。
有子七人，母氏劳苦。
睍睆黄鸟，载好其音。
有子七人，莫慰母心。

母爱是文学作品永恒的主题，而且是最早的母题之一。这首民谣，将母爱比作南来的暖风，把枝条由嫩长粗比作母亲抚养孩子从小长大。身为子女，须感念"母氏圣善""母氏劳苦"，知恩图报，以慰"母心"。

谋时而动

《周易》中说：『时止则止，时行则行，动静不失其时，其道光明。』中国古人早已有朴素的辩证意识，有与时俱进的动态观念。是退一步海阔天空，还是进一步柳暗花明？要在博学、审问、慎思之后，明辨和笃行。讲求针对性和变通性，是中国人处事时的一个重要原则。

物换星移，沧海桑田。是坚守还是创新，全要应势而谋，因势利导，顺势而为。在不同的时代，各行各业的中国人审时度势，认真设计自己的工作计划。正是各行各业的计划，汇聚成新时代的中国方案。

谭孝曾

　　谭门第六代嫡传人，北京京剧院国家一级演员，第十、十一、十二届全国政协委员。

谭家的京剧表演贯穿京剧两百多年的历史，甚至有人说，谭家的历史就是一部浓缩的京剧史。谭孝曾的祖父谭富英先生、父亲谭元寿先生，都是京剧名角，而且同在老生行当。在谭家的严格家风中，第七代嫡传人谭正岩已经在京剧界崭露头角。绵延七代，谭家在世界戏曲史上创造了奇迹。

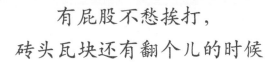

有屁股不愁挨打，
砖头瓦块还有翻个儿的时候

寂寞中坚守

我是京剧世家——谭家的第六代嫡传人，我们谭家七代坚持在京剧艺术的舞台上，曾历经辉煌，也曾深陷低谷。我二十几岁的时候，事业不怎么如意，痛苦地煎熬。不过，我一直坚持，从未放松，一方面是祖父谭富英先生不断地教诲我要耐得住寂寞，另一方面是埋藏在我心中的信念：生长在谭家，就肩负着一份重任，必须把京剧事业坚持下去。不管目前行不行，好不好，总而言之要努力，永不放弃。我深知，干京剧这一行比较苦，要出成绩，没有别的捷径可走，就得每天长在练功厅里，刻苦努力，仔细钻研，反复磨炼。于是我定下了每日流程：早上起来必须吊嗓子。过去有句话：一天不练，自个儿知道；两天不练，同事知道；三天不练，观众知道。一个人练功其实非常枯燥，一个动作要反复练习不知道多少遍，才能在舞台上呈现精彩。因为舞台剧尤其是戏剧，是一次性的艺术：今天演砸就是砸了，今天演好就是好了。如果不想演砸，就得背后加倍用功。正如俗话说：要想人前显贵，必须背后受罪。

我们京剧演员的精气神，全靠一招一式体现，必须站有站相、坐有坐相。时间长了，很多舞台上的习惯会带到生活中。比如我们一落座就是子午相，一伸手就会出兰花指。

可是，如果说能看得见远方，知道什么时候有一个机会在那里等着，练功还能有劲。十多年的低谷期，犹如没有终点的马拉松，我只能咬着牙坚持，牢记匠心精神。从 1967 年到 1977 年，我陪着祖父谭富英先生走过了他人生的最后十年。那时候我觉得前途渺茫，不知道该干什么，只好每天下午到祖父屋里，垂手而立，恭敬聊天。这种聊天，每句话都让我受启发、受教育。祖父三句话不离本行，除了讲家族的轶事，从太祖谭志道，说到高祖谭鑫培，曾祖谭小培，再说到他自己的生活、艺术和经历等等，还有戏剧界的趣闻，包括每个流派的艺术特点。一个唱腔，祖父能够讲谭鑫培先生怎么唱，余叔岩先生怎么唱，自己在三几年时怎么唱，五几年时怎么唱，各个流派怎么唱。当时没有录音机，我完全凭着记忆，记下了祖父的谆谆教诲。可能很多人认为，搞艺术的人都不太善于言谈，但是祖父说得非常到位，能为我指点迷津。我父亲七十多岁的时候，还坚持一个礼拜吊两次嗓子，周一和周五雷打不动。这都是十几年前的事了。前辈的一言一行，都使我终身受益。

不打不成戏

戏迷朋友们可能都知道，干京剧这行，肯定要吃苦受罪，正所谓不打不成戏。下不去狠心，就出不来人才。我们谭家人深知，只有"严"字当头，演员才能博得观众喝彩，京剧艺术才能长盛不衰。

我们家有一个习惯，总是爷爷带着孙子学戏。我的祖父谭富英先生进"富连成"的时候，是谭鑫培先生亲自送去的。他还特意叮嘱："你们怎么要求别的孩子，就怎么要求他，还得要求得比别的孩子更严格。"我父亲谭元寿先生进"富连成"，是曾祖谭小培先生送的，托家里的"福"，得到特殊"照顾"：别人挨十板，他挨十五板。到了我儿子谭正岩进戏校时，是我父亲谭元寿先生送的。他特地交代老师说："孩子交给你了，不听话就打他。"老师当时就说，现在这个社会哪能打孩子呢。谭元寿回答："别的孩子不打没关系，只要他不听话，就打他。别人练一遍，让他练两遍，别人练两遍，让他练四遍。"

我曾听父亲讲过，那时打人全有技巧。打手"两面焦"，就是说手背搁在桌子上是硬的，板也是硬的，打在手心上，等于硬碰硬，所以叫"两面焦"。

打屁股三下见血。打完手板，血还滴答滴答的，到水管那儿一冲，就继续练习翻跟头；打完屁股提上裤子，还得练功。父亲曾经回家找爷爷告状："你看给我打的，手都这样了，屁股都这样了。"结果谭富英先生说："你挨的打，连我的三分之一都没有。"

尽管如此严苛，但谭家的每一代人都深知：打你是为了让你练好，是给你本事。有了本事你今后才能赚钱，才能养家糊口。谈起他们的科班生活，谈起他们受的那些罪，往往是怀着感恩的心。因为没有科班的磨炼，就没有今天这些大师级艺术家人物的出现。

演戏大过天

在谭家，"严"字处处可见。我们除了传承艺术，也传承了孝顺和忠厚的品质。一次我做节目，和正岩的母亲刚站起来给大家清唱，儿子谭正岩和他媳妇儿马上起身，在后边陪站。因为谭家的环境就是这样：只要长辈一站起来，晚辈肯定跟着站起来，这已经是一个习惯了。

儿子谭正岩是谭家第七代嫡传人，可以说出生在戏剧世家，家里戏剧氛围浓厚。过去谭正岩和周围的同龄人一样，喜欢动漫、打球、踢球，也喜欢追星，模仿其他明星的造型。京剧这一行当不能留长发，有一阵子他模仿香港明星，想留长头发。理完发，脑袋看上去就和毽子一样。回到家我一看就说："你这剃的是什么头？别唱谭派了！"在我的反对下，没几天谭正岩就剪了头发。

即便是他的母亲，对于他的指导也是非常严格，甚至贯彻到了日常生活中。别的小孩打喷嚏，做母亲的第一个想法应该是：孩子感冒了吧，喝点水，吃点药。可是他母亲的关注点不在这儿，她说：你这个位置不对，得往上，得头腔共鸣。还有打哈欠，本来是怎么舒服怎么来，可她却说：你口形不能这样，得把后槽牙打开。有时候儿子打电话，不想被我们听到，特意关上门，可他母亲就冲进去喊："注意嘴皮子！"简直就是把戏带到生活中的"戏痴"状态。年轻人说这是"戏癌晚期"的表现。

为了提高谭正岩的艺术水平，家里对他的调教十分用心，既不让他志得意满，也不会过分苛责，让他失去信心。一次，我的父亲、我、谭正岩二代同台，演《定军山》戏里前、中、后三部分的黄忠。谭正岩非常重视这次演出，事先下了很多功夫。可没想到在演唱中出了瑕疵，一些唱腔没控制好。于是他直奔谭元寿先生而去："爷爷您有什么话，回家再骂我，我知道这一场没有演好。"谭元寿先生鼓励他："没有，挺好的，有那么几个地方不准确，回来我给你说。"于是正岩的心一下子踏实了。如果他延续当时台上志忑的状态，后边的戏就可能演砸了，万一再看到祖父严肃的态度，可能心里一下就垮了。可是祖父说"挺好的"，他的心里就踏实了，后边鼓起劲了，就能做到超常发挥。

还有一次，正岩演完《四郎探母》正在卸妆，我夸他："今天演得不错，你爷爷特高兴，一会儿过来夸你。"我父亲从没夸过我，顶多说一句"还行"，所以正岩听了特别兴奋，他觉得终于等到这一天了。结果谭元寿先生根本就没搭理他，跟化妆间的其他演员说了一圈"辛苦""受累"，扭脸就走了。其实谭元寿先生看自己的孙子演出，兴奋劲儿比看我的演出时不知多出多少，但是他从来不在后辈面前表现，很少当着别人的面夸自己的孩子。因为在他的脑海里，艺无止境。对后辈而言，这也是给他们的一个警示：追求艺术的道路是没有尽头的，要始终保持谦虚的态度。

"有屁股不愁挨打，砖头瓦块还有翻个儿的时候"

回望人生，我印象最深的一句话是祖父说的。我二十几岁没有什么登台机会的时候，祖父看我情绪不高，对我说："小子，记住了，有屁股不愁挨打，砖头瓦块还有翻个儿的时候。"这两句北京老话，很通俗，也很有哲理。前一句的意思是：你不要怨天尤人，要时刻准备着。只有具备了条件，一旦用你的时候，你才能取得成功。也就是说，金子总有发光的时候。后一句话，用咱们老北京胡同里盖房的砖头瓦块做比喻，砖头瓦块放在门口、马路边、街边没有人搭理，这时指不定走过来一个什么人，有意无意地踢一脚，它就翻一个儿。也就是说，你只要持之以恒，坚持在这个舞台上，总能遇到机会。在寂寞中坚持做好准备，祖父的这句话指导了我的一生。我在舞台上坚持了三十多年，直到五十岁以后才让更多的观众认识我、了解我、喜欢我。从二十几岁到五十几岁，这种坚守也是一种煎熬。爷爷的教诲给我树立了一个信念：生在谭家，我就肩负着传承京剧的重任，不管目前行不行、好不好，我永不放弃。

2015 年中国电影诞生 110 周年时，我的高祖谭鑫培出演的《定军山》被重新翻拍，2017 年进行了首映式。父亲参加了，看完以后，回家对我说："没想到你的艺术有这么大的飞跃和提高，我放心了。"父亲看到了我们的努力，第一次给予了肯定，我觉得熬了几十年，自己没有白费心。那一天我给父亲下跪了两次，父亲哭，我也哭，不是伤感，而是发自内心的激动与欣慰，我终于扛起了谭家的艺术大旗。

最后，我想对儿子正岩说几句：正岩，你成人了，作为谭家的后代，你身上更多的是责任。我觉得这几年，你的所作所为，你在舞台上呈现的所有剧目，都体现了你的坚定和担当。尤其近两年，你在舞台上有了飞跃性的提高，得到了家人、朋友和观众们的认可。京剧的希望在你身上，谭家的未来也在你身上。我希望你能够早早地扛起谭家的大旗，我会为你铺砖引路，做你的垫脚石，在背后默默地支持你。我也相信，所有热爱京剧、热爱谭派艺术的观众朋友们会关注你、支持你、帮助你，希望你把京剧推向新的辉煌。

　　谢谢了，我的家！

　　这是一个以"严"字传家的京剧世家。"宝剑锋从磨砺出，梅花香自苦寒来"，不管是在辉煌的舞台上，享受观众的掌声，还是处于事业的低谷，在看不到终点的马拉松跑道上，谭家的每一位传人坚守本分，刻苦练功，扎根舞台，履行将京剧艺术发扬光大的重要文化使命。

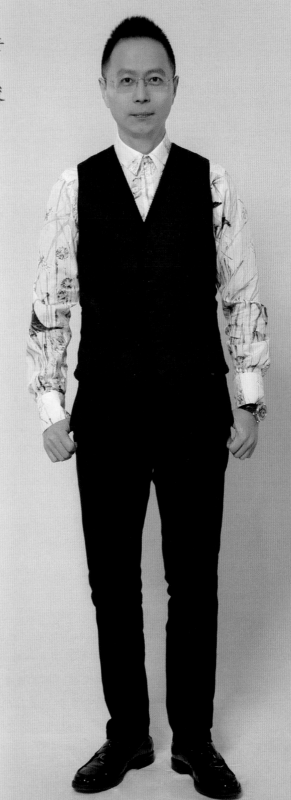

詹 俊

体育赛事评述员，尤其擅长解说英超、欧冠等足球比赛和网球比赛。他被称为『英超解说第一人』，获得『无詹俊，不英超』的赞誉。

詹俊出生于一个典型的书香门第。祖父詹安泰是古典诗词研究家、文学史家、书法艺术家，与夏承焘合称为"南詹北夏，一代词宗"，还发掘并举荐了二十岁的饶宗颐，助其成长为一代国学大师。大伯詹伯慧是语言文学家，父亲詹仲昌是通音律的工程师。詹俊在父亲严格的督促和温暖的目光下，理解并实践着"读书人"的品格。

我们詹家是读书人

谆谆教诲，殷殷目光注视

　　我爸爸是书香之后，他认为，要成为读书人，前提是把书念好。爸爸一直督促我学习，每年寒暑假过半，我已经把功课做完了，正准备好好享受假期，爸爸却总提醒我要收心，准备新学期的功课。因为他非常担心我把过多的精力分散到体育运动上。我喜欢好几种运动，比如排球、羽毛球，不过，足球对我有最大的吸引力。我们大院里有一块水泥场，只要小伙伴们一叫，我就会立刻冲出去。为了让我专心，在小学四五年级时，爸爸让我学习书法，跟妈妈学校里的一个潮汕老乡练习。爷爷是一位书法家，爸爸倒不是要我一定走爷爷的路，只是希望我能静心。可是，当时的我整天都想着踢球，对我来说，最大的考验莫过于每到下午黄金时间，小伙伴们的召唤声声入耳，我却要写满五张报纸大字，那感觉可谓五爪挠心。好不容易写完，终于可以出去玩了，但是天已经黑了，大家早都散了。

　　在爸爸看来，我未必要像爷爷和大伯那样做老师，只要以钻研精神认真地对待自己从事的职业，那就达到了读书人的标准。读书人应该"君子动口不动手"，但是爸爸对我非常严厉。其实，他有自己的良苦用心。初中时，我上的学校是一个省重点，中考没发挥好，高中就降到了市重点，在父母看来，这就为将来考大学的安全系数打上了问号。所以，我才上高一他就忧心忡忡。高一上学期的期末我还是没考好，爸妈找我谈心，那是他们最后一次跟我晓之以理，动之以情。爸爸苦口婆心地劝我，不能这样浑浑噩噩，我们詹家是读书人，我至少先要考上好大学。那一次谈话真的触动了我，是让我开窍的契机。我从小到大，父母一直操心，真的挺不容易的。于是，从高一下学期开始，我发奋努力。以前，他们都得监督着我复习备考；从那以后，他们开始劝我不要学得那么晚，注意休息。

那个时候，我希望提升学习效率，于是每天放学以后，我就去中山图书馆的自修室学习，一直到晚上九点图书馆闭馆，我再回家吃晚饭。有一天自修室里密密麻麻全是人，我在温习功课，偶然抬头，看到窗外有一个熟悉的身影，探头探脑地好像在找人。我一眼认出了那是我的爸爸，他怎么来这儿了？后来我明白了，他马上要去荷兰工作了，需要眼见为实，亲眼看到这个淘气的儿子真的每天都在图书馆里温习功课才能放心。

我知道他想找到我，但是说不清为什么，我不敢和他对视，反而把头埋得更低了，反正我坐在靠窗的位置，应该也不太难找。我继续做功课，过了一会儿，装作不经意地抬头瞄一眼，发现他已经转身，快步离开，背影消失在黑暗中。看着他离去时轻快的脚步，我知道他看到我了，也真的安心了。我现在想象他的内心，也许就在那一刻，他终于把悬着的心彻底放下了，他相信这个小孩会向着读书人的目标坚定地走下去。

读书精神，赢得幸运眷顾

我是那么一个贪玩的小孩，爱足球，爱网球，可家里的要求是要我成为读书人。怎样把这两者结合在一起呢？我很幸运能够成为解说员，将读书人和爱运动结合得很好。

大学毕业以后，我跟着王泰兴老师在广东电视台体育部实习。当时，他们缺少懂外语的人，我正好是学德语的，于是在一个月的实习期里，我主要做国际体育新闻翻译。看上去略显枯燥的新闻翻译，我却做得非常开心。我的外语不错，更重要的是，我懂足球，喜欢足球，翻译起来也颇有成就感。

当时的体育部主任不仅要求我做翻译，还要我做足球和网球节目的编辑，甚至有时候要我做摄像师，让我在各个工种都得到了锻炼。1997年赛季的英超比赛一般由王泰兴老师搭档一个广东队的教练做直播。12月28

日那天，本来要直播的教练突然有事不能来，王老师不想一个人上台，于是就把我拉去当他的搭档。我慌张地连声说："王老师，我从没说过球啊。"结果他不紧不慢地问："你是球迷吧？""是，我是球迷。""那就行了，你就从一个球迷的角度，把你知道的、看到的，还有你们球迷想知道的东西说出来。"我牢牢地记住了这句话，在直播中一下就找到了感觉。从此，我就从解说嘉宾开始，慢慢走上了解说员的道路。所以，我算是半路出家，在一个月黑风高的夜晚，硬生生被王老师拉上演播台，到现在已经说了二十一年。

作为解说员，我明白自己的劣势：普通话没那么标准，专业知识积累也不够。但是，我也有自己的优势：嗓音辨识度高，声音有特点；更重要的是，我是个喜欢做功课的解说员。比如每个赛季的英超比赛，每场球赛前，我都要在纸上写下尽可能多的资料：球队过往的交锋战绩，首发阵容的排列，等等。很多人早已开始用电脑记录，但我还是习惯一场球写满一张纸。我觉得，亲手写一遍有助于加深记忆，以便在解说中更关注现场画面，给观众传递更丰富的信息。另外，对从小练书法的我来说，写字的过程算是一种传承。去年，我三叔在奶奶的旧居里收拾东西，在柜子里发现了几幅字，那是我刚练字时写给奶奶看的，没想到她保留了下来。我和奶奶感情很深，我知道她一直在关心我，她也希望我能够成为一个读书人。即使当时我写得不好，她还是很欣慰，因为詹家的孙子能够继承衣钵了。

练习书法还有一个重要意义，就是磨炼了我的恒心和毅力。我们经常要半夜起来干活，冬天的北京都是零下四五度，很多时候甚至是零下十几度，我迎着凛冽的寒风出门上班，独自坐在演播室里，只为为数不多的铁杆球迷充满激情地解说一场比赛。多亏了练字的经历，我能耐得住寂寞，现在依然对工作饱含热情，乐在其中。解说工作是无止境的挑战，我对自己的表现从来没有满意过，每一场比赛过后一定要总结，同时告诉自己：你还要继续努力，就跟读书一样，学海无涯。我们解说员没有休息日，每天都在做功课，哪怕看电影，看连续剧，看一本书，从中吸收和储备的知识都有可能在某一次直播里用到。

足球和网球比赛里，镜头经常会切换到看台上的人物，某些特写会持续三四十秒，甚至一分钟，这时候就需要解说员读懂导演的镜头语言，再临场发挥。我举个例子。网球四大满贯赛之一的温布尔登网球锦标赛，历史最悠久，吸引着世界各领域的名人前来，他们很容易成为摄像机捕捉的焦点。嘉宾们不仅来自体育界，还有演艺界、时尚界和政界。美国著名时尚杂志《Vogue》主编安娜·温图尔是罗杰·费德勒的铁杆粉丝，她经常在费德勒的包厢里出现。直播的时候，有一个镜头给到她，时间还比较长，我就想起自己看过的电影《穿普拉达的女魔头》，那是以安娜·温图尔的故事作为蓝本拍摄的。当时我跟搭档说："你看，穿普拉达的'恶魔'都来现场了。"搭档接了我的话，于是我就开始解释电影跟安娜·温图尔的关系，重要的是，这么一个"女魔头"来到现场，其实就是来为费德勒加油的。观众听起来便会觉得很有意思，看过电影的人会更有共鸣。所以，解说工作确实挺难的。哪里有那么多的脱口而出，哪里有那么多的出口成章！细致的功课，读书人的心态，都是成为真正专业解说员的必要条件。

温情细节，父爱宽容如山

我解说了二十一年，但是我爸爸从没有听过，因为 1993 年他就离开我们了。这是我最大的遗憾。

我爸爸也是个足球迷，每年 5 月我都在准备期末考试，但是在这个时候会进行英国足总杯，这是世界范围内历史最悠久的淘汰制杯赛，无论是豪门球队，还是草根球队，都要在 90 分钟内一较高下，结果的不确定性让这项比赛别具魅力。每到决赛的周末，爸爸总在开球的时候把我从房间里拉出来，让我看看球，放松一下。世界杯比赛期间，电视台会播一些足球名宿的纪录片，哪怕不是周末，爸爸都会让我看，还跟我分享他的观点。一般来说，孩子都是仰望着父母的，只有足球能让爸爸、妈妈、妹妹和我聚在一起，抹平我们一家四口辈分上的差异。足球还是联系我和爸爸的特殊纽带。他去荷兰，给我寄的明信片都是跟球队有关的，在国外他还一直记得这个儿子跟他一样喜欢足球。

爸爸是个全才，除了足球，他还懂音乐，油画也画得很好。我很少看到他的工作状态，但在家里我常看到他认真做菜。平时是爸爸负责给我们炒菜做饭，到了周末还要负责给猫加菜，去市场买小鱼。每个星期天，院子里会有小贩推着自行车卖猪肠粉，温热的美味蒙在布里，引得我和妹妹争先恐后地跑去买。猪肠粉本身没什么味道，爸爸会爆个葱花酱油，浇在切成段的肠粉上，非常香。这道不起眼的肠粉是我们家记忆最深刻、最美味的一道菜，它的味道很简单，那是父亲的味道，家的味道。

"我们詹家是读书人"

从小，爸爸就不断提醒我一句话："小俊，你要记住，我们詹家是读书人。"正是这句话，让我走向了今天的成功。我越来越理解，读书人不只是一个行为，一种工作，而是一种精神，就是认真严谨，积极进取。

时
光
瓶

我想把寄语献给在天堂的爸爸，还有在荷兰的妈妈和妹妹：从小到大，我一直不是个很听话的小孩，要谢谢爸爸和妈妈，你们不断地提醒我，要记住我们詹家是读书人。终于，我也成了你们想要我成为的读书人。每一场球，每一场功课，我都以一个读书人的心态用心去做，像爸爸对待工作一样，认真钻研。所以，才有了现在的我：一个比较受球迷喜爱的体育解说员。

谢谢了，我的家！

冬夜读书示子聿

〔宋〕陆游

古人学问无遗力，少壮工夫老始成。
纸上得来终觉浅，绝知此事要躬行。

陆游在写给儿子子聿的这首诗里谈道，真正有学问的人，除了持之以恒，更要脱离书本，学会实践。詹俊用一张张比赛前手写的"功课"，实现了父亲的嘱托，以自己的方式传承和诠释了詹家的读书人精神。

叶永烈

著名科普作家、报告文学作家，以儿童文学、科幻、科普文学、纪实文学和长篇小说为主要创作内容，唯一参与从1961年第一版到2013年第六版《十万个为什么》的编写者。

叶永烈的父亲叶志超是钱庄的老板，温州商业银行行长，温州瓯海医院院长。叶志超书架上的《人猿泰山》和《鲁滨孙漂流记》，引发了儿子强烈的阅读兴趣。同时，他仔细严谨的做事态度，深刻影响了叶永烈的一生。

年份日期不能丢

"要紧的东西一定要收拾好"

我父亲是一个企业家，当时在温州是钱庄的总经理，又是银行的行长，还兼了一家医院的院长。他从小念私塾，后来到保定军官学校念书，他书法很好，会写诗词，有一定的文学修养。我父亲曾经每天在开门营业前，把所有的员工召集在一起，由他主讲《古文观止》，当时这在我们温州是绝无仅有的。我小时候似懂非懂在旁边听，这其实是我最初的文学熏陶。

我父亲是个非常细心的人。我小学时的成绩单，一个学期有两三张，我都交给他，他全部保存下来，从小学到高中毕业总共有 39 张，其中小学的 23 张，中学的 16 张。第一张成绩单是 1945 年的，离现在 73 年之久了。我的母校都没有这种档案。现在这些成绩报告单很珍贵。

父亲告诉我："要紧的东西一定要收拾好。"我 11 岁的时候开始投稿，《温州日报》当时叫《浙南日报》，门口有一个投稿箱。我心血来潮写了一首诗，扔进去了。过了几天我收到平生第一封信，信封上写着"叶永烈小朋友收"，信上说，你的稿子写得很好，下个星期会登出来。爸爸看见报纸上登出了我的诗，显然很高兴，说要把这些要紧的东西保存下来，所以他就把这些东西收拾好，一直保存到今天。我加入中国作家协会的时候要填一张表，要填写我是什么时候第一次发表作品，我就写 1951 年 4 月 28 日在《浙南日报》发表诗歌。幸亏父亲把原件保存下来了。

父亲教育我，所有的信都要写年月日，照片也是。我父亲在我的照片后面写好是哪年哪月哪日拍的。我第一张照片是一周岁时拍的，照片的反面写着"永烈周岁纪念"，特别注明"农．7．26"。我的生日是农历 7 月 27 日，如果是在 7 月 27 日拍的话就多了一天。从这里也可以看出父亲非常细致。他给别人送照片，如果是家庭的合影，就在背面按照拍照时的位置写上我的兄弟姐妹的名字。后来我学父亲，在照片背面盖一个蓝色的日期戳。有时候偷懒，左边是谁、右边是谁我没有写，现在看我都想不起来站在我左右两边的人叫什么名字，所以说，细心是永远需要的。细心的基础是耐心，有足够耐心的人才会细心。慢慢地我也知道了，做什么事情都应该耐心坚持下去，东西才会保管好，有条有理。

我收到很多读者来信，写得有意思的信我就保留下来。在整理五千多封信的过程中，我发现有一封信是 1979 年 2 月 25 日北京大华仪器厂一个工人写给我的。他当时是一个 24 岁的文学青年，没有写过什么儿童文学作品，在工厂里当空调工，发表了几首诗，厂里面对他议论纷纷。面对这种压力他还是坚持下去。他说，他走路眼睛朝天看，一边走路一边背诗。有一天《光明日报》头版发表我的报道，他看了报纸，很喜欢，晚上给我写了满满两页纸的信，没有一个字改过，一口气写下来，字端端正正，文笔非常流畅。尽管他是一个工人，但可以看得出来这个人很有才华。他向我求教写作的问题。我不仅把信作为读者来信保留下来，还回信给他，写明回信日期。这位工人就是现在的童话大王郑渊洁。后来郑渊洁成了编辑，曾经向我约稿，还来过我家。因为这封信，电视台做了一期节目，讲当年郑渊洁还是一个文学青年的时候如何如何。幸亏这封信保留下来，可以看到 24 岁的郑渊洁心里是怎么想的，也可以看出他成为作家不是偶然的。我把这些信整理好，补齐了落款姓名，有的注明这个人原先的身份，然后都捐给了上海图书馆。这样，上海图书馆的管理人员就知道这是何许人。我还捐给他们我的书信、手稿、档案、录音带，整整五十箱，还在继续整理，有六七十箱。这些书信大概是六七十年代一直到九十年代末这个阶段的，其中有的信比较重要，比如 1962 年陈望道先生给我的一封回信。我有问题向他请教，他写信给我，信封上的落款是"复旦大学陈望道"。我当时还是一个大学生，他能够亲笔回复我的问题，使我非常感动。这封信被收进《陈望道文集》第一卷。我捐了采访录音带 1300 多盘，每个录音带上面写好采访谁，地点在哪，几年几月几日，第几盘磁带。我当时就觉得这些录音的价值远远超过录音带本身的价值，这些录音带到现在质量还很好，都是历史的声音。我采访的方方面面的人物很多，很多都是重要的历史当事人。他们回忆的一小部分我写在了作品里，大部分还没有写进去，这其实是当代中国口述史资料。这些录音带现在非常珍贵。上海图书馆组织了一个小组，把这些录音带转成数码以后的声音清晰度很高，而且可以永久保留，过几十年甚至一百年以后，后人还可以听到这些声音。上海图书馆面向公众，面向研究者，将来很多人戴着耳机可以听，能听到很多年以前历史当事人的口述。这些口述谈到很多细节，有的细节是文字档案上没有的，所以将来研究历史，可以从我的这些录音带里挖掘很多新的材料。

继承细心的基因

我的作品写了三千多万字。有人开玩笑说，如果谁跟叶永烈过不去的话，让他抄叶永烈作品，一天抄五千字，没有节假日，要抄整整十六年。有的内容在写作的时候需要考证，这就用得着父亲传给我的习惯了，要特别认真细心，提供翔实的内容。比如说我早期的作品《十万个为什么》，1961 年出了第一版。最早的版本已经很旧，发黄了。化学分册中"重水是水吗？"是我写的。第一版出版之后，我收到读者来信，我在书里说自然界 50 吨天然水中有 1 公斤重水，那个读者说，他看别的一些书，说法跟这个不一样，我就查了很多化学方面的著作，包括苏联涅克拉索夫著《普通化学教程》、苏联格林卡著《普通化学》、傅鹰著《大学普通化学》、苏勉曾编译《系统无机化学》以及有关化学手册，发现在这些科学著作中，天然水中所含重水的数据各不相同，有的甚至差好多倍。我是北京大学化学系毕业的，我们系主任张青莲院士是中国著名的重水专家，我写信请教他。他告诉我，100 吨天然水中有 17 公斤重水。后来我把张青莲院士给的最准确的数字写进书里，一直用到现在，最新的版本里也是用他的数据。为了这么一个数据，我要查那么多的参考书，最后还得请教重水专家，才能够得出一个比较准确的数字。

我写的书，要么是科学性的，要么是历史性的，一个是自然科学，一个社会科学，恰恰这两类书要求特别严谨，一个小小的数字都差不得，要求一丝不苟。我在后来写中国重大题材纪实文学作品时尤其注意这些，包括年代、数字、地点。有一些采访中当事人的回忆可能有误，我要反复核对文献，并不是采访的人这么说就可以这么写到书里。当有多种说法时，我会把七八种说法都罗列出来，让读者自己去思索，或者加一段话，在作者看来哪一种说法比较可靠。历史是建立在史实基础上的一门学科，史料要准确，史观要准确。父亲教我一定要细心，当作家之后，细心是更加需要的。做文字工作，一个逗点，一个数字，一个人名，一个地名，都不能写错，因为会影响千千万万的读者，要对历史负责，要对读者负责。

受父亲影响，我的资料整理得井井有条。有一次我出差到广州，珠江电影制片厂一位编剧来找我，要把我的一本小说改编成电影剧本。我打电话给我爱人，让她把书柜左边第几格的什么书寄到广州。我的书房总是井井有条，给我的写作带来很大方便。

再举一个例子。这本书叫《追寻彭加木》。1980 年 6 月 17 日彭加木失踪的时候，我奉命从上海赶到罗布泊参加搜索，所以我拿到的是最重要的第一手资料。书里有一幅插图引起很多读者的注意。我当时在罗布泊采访他们几个考察队员的时候，在笔记本上画了一张图，记下彭加木睡在哪儿，他的隔壁是谁，十个人睡觉的铺在哪里，彭加木乘坐的越野车在帐篷外什么方位，大卡车在什么方位。这是研究彭加木失踪的重要资料，幸亏当时画下来了。好记性不如烂笔头，这个图把当时的情形永远定格下来。就连那几位考察队员也说，要我们多年之后回忆，肯定记不清楚了。做采访一定要细心，一定要注意捕捉细节。只有进入现场，才能写成这样的作品，不进罗布泊不可能拿到这么详尽的第一手资料。我的采访笔记保管得井井有条，一本一本装订好。采访的时候用活页纸记，回去以后把活页纸订在一起，每个专题装订成一本。我出版《追寻彭加木》这本书的时候从记录本里找到这张图，重新画好准确的图，印在书上。

我现在也做了爷爷，也有孙子孙女，孙女喜欢拍照。有一天香港电视台采访我，当时正好是逆光，孙女就拿手机拍了我的头像高反差的剪影，出版社很喜欢她拍的照片，做了我的自传封面，《叶永烈科普全集》新闻发布会上也用了这张头像。她很高兴，我告诉她，拍的照片要存入电脑硬盘，一个一个文件夹保存，每个文件夹写好什么内容、什么年份拍的。特别重要的照片应该用标题加以说明，这样才能保存好。把照片拷到移动硬盘里，还觉得不保险，就刻在光盘上。我有三个移动硬盘拷贝我的照片，到一定的数量刻成光盘，做好光盘的编号。希望我的下一代能够传承这个细心的习惯。

"年份日期不能丢"

我从温州去北京大学上学的时候，父亲跟我说："你写信时，年份日期不能丢。"我一直记着这句话，所有的信都写有年月日，我父亲给我的所有的信，不仅信末写着年月日，信封上还写着哪年哪月哪日发，他是一

时
光
瓶

个非常细心的人。我后来看了他的日记，他的日记每一行开头写年月日，星期几，农历哪月哪日，天气，还有气温，每天都是如此，都是手写的。

我想对我父亲说：阿人，1968 年你过世之后，到现在已经将近半个世纪了，我无时无刻不在想念着你。你是非常细心的人，对我言传身教。我本来是很粗心的人，慢慢养成了细心的习惯。细心对于我来说非常重要，尤其在我成为作家之后。因为细心，我在采访中非常注意捕捉细节；因为细心，我在创作的时候非常注意把资料整理得井井有条；因为细心，我对纪实作品和科普作品的要求非常严格，希望每个数据、年份、人名和地点都是很准确的。得益于你的教育，我在创作中养成这么多好的习惯。

其实细心不光是作家才需要，从事任何工作永远都需要细心。我希望我的孙女、我的孙子都能够继承家里的细心基因，能够永远保持这个良好的习惯，永远细心，而且要耐心，要在工作中养成有条有理的习惯，把所从事的工作做好。

谢谢了，我的父亲！谢谢了，我的家！

一丹说

细心是一种习惯，也是一种基因。《韩非子》中记载："千丈之堤，以蝼蚁之穴溃；百尺之室，以突隙之烟焚。"每一个微小的疏漏，都有可能引起严重的后果。父亲用自己的实际行动，将严谨细致的态度传给叶永烈，帮助他在写作道路上认真钻研，打磨出了一部部深受读者信赖的优秀作品。

徐立平

从事固体火箭发动机燃料微整形工作，这项极度危险的工作是世界性难题，而他在炸药堆上一干就是三十年。

徐立平的父母都在航天部门工作，他们在工作和生活中一丝不苟、容不下半点马虎的态度，感染和影响了全家人。

做就要做到最好

胆大心细，迎难而上

我们被称为"航天火药雕刻师"，我们"雕刻"的火药是发动机的燃料。固体燃料的设计有一定形状和尺寸的要求，在这种形状和尺寸条件下，火箭才能在飞行时保持平稳。我们的工作就是要把火药"雕刻"成设计要求的形状和尺寸，来保证它工作过程中的平稳度。1985 年高中毕业后我去上了技校，毕业后在父母的建议下走上了这个岗位，他们希望我学到技术，认为这个岗位比较适合我内向的性格。他们当时知道有一定的危险，但觉得只要能够按照要求做，危险可以规避。我上班第一天，我的师傅就带我去看了一次点火实验。大概十几公斤的火药点着了以后，瞬间就"轰"的一声，腾起了非常大的蘑菇云。我在十米开外都能感觉到一股热浪扑面而来。当时我真的惊呆了，那一刻还是感到有一点点害怕，但是从没有想过因为有危险就不干这份工作。我既然选择了，就不会退缩。而且我师傅告诉我，只要我们按照规章制度去操作，多练习，练好手中的刀，技术熟练到一定程度，尽量减少危险的动作，应该是不会出问题的。我就不停地练习，也算是比较快地掌握了这项"整形"技术。

我们在操作过程中使用的刀具，如果不小心碰到钢制的壳体，或者是不小心摩擦力过大，或者是有静电，都可能产生火花，把推进剂——也就是固体火药点燃，它燃烧时的温度是两三千度，而且燃速非常快。一旦发生这种情况，人在现场基本上没有逃生的机会。我师傅给我演示的只是一小堆火药，而实际的产品是它的很多很多倍。我一直在说，我们的工作实际上需要的是四个字：胆大心细。我们面临的是一个非常危险的操作，面对的是危险物质，如果胆怯了、害怕了，在操作过程中就更容易出现动作变形，就更容易产生危险。所以，面对火药时一定要胆量大。火药的雕刻精度要求非常高，最大的误差不能超过0.5毫米，如果不细致，就容易产生超差，也可能会碰到不应该碰的地方，那就会产生危险。还有就是要心细，因为我们的操作是不可逆的，固体燃料是装好的，切下去了就补不回来。我们在工作中必须心细，每一刀都要达到合适的要求，才能保证产品的质量。这对人既有心理的要求，也有手上功夫的要求。我们有很多刀具，要掌握各种刀具的用法，包括动作。我们在操作的时候不可能总是以很舒服的姿势操作。为了保证产品质量，我们需要大量练习，来保证在任何姿势下操作都能控制好刀的走向。我们平常会拿一些模拟的药块练习，练到我们认为可以达到加工正式产品的时候，才能进行正式产品的操作。练习肯定是枯燥的，但是不管怎么枯燥，当产品加工出来，我们觉得真的跟艺术品一样时，心里还是比较自豪的。

我对徒弟要求很严，因为我们的岗位比较危险，在遵守安全操作要求方面我的要求非常严格。一般情况下我都比较严肃。当然，也有放松的时候，我们工作时承受的压力比较大，在业余时间还是要给大家释放压力的机会。徒弟一来，我就跟我师傅一样，让他先看点火实验，让他对我们这个岗位的危险性有深入骨髓的印象。如果真是吓住了，就不适合这个岗位。接下来，就必须养成良好的工作习惯。对安全底线的坚守，对工作质量的严格要求，都是我们在后面学习过程中要逐渐养成的。我想跟年轻人说，虽然我们的工作充满了危险，但是只要练好自己手中的刀，只要能够严格按照我们的安全流程操作，养成严谨细致的工作习惯，这种危险是可以规避的。

我在这个岗位已经三十年了，确实有感到累的时候，但是我真的没有想过退缩。这三十年里，我的很多同事已经调离了这个岗位，我现在是我们这个岗位上工龄最长的老师傅。我的同事中有因公受伤的，甚至有牺牲的，就发生在我的身边，但是我确实对这个岗位很有感情。我现在担任组长，组里有很多成员，作为组长我有责任安安全全地带领他们把工作干好，保证我们的人员和产品安全。我还会一如既往地干下去。我们干工作，不是让岗位适应你，而是要让自己适应岗位，在适应的过程中不断磨炼自己的技能，调整自己的心态，直到最后真的喜欢上这个岗位，这样才能走很久。

父母榜样，追求完美

父母从小教育我们，干一个职业就应该坚持，而且要做就做到最好。我弟弟，我妹妹，都是这样一步一步干下来的，而且都在自己的岗位上干出了一定的成绩。

我父亲是一个非常严谨认真的人，他是个汽车驾驶员。我父亲当兵的时候开始开导弹车，从部队转业后到航天部门工作，一直干到退休。航天驾驶员运送的产品都是危险品，含有火药，一旦发生车祸、事故，后果是不堪设想的。所以，航天工作对汽车驾驶员的驾驶技术要求非常高。我父亲的驾驶技术非常好。有一次，运输车需要倒进工房里去装产品。车的宽度离工房的大门两边各有一拳头的间隙，当时要求一把倒进去，很多驾驶员都退缩了，因为没有把握。我父亲就上了，真的是一把倒车成功，现场一片掌声，给他特别高的称赞。后来"东方红一号"的远地点发动机需要去做振动实验，从内蒙古一直拉到北京。就是因为他的技术过硬，这么远的路，上级指定由我父亲来开车。当时的路可真不好走，但他照样安安全全地完成了任务。

我父亲有一个非常好的习惯，他每天出车不管多晚，回来后都要把自己的车检修一遍，这样第二天不管多早出车都能保证车的完好状态，他一直是这么坚持下来的。我记得，他有时候回来得很晚，甚至是冬天，他都是回来以后赶紧扒两口饭就出去检修了。在我们懂事以后，他的这种习惯对我们有一个潜移默化的作用，工作以后我也把他的这个工作习惯带到我的工作中。

一般车的小维修都是父亲自己来做，在我十几岁的时候，他就叫我去打下手。给我父亲打下手可真不容易，他要求特别严，给他递扳手怎么递，拆卸下来的物品怎么摆放，都是有要求的。维修完了以后，把物品再归回原位，从哪儿拿放回到哪儿去。我父亲的工具箱整整齐齐的，他的物品真的是归类摆放。他有几个工具箱，因为他修车工具很多，从哪个工具箱拿出来就怎么放回去，一直都是井井有条的。我父亲对车的保养还体现在车的洁净度上。我父亲的车从来都是非常干净的，而且是里外一致，打开引擎盖，里面也很干净。验车的时候，我父亲的车经常作为示范车给大家展示。我从十几岁就开始跟他维修车辆，有时候也跟他一块儿出车，他这种严谨认真的工作态度，确实对我影响比较大。我在工作中也要使用很多工具，我的习惯也是按照一定的要求去摆放，使用完后要及时归位。

　　我母亲也是航天人。她差一个月不到十九岁的时候就进入航天领域工作了。她后来从事统计核算工作。我母亲在工作中也非常仔细，她从来没有算错过账，她记的账本非常干净漂亮，非常整洁，曾经被我们单位作为范本展示。因为我父亲经常在外面，基本上小时候都是母亲照顾我们。我母亲在生活中要求也特别严。她一个人带我们三个孩子，把家收拾得特别整齐，我们家从来没有东西乱摆乱放。我父亲找不到东西都是问我母亲，我母亲马上就能说出来在哪里。包括现在，我母亲都七十一岁了，在厨房做完饭，她要坐在小板凳上拿着抹布一点点把地抹干净。

我父母这个大家庭有十一口人，除了三个孩子在上学，其他人都从事航天工作。我兄弟也是在一个危险岗位上。我们全家人隔一段时间就要聚会，其实是我父亲要定时看看大家是不是平平安安的，所以我们家聚会的时候，大家最开始是问安全不安全，有没有什么危险，聚会结束后出去等电梯的时候，父母还会再叮嘱我们工作中千万要注意，一定要安安全全的。这么多年一直是这样的。我们兄妹三个的名字的最后都是"平"字，实际上就是父母希望我们是平平安安的，这也是父母对我们的期盼或者是心愿吧。我们肯定也会这么去做，不让他们过多操心。我母亲在细节上对我们关心多一些，她观察的角度和出发点都是我们的安全。

我的家是非常平常的一个家庭，我爱人持家，她也有记账的习惯，从2004年开始记的。她记得很细，每天花了多少，想起来就都记下来，坚持了十几年。实际上就是形成了一个精细的习惯，有一个计划。我爱人记的这个账，对我孩子的影响比较大。我的孩子上高中以后就很有计划，有目标以后按计划实施。我估计很多航天人的大家庭都是这样的，按部就班，一步一步走。

"做就要做到最好"

我认为，干一件事情，就应该追求完美，做到最好，这是我们家风的传承。有一句话给我的印象最深，"做就要做到最好"，这是我父亲跟我们说的。

我想对我的儿子说：不管你选择什么样的工作岗位，我们都会无条件支持你。孩子是祖国的希望，是家庭的希望。我希望你在努力学习的时候，也要照顾好自己的身体，在工作以后也能够养成严谨细致的工作习惯，就

像爷爷奶奶、爸爸妈妈一样，热爱自己的工作，做一个对社会有用的人，对家庭负责的人，对自己严格要求的人，对他人有帮助的人。

谢谢了，我的家！

有一个职业，更准确地说是一个工种，全国不足百人。有人形容，他们每一次落刀，都能听到自己的心跳。在这样极端的环境下，徐立平做到了三十年零差错。出生于航天人之家的徐立平，将爸爸的车作为标杆，妈妈的账本作为范本，做好自己的本职工作，坚守在攻坚一线，镌刻着中国航天人的工匠精神。

陈卫林

中国人民解放军第五七二〇厂机械制造技术员，参加工作后，从一个普通的「战机医生」成长为「航修大师」，并领导以他本人名字命名的「陈卫林技能大师工作室」。首届「金牌蓝天工匠」称号获得者，2016年获得全国五一劳动奖章。

陈卫林的父亲是弹棉花的，他在一绷一弹、一捶一掐之间，教会了孩子做好平凡事、工作无小事。

就算是弹棉花，我也是最专业的

专业弹棉花

我的父亲是 20 世纪 50 年代生人，认字很少，也就相当于小学一二年级的水平。他只是一个棉花匠人，弹棉花的时候，他在腰上系一条腰带，背上拉一根竹竿，挂在棉花弓上，左手拿着棉花弓，右手拿着棉槌棒，有节奏地敲打牛筋做的弦线，发出"轰轰轰"的声音。弹棉花是体力活，也需要一定的技术。他干活的时候很卖力，一般穿得很单薄，眉毛上、胡须上、头发上都是花白的，就像圣诞老人一样。干活的时候，父亲始终盯着他手上的弓的弦线与棉花交接的地方，我从他身边走过，他都好像没有发现我似的，非常专注。

父亲经常在冬天弹棉花，因为一般在这个季节生意比较好做。父亲经常挨家挨户上门服务，谁家里做喜事或者是添了新人，要添置一张棉被，这时候就需要父亲。

父亲每次早上六点半出门，到晚上七点左右才能回到家。此时屋外已是一片漆黑。如果天气好的话，会有小星星。我小的时候，到了晚上七点钟，总是一边做作业，一边等待父亲的出现，盼着他早点回家。我远远地看到父亲从村子的尽头走来，肩上扛着棉花弓，像背双肩包一样背着竹筐，里面装着他的工具。棉花弓上，他经常抓的那些地方，在灯光下隐隐约约地发光。父亲左手拿着一个水杯，右手拿着一个手电筒。手电筒一晃一晃的，隐隐约约的灯光也随之一晃一晃。父亲的身影一会儿变长，一会儿变短。这些给我留下了深刻的印象。

父亲做这一行在当地算是小有名气。只要是做棉絮，大家第一个想到的就是到村里找我父亲，因为他做的被子质量好，用了几年以后还是很平整。其实弹棉花这个手艺活的关键就是均匀，全靠手工，一槌一槌地敲弦线，利用弦线的振动把棉花振开，使棉丝交融在一起，最后织上一个纱网，把棉花拢住。我父亲手上长年握棉槌的地方有一个很大的老茧，就是长期磨的。而且，因为经常用手掐断线，我父亲的大拇指上有一条很深的印子。

我父亲做事很认真，从不嫌麻烦，一定要达到他心里的要求。别人做一床被子用五六个小时，他做一床被子要七八个小时。他还喜欢在棉线上绣字、绣花，做成不同颜色，尽量做得漂亮。所以，在父亲的身上，我从小就有了专业和不专业的判断，有了品质和信誉的概念。父亲只是一名棉花匠，可他做得非常专业，因此受到别人的尊重。我工作的时候，父亲还经常说，做什么事一定要专业，一定要坚持。这就是我的父亲，从小他就这么要求我和我的妹妹。

我父亲把工具保护得非常好。比如说，夏季几乎没有人弹棉花，他就把所有的工具仔仔细细擦一擦，该上油的上油，该包起来的包起来，放在比较干的地方，因为工具受潮以后会变形。这套工具我一直保留着。他走了以后，我每次回家，天气好的话，我就拿出来晒一晒，因为都是木头或竹子做的，会受潮。我儿子在旁边看着，他知道那是他爷爷用过的工具。我至少要让他记住，工具对于手艺人有多么重要。

啃下硬骨头

1997年，年仅十八岁的我参加了工作，迄今为止已经二十多年了，一直在从事同样的工作，没有更换过。我的工作就是为飞机提供零配件。我从技校毕业后进厂，父亲不知道这是什么行当，只是对我说了一句话："你做的这个和我做的有一个共同点，就是我们都是做手艺。虽然我们两个服务的对象不一样，我是服务村子里的乡里乡亲，你是服务国防，但都是手艺人，都是工匠。"

刚进厂的时候，父亲的这句话始终在我的耳边，我当时没有办法完全理解父亲的这句话。随着工时的增加，年龄的增长，阅历的加深，我对这句话的理解越来越深刻。

2006年，工厂从国外引进了一种新型战机。我们在修理过程中发现，紧缺一种特殊的螺栓，这种螺栓位于一个极其关键的部位，连接飞机的机身和机翼。它的质量好坏，会直接影响飞机飞行的安全，如果稍有闪失，在飞行过程中机身和机翼可能脱离。当时工厂领导让我组建了一个小型攻关团队，给我们六个人下达的任务是，在八个月内完成这个零件的加工。于是，我们六个人进行了严密的分工，每一个流程按照工序一级一级分配。比如说，涉及哪个部位的哪道工序由某个人负责加工，他就要去研究。因为是引进机型，很多关键资料不全，加上加工工艺比较特殊，为了这种螺栓，我们团队先后试验了一两百次，反复地试验，要摸清这个螺栓到底怎么做。那时候，我们几个人经常一干干到夜里十二点，有时候为了把一个问题弄明白，弄一夜也是有的。关键是要一点一点地琢磨，一个一个地验证。那六个月非常难熬，非常痛苦，但我们没有一个人退缩。好在我们都熬过来了。

当时还有一种力量来自我父亲经常说的一句话。他说："再小的事也能做成大事，再大的事也怕认真二字。"这句话给了我鼓励，给了我勇气，给了我方向。我们团队成员一直相互动员、相互鼓励，今天努力一点，明天再努力一点，总会完成的，就这样一点一点地熬下去。可是事实上当然不会是一帆风顺的。更多的情况是，刚刚攻破一点点困难，下一个困难又接踵而至。就是靠着坚持、专业、精益求精的精神，最终我们看到了曙光，成功研制出这种螺栓。这意味着我们每修理这样一架飞机，单螺栓这一项就能节约成本三四百万元。

每项工作结束后，特别是有难度的工作完成以后，我总是记下整个过程，记下所有方法。一方面，我自己可以随时翻看，时间长了难免会淡忘；另一方面，可以让后面的人看，即使我不在了，其他人也方便学习，这东西总是要传承下去的。

研制成功以后，我们的团队人员还在不断发展，水平更高了，更加专业了，得到了更多的肯定。可以说，在我们系统内部我们这个团队也是出类拔萃的，也是顶尖的。

"就算是弹棉花，我也是最专业的"

时
光
瓶

我们父子俩人干的事情虽然不一样，一个弹棉花，一个修飞机，但本质的要求是一样的，都要求专业、精准，差一点儿都不行。我爸在我耳边时常说的一句话是："就算是弹棉花，我也是最专业的。"

父亲知道我是修飞机的，因此对飞机感兴趣了。我住在工厂的家属区，父亲来我家的时候，提出很想看看飞机是什么样。他说，你天天搞飞机，这个飞机长什么样？我就上网给他找了飞机的照片。但是父亲并不满足，说等有了小孙子要全家人去坐飞机转转。我说"没问题"。我的儿子出生以后，有一天父亲抱着我儿子又说，哪天有时间，我们一家人出去坐飞机看看。你是修飞机的，我都不知道飞机到底是什么样。我说，你坐的飞机跟我修的飞机不一样。但是他说，你一定要带我去坐一坐，看一看，感受一下。

我答应了父亲的请求，毕竟父亲当时已经六十多岁了，而且这个要求对我来说太低了。临过年的时候，父亲再次提出这个要求，我说等我把手头的工作安排好。但是事与愿违，还没等我安排，父亲因为一场车祸意外地永远离开了我们。这件事在我心里一直是一个坎。我现在不愿意坐飞机，尽量坐火车，因为在我的内心很愧疚，父亲养育我这么大，一个小小的愿望我都没帮他实现。

我知道，他想坐一次飞机，不仅仅是出于对飞机的好奇，不仅仅是想体验新鲜事物，更主要的是因为我是修飞机的，他想更了解我的手艺，想离我更近一些。可是真的很遗憾，我没有来得及安排，这成为我一生无法弥补的永远的伤痛。

我心里一直着想带全家人坐飞机，但是事与愿违。现在，每次看到飞机，我就想起我父亲。我想对我父亲说：爸，我知道，你最大的愿望就是让我谨记你的那句话："再小的事也能做成大事，再大的事也怕认真二字。"我明白，我会认真地工作。

我儿子今年十岁，我将来会对他讲他爷爷的事，会把他爷爷的工具留给他。工具对于手艺人，就好比枪对于战士，人在枪在，人在工具在，岗位在工具在。我儿子现在不太明白大国工匠是什么意思，可能以后也不知道什么是弹棉花。我想对他说，其实大国工匠也是凡人，在我看来大国工匠只是比别人付出了更多，更有专业精神。这种对工作的钻研，可以用一个词叫"精雕细琢"，其实就是这么一回事。我经常对我儿子说，你爸和你妈的工作完全不一样，服务对象不一样，但是都有一个共同的目标，有一个共同的方向——达到要求，至少要把自己的工作做好，这样才能对得起这份工作。我儿子也非常认同这个观点，知道学习要努力，尽可能学好。我想把我父亲的工具传给我儿子，用我父亲的专业精神指导我儿子，教育我儿子以及下一代。

我想对我儿子说：我唯一的希望就是，你参加工作后继承专业的精神。这是我老爸传给我的，我也传给你。

谢谢了，我的家！

一对父子，父亲弹棉花，通过专业过硬的素质赢得他人的尊重和信任；儿子修飞机，继承父亲精益求精的工作精神，成就"大国工匠"之名。虽然他们的职业不同，但骨子里的要求是一样的：专业，精准，差一点儿都不行。陈卫林面对枯燥的工作，熬下去，纵然来不及实现父亲的心愿，也用实际行动延续父亲的生命曲线。

李晓洋

生在敦煌，看着敦煌壁画长大，在海外

求学后回国，现为敦煌壁画修复师。

李晓洋的爷爷是中国著名的文物修复保护专家，已经年过八旬还坚持在一线。李晓洋的爸爸和叔叔也都在敦煌工作。正是在家人的召唤下，李晓洋从海外归来，成长为新一代的壁画修复师。李氏家族世代选择敦煌，在一雕一画间书写匠人的故事。

选择了，就要对得起

当年轻与古老相遇

爷爷是山东人。1958 年，他二十四岁，响应国家号召去新疆，路过了敦煌，没想到就在这儿待下了，一待就是六十多年。

爷爷第一次来到可以自由出入的莫高窟，看到了历经千年沉淀却被风沙严重破坏的壁画。他们同去的三个年轻人决定干点儿杂活锻炼自己。那时是冬天，能让他们选的三个工作是烧水、敲钟和扫沙。两名同伴觉得洞里黑乎乎的，怪吓人，只有爷爷选择了清扫工作。爷爷每天都去洞窟里，越看这些壁画以及和人一般大的塑像，越觉得亲切，好像亲人一样。同时，他总能见到保护敦煌的老先生们，比如常书鸿。先生们白天带着画板在洞窟里临摹，晚上还点着油灯去画画。几个朝气蓬勃的年轻人感觉这里的生活跟老家完全不一样，很受感染。爷爷本本分分，勤勤恳恳，大冬天的，扫沙扫到棉袄都汗湿了，甚至冻成冰了，还不休息，因为爷爷是要干就得干好的性格。三个月的实习期结束了，常书鸿院长找爷爷谈话："小李，你的工作态度不错，大家的评价也很好，不如留下来吧。"这句话改变了爷爷的一生，也改变了我们整个家族的命运。

爷爷留在了敦煌。他很好学，又跟老先生们学画画，又跟北京来的专家学雕塑。正好赶上国家对莫高窟越来越重视，请了一位捷克专家来教壁画保护。爷爷一听，又主动请缨去学。有一天捷克专家说，你们的条件太艰苦了，以前在我们国家还可以晒晒日光浴，吃点肉，喝点红酒，在这儿根本不可能。敦煌风沙大，又干旱，条件确实艰苦。后来，捷克专家就离开了。于是，爷爷接过了他的工作。他在两个多月里学到了一些工艺和技巧，又开始自己研发更实用的工具，比如我们现在使用的注渗器，那就是爷爷在八七十年代改进的。

当年偶然的机会让爷爷与敦煌结缘，选择留在这儿。正因为他的选择，我的爸爸、姑姑和叔叔，还有我的姐姐、弟弟和我，都在这片土地上出生和成长。敦煌是全人类的文化圣地，是中华民族的瑰宝，但是对我而言，它是我心心念念的家，是我的家人特别是爷爷选择奉献一生的地方。

永远是敦煌的孩子

我觉得，敦煌是一个很国际化的地方。无论是中国人还是外国人，一说起敦煌都充满了好奇。现在敦煌作为世界文化遗产，每天都限流参观。不过，我从小在那儿长大，莫高窟，月牙泉，都留下过我来回奔跑的足迹。到了冬天，爷爷亲手给我们做了冰车，我们就在荡泉河里滑冰。虽然孩子们经常在洞窟里玩捉迷藏，但是大家都遵守一个规矩：谁也不许碰壁画。家长不断地提醒孩子："你不能玩火，玩火会烫手；你不能碰壁画，会破坏它。"

敦煌不仅占据了我的童年记忆，也对我的专业选择产生了影响。小时候我在洞窟里什么都不懂，也不那么细致地观察壁画，只觉得上面出现的小人儿特别好看，看到的建筑物也是缩小的，很精美。我一直浸润在这种文化中，因此在国外上大学时选择了室内设计专业，喜欢小模型。我从高中就开始在国外上学，那时候老想快点回家；可是毕业前爸妈开始跟我灌输上完学就回家的观念，我又有点抵触，不想被他们安排未来。爸妈的态度坚定，不过爷爷一直没有发表意见。爷爷是与时俱进的人，虽然八十多了，还学着玩电脑，用智能手机看新闻，从不束缚自己。妈妈很心细，她跟我的发小聊，让他劝我回家。于是，一个寒冷的冬夜，我和发小坐在车里，他对我说："你有自己的想法，可以选择你的生活。不过阿姨跟我说过很多次了，她平常不跟你说，尤其你在国外上学的时候，一跟你视频，她就容易哭。别人说谁的小孩在哪儿上大学，他们妈妈过去看望之类的，你妈妈就特别寒心，埋怨自己怎么把孩子送得这么远，自己去看都很麻烦。"家庭亲情一直对我有很大的影响，这番话更一下子击中了我。我不能太自私，我们一大家子从来就在一起，在我的生命中，家人不可或缺。就在那时，一次视频通话彻底改变了我的道路。有一次，我拼了一个想象中的房间，和爸爸妈妈视频聊天的时候，我特别自豪地向他们展示作品。我不经意地把手电筒放到模型的窗外，一束光照进房间，那种光感一下子把我拉回了童年时代的敦煌，我仿佛又看见那些精妙的塑像。于是我做了决定，回到家人身边，回到敦煌。

祖孙俩的平行人生

回国之后，我开始跟着爷爷修壁画，因为我从小长在这样的家庭氛围里，爷爷和叔叔都是壁画修复师，所以我的选择是自然而然的。有趣的是，爷爷二十几岁的时候开始修复壁画，现在的我正跟当年的他年纪相仿，只不过我的师傅就是爷爷。

爷爷平时特别慈祥，但是在工作中他一丝不苟，甚至有时会发脾气。我第一次见到爷爷发火就是在工作中。2011 年 3 月，天气有点冷，正常的文物保护工作还没有开展，爷爷就召集大家做培训，讲解基础知识，包括练习一些实际操作。那是我第一次真正学习怎么和泥巴、补裂缝、翻石膏等。6 月我们去了第一个现场，在甘谷大象山做佛的莲花瓣，需要用石膏做模具。爷爷想让我们练练。第一个人上去，爷爷一看不对，就问："你冬天参加培训班了，怎么不会和石膏？"再换一个，又不会，到第三个、第四个，一直到我，还是不会。爷爷发火了："你们年轻人干事不踏实。冬天刚教了和石膏，到这儿却不会，白教你们了！"我第一次见到如此生气的爷爷，甚至有点儿害怕。在家里他一直很和蔼，还会惯着我们，一到工作中就是两码事。

不过，我的害怕其实是一种敬畏，更多的还是尊重。在甘谷大象山，我们给大佛做脚,包括趾甲、趾头等,爷爷做一个,我们其他人一起做另一个。好几天后,爷爷看我们怎么做都不像,就说:"来,你们把鞋和袜子脱了,看着自己的脚,足弓的部位在哪个地方收,大概比例是怎样的……我们塑的是菩萨和佛,但是这些塑像也保持人体的基本原理。"爷爷还告诉我们,他以前修塑像,都要先认识人体构造,起码得懂比例。他总是用形象和接地气的方式教我们。

　　爷爷对工作的态度,诠释了何为"对得起"。我还有一件印象深刻的事。当时我们在山东泰安做完项目,带着的两个瓷瓶却不小心被打碎了。当时我并没有把这件事放在心上。后来有一天进爷爷家,我突然发现一个瓷瓶放在客厅的电视下,那是爷爷黏好的,还有一个在爷爷书房里放着。爷爷回来后,就拿着这个碎瓶子教我修补瓷瓶,怎么找纹理关系,怎么分析画面。他特别入神,我们俩在书桌边待了将近三个小时,一直在拼花瓶。当时他已经八十多岁了,也不觉得累,一直在教我要怎么做,看不清楚时还拿个放大镜。终于拼完了,我感到了满满的骄傲,更感动于爷爷的专注。祖孙俩在工作中产生了独特的情感交流,对我而言也是新鲜的体验。

　　小时候跟爷爷修壁画,觉得真有意思,可是自己做的时候,完全不是一回事，和泥巴就学了将近一年，真是无趣又枯燥。所以一开始，我只把修壁画当工作去完成。直到一件事深深触动了我，让我转变了态度。有一天下午，我和爷爷从修复现场回来，找了个小平台，一米八的大个就坐了下来，我在一旁陪他。夕阳照着他的脸颊，我突然看到了他的白胡茬，心中涌起说不出的滋味。人都会慢慢衰老，爷爷这么用心教我，我是不是应该有自己的态度？

爷爷总是告诉我要写笔记，记东西。他自己的笔记有几十本，每一本都写得密密麻麻的，上面有项目结束后的重难点分析，操作中的注意事项，还会画示意图，记日记。碰到问题，爷爷就翻一翻笔记，做做修改。爷爷一直说，修复和工艺是没有巅峰的，看起来好像到顶了，其实没有。有一天，他给我布置了一个任务："洋子，能不能把我写的报告用电脑打出来？"在打字过程中，我意外发现了很多我在现场忽略的东西。这时我明白了，爷爷不只是让我帮忙，更是让我学习。有一天，他跟我说了实话："一开始你跟我学，我就想试你两年，两年足够看出你适不适合干这一行。如果不适合，还可以干其他的，不耽误。"慢慢地，爷爷觉得我做的比他想象的好一些。爷爷从不当面夸我，今年我和他分别在两个地方做项目，他为了确保质量两地跑，我就联系了朋友帮忙接他。后来朋友给我打电话说，爷爷夸了我，说我的工作态度转变挺大，从细节中就能看出。我听了很感动。爷爷用了几十年一直琢磨壁画修复，到今天还守在第一线。他是我的榜样，也促使我沉下心来，好好做这一行。

我的最大改变，就是把工作当作事业，像爷爷一样，一生都为它付出，有始有终。爷爷既有高超的技术，更有细腻的情感。我经常听他说："这个行业没有那么多人盯着，老师不能常常在背后看着。只有对文物怀着敬畏之心，你才能做一个合格的文物修复者。"爷爷不断灌输给我们的，除了工艺，更有保护理念。他说："医生看不好病，病人会抗议；但壁画和塑像不会说话。你们年轻人要呵护它们，既然做，就要做好，如果抱着混一天是一天的态度，那就不要动文物了，因为文物损失了就不可能再回来。"爷爷为壁画投入了六十多年的时光。人生能有多少个十年！他现在还坚持不懈，努力学习。我要像爷爷一样，对文物保持同样的尊重和专注，融入自己真挚的情感，花时间积累，成为合格的工匠。

"选择了，就要对得起"

当年，二十四岁的爷爷选择在敦煌停留，没想到一停就是六十多年；二十二岁的我看完外面的世界，也选择了回到敦煌。这也许是冥冥中的安排。莫高窟给了我很多儿时的记忆，包括价值观和人生观。所以，我回来了，做着跟爷爷同样的事，沉下心面对精美的壁画，不辜负家人的期待。

我想对爷爷、爸爸、叔叔说：很高兴我可以继续你们所从事的事业，向你们学习。我希望六十年后，在爷爷这个岁数，回望自己修过的壁画，我可以和爷爷一样露出欣慰的笑容。我不要求未来的名利，只希望像你们说的那样，踏踏实实地完成心愿，本本分分地做热爱之事。

谢谢了，我的家！

莫高窟咏

佚名

雪岭干青汉，云楼架碧空。
重开千佛刹，傍出四天宫。
瑞鸟含珠影，灵花吐蕙丛。
洗心游胜境，从此去尘蒙。

《莫高窟咏》为莫高窟藏经洞上刻的二十首五言律诗之一，表现了唐代重修莫高窟的场面和莫高窟的宏伟气势。伟大的中华瑰宝，正需要像李晓洋和李爷爷这样的匠人，用高超的技艺和专注的情感去守护。

王 津

故宫钟表修复师，工作四十多年间修复两三百件古钟表，成功率达百分之百。他是网友眼中的「故宫男神」，2017 年 12 月 28 日入选第五批国家级非物质文化遗产代表性项目代表性传承人推荐名单。

王津的爷爷在故宫图书馆工作，王津在故宫工作，但是专业是修复古代钟表。他的儿子继承了古代钟表修复这一职业，但是不在故宫，而在颐和园。

甭管干什么，要静下来

静心静态

我爷爷在故宫图书馆工作，那份工作要求人非常细致。那时候没有电脑，几十万册图书在什么位置，都要静下心记下来。我和爷爷开始生活在一起的时候，我十三岁，他七十岁，年龄差距非常大。爷爷不是特别爱说话的人，所以我们的日常生活特别安静。我下了学就回家，写写作业，那会儿既没有电视，也没有网络，都非常静态。

我的师傅马师傅是非常认真敬业的人，几乎不说话。他身体不太好，但是从来没有因此迟到或早退。1982年底、1983年初，我师傅去广州市博物馆修了六件古代钟表，那是五十年代从故宫拨出去的，为了做展览要修复。当时运输条件很差，而且只有火车，如果运到北京修，修好了再运回广州，不知道路上会出什么事。师傅就去广州修，这样对文物有保障。当时环境很艰苦，广州的冬天很冷，没有暖气。我们在五楼展厅拉一个布帘，一边是工作区，一边是睡觉区。

我师傅平常说话少，但是心里有谱。他每天来得很早，七点半左右就到，我们还没到，师傅先在屋里转一圈，对我们的工作就有谱了。师傅很少表扬人，修完每一件以后，我们拿到师傅面前，上了弦，看看走得准不准。行了，就搬到修好的台子上，再分配另外一件活。这就是认可了。我和师傅在一起十五年，这时间比和家人在一起的时间更长。师傅没有批评过我，而我尽量把事情做得更好。师傅的默认就是表扬，干好了一件再给你一件更复杂的，如果干得不好，就给一件一样的，或者技术含量更低的，不给你复杂的活、更精细的活干。时不时增加一点难度，我觉得这就是认可你的修复技术了。

我听别的同事说过，师傅跟他的同龄人说对我很满意，说这个小孩干活挺踏实，手也挺巧。但是从来没有当面跟我说过。我们之间的情感交流很少，几乎没有，说不出口的感觉。有时候师傅身体不好，我帮着去医院拿点药，家里有些活帮他干，比如帮他家盖了一个厨房。

我爷爷很安静，我师傅也很安静，我就养成了安静的习惯。

我们工作室人不多。从师傅那一代到我们这一代，就是从1992年到2004年，只有三个人。到2010年就剩徒弟和我两个人。2017年招了三个人，现在一共有五个人。我们搬到了新的文物医院，房子更宽敞了，更静了。从我们工作室窗下经过，听不到有人说话。

这份工作的性质决定了一定要静下来。急急忙忙的、浮躁的心态，修不好钟表。检查钟表问题要非常细心，心太慌就不会检查那么细。干的时间长了有时候会有情绪。硬毛病好修，软毛病特别难修，也烦。师傅说，干烦的时候，找不到软毛病的时候，就出去转转，当观众似的去看看展览。回来以后静下来再找，越急越容易出娄子。

到了工作室，进入工作状态以后，家里的事自然而然就忘了。我小孩8月25号出生，我当时在做钟表展览，一上台就只关注钟表，只想着不能出问题。后来来了消息，生了。

故宫的文物修复已经有上百年，从明末到现在，钟表在故宫没有断过。20世纪50年代我们就成立了文物保护部门。一些钟表残破了，不再动了，修好之后，上面的小鸡、小鸟都在动。

《我在故宫修文物》播出以后，受到广大年轻人的喜欢，我觉得可能是因为大家过去不了解这些，没有想到有人在保护文物。故宫有一些讲座，主要讲古文物，尤其是古钟表的修复，年轻人对这个比较感兴趣。最近有一些大学的学生会邀请我去讲课，走近大一、大二的学生，我觉得非常热闹。我原以为退休老人或者在家里看电视的人会更关注这个节目，没想到十六到二十二岁的观众那么多。他们说喜欢静态的工作环境和特别平和的心态，看了视频后，学生就感觉学习上能静下来，会有这种心态。

我不是特别适应采访，还是喜欢在特别静的环境里踏踏实实工作。不过，去大学里宣传文物保护挺好的。现在十八九岁的孩子关注中国传统文化，等他们将来结了婚生了小孩，把他们对文物的热爱和对中国古文化的关注传递给他们的孩子。听讲座的也有家长，也有学校教师员工，带着他们的小孩，最小的小孩五六岁。我觉得，大家从小关注故宫是很好的一件事情。我知道，只有故宫才能吸引他们，我只是代表故宫的一个元素，主角是故宫，其次是文物，我是后面很小的一个关注点，应该是这样。

超级稳定

我从十六岁到现在，四十年如一日在一间屋子里工作，一直在同一个位置上。我每天早晨六点半起床，七点十分出门上班，七点四十到单位，十分钟吃早餐，八点开始工作，十一点半洗手，十二点多吃完午饭，然后休息一会儿。下午一点上班，干到四点半，开始收拾、检查，最后断水断电，五点差一刻下班。六点半左右吃完晚饭，我刷碗、收拾。七点看《新闻联播》，然后和爱人出去溜达溜达。我爱人也在故宫工作，散步时我们有时候会聊单位的工作。八点半左右回家，看看电视，看看杂志。现在有条件了，可以看看国外的关于钟表的书，英国这方面的资料多　些。十点半左右休息。几十年都是这样，习惯了。

1986年底我买了一辆自行车，车座已经换了几个，其他都是原件。以前我用它驮着小孩上幼儿园、上学。现在每天下班骑着它出北门，因为故宫很人，要走很长的路才能出去。这辆车目前状态还很好，经常需要保养。

我的工具是老工具，师傅一代用完了传到我这一代，我师傅用了一辈子，传到我手里有三十年了。这些工具有关于师傅的记忆，有一种传承感，将来我退休了也会传给下一代。这就是一个钟表室的修表史，就是一个记忆传承。这四十年我差不多修了三百件古钟表，占故宫现存钟表的将近五分之一。没修的钟表非常破，一百多年没有被修过。我们从破的钟表里选出一些来修，修好的可以拿去展览，平时还要好好保养。我平常修库房里那些从没修过的。在故宫的库房，修复好的放在地下库，那里恒温、防尘非常好；没有修的将近四百件钟表放在地上，它们的状态非常差，又残又破，锈损很厉害，修复很费工，我们基本上以抢救性修复为主。

我们家是满族，而且在旗。我爷爷的爷爷，我爷爷的父亲，我爷爷，我爷爷的兄弟和妹妹，都在故宫里工作。我父亲没有，因为1949年以后他去上学了，学的不是这个。所以，我算是家里第四代在故宫里工作的。1968年、1969年那会儿，我七八岁，周末陪着哥哥去给爷爷送饭。爷爷自己到北门来接饭盒，不让我们进去，避嫌。故宫的一草一木都不允许碰。我小时候感觉这里面特别神秘。故宫神武门演电影的时候，家属有票，晚上去看电影，看完就出来了，别的地方都没有去过。1977年我爷爷去世了，我从1973年起跟他生活，他那时候是病休状态，院里照顾他，让我接班。文物修复部门四十几个人，只有一位老领导。他带着我们在几个工作室里转了一圈，聊了几句。在钟表室，马师傅一个人坐着，挺暗的。他问我喜欢什么，给我演示钟表。我就感觉特别神奇，有声音，有小人可以动，就说我喜欢这个。过了一周，通知我上班，马师傅收我了。这就是机缘巧合。有个人退休了，空出一个桌子，我就坐到那儿，一坐就四十年。2017 年 10 月 1 日我们搬到新的地方。

我儿子上小学的时候经常来我工作室，放学了来写作业。我不允许他乱跑，也不能乱动，要想动去院子里。他最后也选择了这份工作。大学毕业的时候，颐和园招人修古钟表，他报了名，然后就被录取了。父子同行，我觉得挺好。我喜欢这个工作，做了一辈子，希望有人来接班。颐和园确实需要这么一个人，他去能解决一些问题。要先看，有把握再动，没把握不能动。第一年不允许动文物，拿普通的闹钟、挂钟等非文物练习，练习组装能力，调试，找毛病。看了一年，想了一年，有把握了才开始动第一件文物。他入行三年多，大概修了十几件古钟表。他觉得每天都挺新鲜，每一个钟表都不一样，每一个钟表出的问题也都不一样，相对前一天都是新的。他觉得，反复琢磨之后修好的那一刻，有如释重负的感觉。有时候遇到问题，他会给我发微信，我俩回家再商量。

我们在家也帮同事或朋友修一些钟表。我们家基本上不买新的，都自己修。家里有一个热水器，用了一年多就出问题了，有师傅来修，修得很糙。我们看了一遍，记在心里，下次就自己做，做得更细。这么多年一点事没有。我们都养成了动手的习惯，看什么坏了都想修。

现在"工匠"是个比较热的词，实际上它是很平淡的一个词。做好你该做的事，心不要那么浮躁，耐得住寂寞，就可以了。还有一个，甭管干什么，首先要喜欢，喜欢就能做好，就能追求极致，追求完美。工作这么多年，我很享受这份工作，一天坐七八个钟头真不觉得累，晚上业余时间也干活。我非常幸运能够在故宫里工作，而且越来越喜欢干。

"甭管干什么，要静下来"

我爷爷以前经常说："甭管干什么，要静下来。"这么多年我觉得我一直是这么做下来的。

师傅，我想对您说：谢谢您把我领进修古钟表这个门，而且培养我这么多年。

　　儿子，我也想对你说：放松，一定把这份事业干好，要静心、耐心，希望你择一事终一生，把这份工作传承下来，对咱们这个大家来说你是继承人，对工作来说你是徒弟，对咱们这个小家来说你是儿子。所以说，你一定要把这份工作做好，珍惜这份工作，把咱们这几代人的修复工作继承下去，而且要学好、修好。咱们家几代人都在故宫里从事文物修复工作。你虽然不在故宫，但颐和园的钟表跟故宫的钟表是一脉相承的文物，位置不一样，但工作性质一样。我希望你争取干四十年，跟我一样，把这份工作当成你一生的职业，当成你一生的爱好，像我一样享受这份工作。

　　谢谢了，我的家！

　　四五十年前，一个男孩来到故宫门口，给在图书馆工作的爷爷送饭。站在红墙下，他还不知道，以后自己将在这儿工作四十年。外表温润如玉，那是继承了爷爷安静稳定的工作状态；眼神是少年模样，那是专注享受的工匠之心。王津用灵巧的双手、敬畏的姿态，让穿越百年的钟表之声永不停歇。

齐·宝力高

来自内蒙古科尔沁草原的蒙古族艺术家，

国家一级演奏家，世界马头琴大师。

齐·宝力高的母亲是一个普通蒙古族妇女，在她的殷切叮咛下，马头琴带着齐·宝力高走向了越来越宽的天地。

时时刻刻跟自己过不去的男人
才能办大事

小活佛寄情马头琴，偶遇伯乐童年离家

我父亲以前是科尔沁最大的活佛。我父亲在五十三岁的时候生了我，所以我以前小名就叫"五十三"，我是小活佛，在一个庙里当了两年多第五世活佛。可是我非常喜欢音乐，他们就让我回家了。

科尔沁草原每年过年的时候，会请来很多民间艺人，有拉琴的，有唱歌的，有说书的，我听过说《三国演义》的。有一年，我听完拉琴以后，第二天就开始自己拉。从六岁那年开始，我差不多就琴人合一了，人不离琴，琴不离人。无论到哪里，我先要把琴安顿好。

我刚开始拉马头琴的时候，我妈说："你拉得不行，你去那个推磨的屋子里拉吧。"一个礼拜以后，我妈说："儿子，你进来吧，在家里拉吧，你拉得太好听了。"她是第一个承认我的人，我非常高兴。母亲跟我说："你一定要拉马头琴，马头琴是神的乐器，是成吉思汗的马头琴，你把马头琴拉好了，母亲的灵魂就上天了，你拉不好，我就回来了。"我现在每次拉琴都想起母亲这句话，只要我母亲的灵魂上天了，我也对得起她了。

我的父亲去世比较早，我哥哥不在了，我有两个妹妹，所以我母亲在牧区什么活都干，割乌力吉河边的柳条，然后晒干烧火。十岁的我帮母亲背柳条，虽然特别沉，但是我咬着牙，让八岁的妹妹帮我背上。母亲扛很大一捆，我背小一点的一捆，天天去背，不然冬天没有烧的东西。我妈说："儿子，你这么小，别干了。"我的两个妹妹，一个六岁，一个八岁，只有我能帮妈妈干活。我就说："妈，我是儿子，我不帮你谁帮你？我是儿

子，不是女儿，我一定要干！"我母亲每次生病的时候，我都坐在旁边哭。没有母亲哪有我，我真正的佛爷就是我的母亲。

那时候还有一个活，春天修河坝，每家分30方的土，要把土拉到河岸上。我虽然只有十岁，我也去，我们家的劳动力就是我。干活的时候我就拉琴，一起劳动的弟兄们在听，马也在听。我们有十个磨，一个人管一个磨，一个磨上有一匹马。大家对我说，你不用干活，大家给你管干活，你就只管拉琴。男女老少都在听我拉琴。

那时候的大自然非常好，周围那些动物也出来听，蛇、刺猬、蛐蛐、蝈蝈……那个地方没有电灯，有一个汽灯，所有的动物都在灯底下，蚊子也来。它们都来听我拉琴，我非常高兴。我相信它们肯定听得懂，音乐不需要翻译。我去过很多国家，我一表演《万马奔腾》，观众都说非常好。在非洲，我一演奏，非洲人都跳舞，帽子扔了，钱也扔了。

1958年我上学，那个时候草原上还不是村村有学校，很多村的孩子到一个地方上学。正好内蒙古实验剧团来招人，我就拿着古老的马头琴去考试了。我给团长唱了歌，拉了马头琴。团长特别感动，说："天才，你跟我走吧。"我说："我走不了，我还有母亲，要回家说一说。"第二天，我回了趟家，给母亲报信。母亲说："太好了，儿子，男子汉应该去闯。"第二天早上起来，母亲给我做了奶油炒米。母亲说："你哥哥在四平战役死了，现在不打仗了，你走吧。"她给了我十五块钱，说那是我哥哥在四平战役去世后民政局每个月发的。

我们去到科尔沁的一条河，有一个推船的老头看到我说："你这么小离开家乡，多可怜。"我母亲说："不可怜，成吉思汗九岁就离开草原，离开自己的老家了，我这儿子没有问题。"我母亲送我上了船，船走到河的西边时，我母亲还站在河的东边。那时候是秋天，草原上很冷，我看见母亲旧的蒙古袍上面还有补丁，蒙古袍底下风还吹着。有一句话叫"儿行千里母担忧，母行千里儿不愁"。我当时很小，没有理解母亲，她把眼泪全掉在她心里头了。我今年七十四岁，现在想起来六十年以前的事情，像昨天一样。一想到母亲，我就觉得母亲现在好像就在我旁边坐着一样，真的。

到了内蒙古实验剧团，领导问我叫什么名字，我说："我叫五十三喇嘛。"领导说："再给你找一个名字吧。"他拿来很多蒙文的名字，问我喜欢哪一个。我就选了"宝力高"，是"泉水"的意思。我还说，我要姓"齐"，因为是成吉思汗大儿子的后代，是黄金家族的后代，这个姓不能丢。就这样，从 1960 年起我就开始叫"齐·宝力高"。

"神经病"三改马头琴，走出国门为民族争气

那时候我们那儿没有几个人拉马头琴。我十六岁的时候，领导让我去中央音乐学院，我就来到北京，在交响乐队学小提琴、钢琴、作曲。别人都不愿意和我一起住，因为我早晨五点钟就起来练琴，中午不睡觉，晚上也很少睡觉。人家说我这个人是"神经病"。

在中央音乐学院，我感觉到马头琴是很落后的乐器，声音效果很不好。1962 年我就开始改，结果被人批判说把马头琴改成了"驴头琴"。我说，没有关系，再改。两次改造后，马头琴换成了蟒皮蒙面。

1982 年，有位作曲家写了一个马头琴协奏曲，把我请去跟他们合奏。我的马头琴虽然换了蟒皮，可是需要五分钟定一次弦。人家就对我说，齐·宝力高同志，这是协奏曲，不是定弦协奏曲，我们一百多人都得等你。我身上有二十块钱，从北京到呼和浩特的硬卧要十二块钱，我就跑去呼和浩特。早晨六点钟到，我去乐器厂找段师傅，请他改。他问我有多少钱，我回答说八块钱。他说，八块钱就给你找最次的木头做。最后声音出来了，跟蟒皮一模一样的声音。从此以后这个共鸣箱就产生了。从 1982 年开始，马头琴就变成了今天这样木制的马头琴，大家都用这种马头琴。我把社会看成人间的大学。

后来我们成立了"野马马头琴乐团"。我领着 28 个学生，不分昼夜地训练了 45 天，统一了马头琴的演奏法。世界上第一个用汉文写成的马头琴演奏法，是我 1973 年写的，1976 年我又写了蒙文的。世界上有 100 个马头琴协奏曲的话，大概有 88 个是我作曲的。

我妈还说过，一定要给民族争气，人要有民族自尊，要有国家自尊，没有这两个自尊什么都干不成。2005 年世界反法西斯战争胜利六十周年庆祝活动期间，维也纳金色大厅邀请我。那天晚上音乐会是我主持的。我说，我今天代表中华人民共和国内蒙古齐·宝力高野马马头琴乐团。我的祖先八百年前来过这个地方，八百年后成吉思汗的后代唱着和平歌、拉着马头琴又到了金色大厅，带来一曲《初升的太阳》，那是人类的太阳，和平的太阳。没有和平，有太阳也是黑暗。两个半小时的演出结束以后，很多人来看马头琴，他们不明白两根弦为什么能有这么多和声。我说，没办法，这是成吉思汗留下的乐器。我这一生就是为马头琴而生的，为马头琴而活的。我努力了五十年，总算是走向世界了。我一想又哭了，别看我是这样一个勇敢的男人，有些时候在没有人的地方我也哭过。

后来我在呼和浩特办了一个世界青少年国际马头琴艺术节，来了一千个人，排练很难，很难指挥。最后我拿了一块粗的木头，站在桌子上，三个人一起振动，就这样我们的艺术节破了吉尼斯世界纪录，马头琴历史上第一次由一千个人一起演奏。现在有五万个人拉马头琴，其他民族的人也喜欢马头琴。所以，我心里非常骄傲，同时我感觉对得起祖国，对得起我的母亲。我每天看见马头琴就有紧迫感。即便在感冒的时候，我只要看到墙上的马头琴，就要拉一个小时，拉得浑身出汗。有人说，你现在是大师了，还练琴干什么？我母亲说过，一个男人说"我行了，我已经可以了，成熟了"，这个时候阎王殿的小鬼就会在门口拿绳子把他带走，你永远说"不行"，就不会被带走。我听母亲的话，我母亲是一个很伟大的人。

"时时刻刻跟自己过不去的男人才能办大事"

我一辈子记着我母亲说过的一句话。那是我六十年前离开家乡时母亲说的一句话："儿子，一个男人要办大事的话，一定要时时刻刻跟自己过不去，时时刻刻跟自己过不去的男人才能办大事。"

我想对我的母亲说：我一辈子忘不了您说的话，您教导我说，人本身的敌人就是自己，自己的敌人就是懒惰。我永远忘不了您教导我的话。儿子我一定要对得起您，没有您的教导，我今天当不了艺术家，我今天的一切都是您给的，谢谢母亲。

我把琴声送给我的母亲，送给我的家人，送给我的民族，送给我的祖国。我最大的家就是中国，我是一个中国人。

谢谢了，我的家！

燕诗示刘叟（节选）

〔唐〕白居易

思尔为雏日，高飞背母时。
当时父母念，今日尔应知。

诗中的刘老汉提醒孩子，要记得老燕辛劳抚育幼燕的经过，要切身体会父母的养育之恩。齐·宝力高的母亲有着开阔的胸怀，劝导儿子，好男儿志在四方。他在母亲"狠心"的嘱咐下，背对眷恋的家乡，向未知的远方而去，闯出了属于自己的艺术之路。每当齐·宝力高出现，我们仿佛就能听到马头琴的声音。他和马头琴在一起，马头琴和草原在一起，草原和家在一起，家和额济在一起。

张学浩

自幼受父亲张君秋的艺术熏陶，饱受庭训。毕业于中国戏曲学校，工大武生。中年后为弘扬传承父亲创立的张派艺术，三十年潜心研习并广泛交流传播独树一帜的张派旦角演唱艺术，用十年时间创建了「张君秋京剧艺术研究会」。

张学浩的父亲张君秋十三岁先拜师李凌枫，学习京剧旦角王派艺术。同时受到尚小云先生教导。后拜梅兰芳先生为师，学习梅派艺术。他博观约取，广泛吸收艺术营养，根据个人所长，在舞台上展现出非同一般的新风貌，特别是在京剧旦角表演艺术中最重要的唱念功法和腔曲方面实现了创造性的突破，表现出强大的艺术潜质，形成了华美清新、委婉流畅、悦耳动听、美轮美奂的张派艺术。他编创了大量的新唱腔和新剧目，受到国内外观众的欢迎喜爱。张君秋为中华民族传统文化的繁荣发展做出了卓越的贡献。

你胆子真大

武生跨旦角

1993 年纪念我父亲舞台生活六十周年的演出是一场盛会，在民族宫，国内外的名角名票友都来了。我和同学聊天的时候，冷不丁听到有人说："这么多人唱张派，怎么没有他们家子女？"这句话给我一个刺激。我早期是唱武生的，但是这不妨碍我接受父亲的影响和学习父亲的演唱艺术。而且，在生活中，与父亲的零距离接触，耳濡目染，使我自然而然地接受了他很多东西和教诲。这是得天独厚的。听到这句话，我感到这事关张家的荣誉，就按捺不住了。我找到舞台监督，自告奋勇要求上场，说："加我唱一段"。

报幕员说"下一个节目由张先生的公子演唱《望江亭》"，观众很意外。我上台后，在张似云、燕守平二位琴师的伴奏下，从从容容地唱了《望江亭》选段，在观众的鼓励下又加唱了四句《楚宫恨》。一下台，我开始紧张了。我这才想起，父亲就在台下，他从没听我唱过。难以想象他看了我的戏会是什么状态。武生和旦角虽然都在京剧行里，但反差非常大，大小嗓不一样，行动作态不一样。隔行如隔山，不下一定的功夫，又唱武生又唱旦角是办不到的。我在休息室转悠，坐立不安。突然，门开了，我妹妹搀着我父亲进来了。我两腿完全僵住，迈不开步了，一句话都不敢说。我根本料不到一家之主会怎么样：臭骂我几句？劈头盖脸说"别胡来"？质问"你搅和什么"？我父亲越走越近，到了我面前，笑着说："你胆子真大！"就走过去了。没骂我，还笑了！我简直不敢相信。接着看见搀着父亲的学华妹妹，回过头来向我伸出大拇指。我这颗悬着的心才放下来，高兴得要哭！

模仿与传承

有一年我去美国，人家特意组织了两个折子戏。一个是《龙凤呈祥》，这是大青衣的戏，然后是《挑滑车》，这是大武生的戏。完全是两码事，没有一定的基础不敢上。后来我跟我父亲汇报，他说："你胆子真大！从青衣跨到武生行当，你在纽约造反了吧？"我说："您是'张大胆'，我就是'小张大胆'吧！"演完我把录像带寄给了父亲，谁来家他让谁看，嘴上说"这个小七在纽约造反了"，脸上乐着。

有一次也是许多名家大聚会，我被点名唱。我说："不行，这里都是大家，我不敢。"大家都鼓励，我就唱了几句《望江亭》。有人说，这么多学张派的，都没有这么像的。他们也没有想到，我这个大武生会唱出张派来。所以，梅葆玖先生、刘雪涛先生、钱江先生都鼓励我："张学浩，你下下功夫，一定要继承张派，一定要唱，而且到我这儿练功。"老师们的话是一种希望、鼓励、鞭策，我感到这是我的使命和责任。

此后，我一天到晚戴着耳机，一直在听我父亲唱的录音，一边听，一边回忆父亲当年的舞台形象，他在台上怎么演戏，在家里怎么排戏和教戏。他教一个学生我看一遍，他教到第十个学生，人家学第一遍，我学第十遍。这些东西在我印象里不可磨灭的。

突破与创新

我父亲的一方印章"大胆落墨"让我印象深刻。他在艺术上既尊重传统又大胆创新，所以能够有那么大的成就，对京剧旦角唱腔艺术有那么大的突破和发展。我父亲的琴师跟我说，父亲天天在家听梅兰芳、程砚秋、尚小云、荀慧生这四大名旦的唱片，把这些大师的唱片灌到脑子里。程砚秋先生的记忆力已经相当可观了，可他都问我父亲："君秋，你怎么记得住那么多唱腔？"荀慧生先生说我父亲的唱腔醉人，让人一听就醉了。我父亲太善于吸收了，而且消化得特别好。编唱腔也是，材料要备足，要会的多。要编出这么多唱腔，没有二百出戏的底子编不出来。他以前有空就守着唱片听学，存储的戏太多，量太大，用时即可随手拈来。所以他胆子大。敢于创新，敢于突破。

我父亲前面的三四代老前辈把京剧艺术基本固定了，有一定的模式、一定的规范。我父亲的嗓音天赋好，唱得很轻松。但是他觉得现成的唱腔模式不足以发挥他个人的嗓音优势，没有充分表达人物个性。这是他的不满足。我父亲年轻时天天到王瑶卿先生家里，眼看着王先生帮助程砚秋先生创作《锁麟囊》的唱腔，等于上了作曲课，他就明白了还能这么唱、还能这么拐、还能这么用。慢慢地他就尝试变动。他把《大登殿》里一段原先比较直白的唱法做了非常微小又微妙的变动，柔了一点、俏了一点，更透着对薛平贵又亲爱又骄傲的感觉。王瑶卿先生是祖师爷，听说有点改动就问我父亲，父亲说这样显得王宝钏的心情更微妙。王先生听完他试唱后，当时没说话，后来给学生说《大登殿》那一段的时候，就告诉学生，现在君秋有一点变动，大家可以学一学，这就是王先生对我父亲的认可。从那以后，我父亲就胆大了。后来的《凤双栖》《怜香伴》《南山化蝶》《望江亭》《彩楼记》《秋瑾》《状元媒》《西厢记》《秦香莲》，没有一出不是系统创造的整套唱腔，既新颖，又适合他自己演唱。一演成功，一鸣惊人，迅速传播。张派也就是从那时候被叫起来的。

我父亲就是这样一直大胆地求新求变。他的艺高人胆大是积淀的展现。"艺高"指他会的、接触的、看到的很多，他吸收了深厚的文化，不断积累，能量储备到一定程度就水到渠成了。"胆大"就是文化自信，就是底气足，能量储备够，很多功夫在戏外。厚积薄发，就能举重若轻，事半功倍。

"你胆子真大"

我胆子大跟我们的家庭氛围、跟艺术的接触都有关系，看父亲演出，培养了我这种大胆的精神。我父亲小时候胆子也大。他十五岁开始登台，跟一位叫王又宸的大牌唱戏。第一次演出，我父亲一点都不怵，一个大牌，一个小孩，往前一站，你一句唱，我一句唱。唱完王先生说："这个小丫头挺厉害的，一点都不让我的，真行！"等我父亲卸了妆，王先生一看，惊呼道："原来是一个小小子，怪不得胆子大！"

我父亲两次在重要场合对我说"你胆子真大"。我想说的是，大师传下来的是一种精神，既尊重传统又大胆创新，这是时代的精神，希望张家后人和所有张派人都能够把这个精神传承下去，给大家带来更多的欢乐和精神上的愉悦。

谢谢了，我的家！

胆大，其实是底气，是实力，是功夫，是准备，是积累。功夫下到位了，积累的能量足够了，就水到渠成了。大胆创新，不是没有基础的为所欲为。艺高人胆大，其实是拥有了实力之后的独辟蹊径。

蒙曼

满族人，五岁上学，北京大学历史学博士，中央民族大学历史文化学院教授，著名历史学者，主要研究隋唐五代史及中国古代女性史。

蒙曼的父母都是教师，在经济拮据的情况下依然经常买书。蒙曼离开父母去上高中后，经常与父母书信往来，在感受家庭温情的同时，还传承了父母为人处事的教诲。

诗必盛唐

满门读书人

我们一家人都爱读书。

我爷爷是医生，喜欢读书。那时候书少，他就用毛笔在毛头纸上抄《伤寒论》，1956 年以前家里没有电，他就点着煤油灯抄书。他还对我爸爸说，要读万卷书，不读书将来不会成事。家里没有书柜书架，有一口大缸，里边都是书，放着《论语》《孟子》《中庸》《大学》《金刚经》等。

我母亲小时候住在县城，从小学到家的中间就是书店。放学回家她一定是先到书店多看一会儿书。看了好多书，慢慢培养出了看书的兴趣。一天不去书店看书，就觉得没有完成当天的事。我母亲看书速度非常快，最近一周之内看了叶广芩老师的《小放牛》、姜淑梅老师的《乱时候，穷时候》。这也就罢了，老太太最近看我的博导荣新江教授的《敦煌学十八讲》、企业家冯仑的《岁月凶猛》、格非老师的《春尽江南》。这不是七十四岁老人家应该看的书，可她就是好奇。《敦煌学十八讲》很专业，一般人会看得云里雾里。其实她对内容本身的兴趣不是很大，她是想通过这本书靠近我，看看哪些需要提醒我。我母亲知道冯仑是一位成功的企业家，按理说很忙，但是他抽出时间写书，还在思想方面挺有研究，写的东西又很贴近生活，这个促使她看《岁月凶猛》。

从前在县城的时候，我们家买书有 VIP 待遇。县城不大，只有一家新华书店，经常买书的人店员都了解。书店的张叔叔离我们家不太远，每到来新书的时候他就骑着老式二八车送来一个书单，父母当然会先选一轮，但我和哥哥也有发言权。当时有中国古典四大名著，也有外国文学名著《简·爱》《呼啸山庄》《三个火枪手》，当然还有小人书。我们买过老版的《水浒传》。我爸爸其实不太主张看小人书，总是说"小人书少看"，不过小人书还是一本一本买回来了。

有的时候我和哥哥选书会打起来。我印象很深的一次，我们买到了《红岩》和四册一套的《福尔摩斯探案集》。我父母认为《福尔摩斯探案集》是给哥哥的，因为哥哥十几岁了。他们认为我比哥哥小四岁，看不懂推理性质的书，让我看《红岩》，看革命传统故事。可我一下就被福尔摩斯的礼帽和烟斗的剪影深深吸引了。最后，我得到了《福尔摩斯探案集》第二册和《红岩》。《福尔摩斯探案集》里每一个故事都很独立，事先不了解福尔摩斯和华生之间的关系没什么影响，而且那也是一下子就可以明白的，反正是一个大人物和一个小助手，一个探案者和一个作家，从第二本看起也可以。

其实我看人民文学出版社的《红楼梦》也是这样。我是从第四册看起。当时我上初中，成绩不是太好，父母觉得是看闲书造成的，就把书都封在床头的柳条箱里，还上了锁，再压上各种杂物。我就趁他们午休去偷钥匙。当时我很小，个子不够高，勉强把压着杂物的盖子推开，没有办法探头看箱子里面，心里非常紧张，随手摸出来《红楼梦》第四册，赶紧锁上柳条箱，还回钥匙。看完第四册找机会再偷钥匙，打开柳条箱，摸到一个空隙，把第四册插回去，再抽一本，很可能是第二册。所以，我是颠三倒四地读完了《红楼梦》的第一遍。书非借不能读也，我这是"书非偷不能读也"。

而且，书每一遍读有每一遍的味道。比如《红楼梦》，一个年纪有一个年纪的理解。我小时候看好多东西不理解。比方说，宝玉挨打之后，黛玉劝宝玉"你从此可都改了罢"。我当时就想，既然是知己，应该鼓励他咬咬牙再反抗，为什么说"你从此可都改了罢"？长大之后才明白，你要是真爱一个人，就会心疼，就不希望他挨打，哪怕是为了理想，宁可不要他这么执着，至少先要保全。所以，"你从此可都改了罢"这一句话里深情无限。

我们家有二十几个书架，墙边全是。一般人家里客厅摆电视的位置，是我家最主要的摆书架的地方，因为那个地方最大，可以放一排书架。人家装修的时候都说打组合柜、高低柜，我们家就是打书柜，打得顶到天花板。

不是一家人，不进一家门。我哥嫂家里最重要的位置也是书架。我哥哥最近乔迁新居，我说我就送你买书基金，你们一家三口，一人一千，去充实新家的书架。我哥哥拿了三千块钱，立刻去图书大厦买书。我哥哥影响我嫂子看书。我嫂子是理科生，我哥哥觉得理科的书他看不懂，但是他看的书嫂子应该看得懂。哥哥和嫂子谈恋爱的时候，我们家发现书"丢"了，原来书架挤得满满的，渐渐地，这儿松了一点，那儿少了一点，越来越松。后来嫂子嫁过来的时候，嫁妆里有一摞书，就是我们家原来书架上少的书，《呼啸山庄》《简·爱》《傲慢与偏见》《红楼梦》等等。我们家人这才知道，这是哥哥追女孩子的一种方式，以书为媒。书作为谈情说爱的礼物最好了，一借一还至少有两次谈话的机会，没有话题就可以谈谈书，谈谈两个人的心思如何，志趣如何，兴趣点如何，以后还可以有的放矢。我觉得这是挺高明的一个做法。

四位教书匠

我父亲原来是学英语的，后来做了语文老师，教龄三十二年。他跟我讲，老师备课有"三备"：第一要备课本，了解教材；第二要备学生，了解学生；第三要备家长，知道学生的成长环境。这样才有可能知道用什么方式让学生亲近书本、喜欢学习。

我母亲当了三十年英语老师。20 世纪 80 年代，我母亲教英语，当时学校旁边是工地。她在上课之前让学生看砖墙砌到多高，下课了再去看。然后问学生："人家工人一堂课垒了这么高的墙。咱们一节课没有收获的话，怎么对得起外面的工人呢？"

我哥是政治老师和历史老师。

我到现在当了十五年老师，一直听着两位老师跟我讲教育，就像当年我父亲说的"诗必盛唐"，要"取法乎上"。也许我备不了那么多学生，但是我知道学生背后还有值得探究的东西，这个和我们的历史研究方式是殊途同归的。

我父亲写字好，以前过年的时候他就大显身手，给左邻右舍、同事朋友，几乎给所有认识的人，都写过"福"字，写过春联。当时对联的成书很少，基本凭记忆，而且纸不断送来，写完上一副不一定能马上想出下一副，因为不能重复，否则人家不高兴。有时候我父亲连着写了好几副，一时写不出来，我们就在旁边提示，七嘴八舌。有一次我就说："短墙外，数声鸟语。小窗前，几点梅花。"我家老爷子说："挺好，你记忆力挺好，挺应景。但是过年别给人家写'短'和'小'。"他临时改成："窗外数朵梅花艳，墙边数声鸟语新。"我们家现在还贴春联。去年是："天将化日舒清景，室有春风聚太和。"今年是："风来喜际承平日，春到每祈大有年。"

我小时候家里有一件最美的事。冬天，当我们一觉醒来，窗上结成一层窗花，我父亲在窗花上写诗，"北国风光，千里冰封，万里雪飘"，"大江东去，浪淘尽、千古风流人物。"而且他写得一手好字。我们家窗子小，所以写不了长诗，他只能遗憾地说"罢了罢了"。第二天又有不一样的窗花，他再写。我最早看诗词就是看我父亲在窗花上写，他写字的形象定格在我的心中。

"诗必盛唐"

1984年我十岁的时候，我拉着我父亲去买人民文学出版社的《清诗选》。买完书我父亲跟我说了一句："这书你可以看，但是'诗必盛唐'，要看诗还是唐朝的诗更好。"学了历史和诗词以后我才知道，这是明朝"前七子"的文学理论。看完《清诗选》后我看《唐诗三百首》，清诗小，唐诗大，清诗软，唐诗硬，清诗薄，唐诗厚，一比就比出来了。

那句话给我留下很深的印象。读书就是这样，你要是"取法乎上"，选最好的书看，也许你理解到中间的层次，你的思想进步到中间的层次。做事也是这样，以最高的标准要求自己，像我们做老师，应该以更高的标准要求自己，也许做不到最好、做不到教育家，但是至少不是一个特别差的老师。父母整天跟我讲："你要念那种踮起脚尖才能看懂的书，你要交那种让你心生敬意的朋友，你要做那种费点劲才能做到的事。"这就是我的成长过程。

2020年是我父亲和母亲的金婚年。我和我哥哥一直在暗中想，父母在我们心中最神圣的位置到底是什么？最神圣的形象到底是什么？我想到评书里说到重要人物时常说的一句话：擎天白玉柱，架海紫金梁。父亲是我们家的"擎天白玉柱"，让我看到地有多广、天有多大，让我在一个小县城很早就知道苏格兰的高原、俄罗斯的森林，知道"秦时明月汉时关"。母亲是我们家的"架海紫金梁"，是我们的精神重心。我从她那里知道，世界上有汉语，也有英语，有各种美丽的语言，我们可以通过语言，把自己的所知所能传播到世界更广远的地方，以更好的姿态生活在美丽新世界。

谢谢了，我的家！

明史·李梦阳传（节选）

文必秦汉，诗必盛唐，非是者弗道。

　　明代从弘治、正德之交到隆庆、万历之替的近百年间，以"前七子"为代表的复古摹拟文艺思潮在文坛占据重要地位。"前七子"即李梦阳、何景明、徐祯卿、边贡、王九思、康海和王廷相，他们提倡学习古人的格调和法式。"前七子"在倡导"文必秦汉、诗必盛唐"的同时，更主张灵活多变，更注重表达真性情，更追求创造意境，也就是推崇神与境会、妙合自然。

　　"前七子"的理论是否公允另当别论，蒙曼的父亲引用"诗必盛唐"，是在引导女儿正确地读书，要专读，要细读，要读精，要读透。

张 宇

『泥人张』世家第六代传人，著名彩塑家、艺术家，中国首批国家级非物质文化遗产代表性项目代表性传承人之一。代表作品有《旅程》《紫气东来》《孔子抚琴》。张宇不仅继承了祖辈的技法与精神内涵，更使『泥人张』与时代融合，形成了独特的风格。

"泥人张"创始人张明山，心灵手巧，善于观察和想象，十八岁时为名角余三胜塑就戏装像《黄鹤楼》，凭一手绝技获得艺名"泥人张"。徐悲鸿惊叹于他作品的"比例之精确，骨骼之肯定与传神之微妙"。第二代传人张玉亭的作品曾获巴拿马万国博览会荣誉奖，他的名作《钟馗嫁妹》被西方人誉为"中国第一部批判现实主义的艺术作品"。第三代传人张景祜先后受聘于中央美术学院、中央工艺美术学院，在"泥人张彩塑工作室"培养了一大批彩塑艺术专门人才，其代表作有《将相和》等。第四代传人张铭一生创作近万件，代表作有《蔡文姬》《杜甫》《黄道婆》《白族少女》等，他多次举办彩塑创作班，培养了近百名专业艺术人才和近千名爱好者。第五代传人张乃英是天津艺术博物馆创作员，代表作有《白求恩》、水浒人物群像、鲁迅小说人物等，筹办"泥人张美术馆"。

　　天津的"泥人张"彩塑已经有二百年历史，以形象生动、色彩丰富深得百姓喜爱。

"泥人张"已经结束了

传承就是创新，创新就是传承

我爷爷和我父亲都认为，我们的记忆跟随人走，泥塑是很独特的、个性化的一种手工艺，每个人是不同的。我们虽然也从事雕塑艺术，有泥塑的风格，但已经不是最初那个"泥人张"了。从那个意义上来讲，最初那个"泥人张"的泥人彩塑的性格和特点随着前辈去世已经失去了。我觉得这更像是一个个性化的结束，但并不是消失。生活年代、技术和生活情趣不同，会造成技艺上的差别，两代人在技巧上有完全不同的主张。每一代是重新开始的，从作品上可以看出代与代之间的差异，第一代作品的风格就像一幅工笔画，每一个地方都很严谨细腻，每一个颜色、每一个线条都是经过仔细推敲处理的，而我的作品就比较随意，对形体的把握没有那么严谨。不变的是我们塑造形象的写实主义，形象没有变，写实的方法不一样。上一代的写实把人物慢慢拉长，把人物的细节概括掉，让人物像美颜一样，很光滑平整的效果，但是在我这一代就没有了。

在我看来，近亲之间技艺的传递会造成技艺的退化，我们家族里每一代人的老师并不是自己的父亲。父亲会为自己的孩子挑两三位老师，教他美术。在我们家族，小孩子是六七岁进作坊，有一个游戏和玩具的过程，这个事情是很好玩的，给你一个泥巴捏，或者让你磨墨。人们觉得技巧是一个东西，可以传给下一代，其实是没有办法给的，父亲也没有办法给我。技巧不是一件东西，只有经历过后才会传达到手里。在我们家庭里，最重要的一点是，每一代陪伴后代走自己曾经走过的路，传递情感和精神，但是所谓外在的技巧其实没有一点点地手把手地传承。我觉得，这就造成了我们六代人各有风格，每代人都很独立，都很独特。

我们家的模具只有小部分传了下来。在清末和民国的时候，还没有摄影技术，照片不清晰，做完作品给人家以后，就留下模具作为纪念。第二代从小学艺，到十五六岁的时候，第一代就基本上不再教了，在交接的时候，第一代问第二代想不想做这个行业，第二代如果想干，第一代就销毁模具，一件都不留下来。因为模具既可以成为后代学习的方向或者帮助创作的工具，也会让后代偷懒。第二代要完全凭着自己的经验，重新经历一个学习的过程。

我们有一种精神，就是创新。第一代的作品可以叫作古典主义的传统作品。其实第一代的作品也是创新的，因为在那之前没有小型的家常雕塑。我们家族第一代认为，独特创新出自己的风格才是唯一可以被传承的精神，留下来的作品是那个年代的，不应该被家族传承。我们每一代都会有自己的改变，不管成功与否。不断追求改变的精神和状态，是我们家族一直传承的。我总是说，我们的技艺总是在变化，我们的审美情趣、作品的风格总是在变化，因为时代在改变。

从我爷爷到我父亲都强调必须改变,所以,改变是我们家族血统里非常重要的基因。我觉得,正是改变使"泥人张"从一个人变成一个六代家族,它的精神没有变化,而雕塑风格在家族里一直是鲜活的,不断在改变,前人的作品在他们的历史时期是优美的,后面的人不断否定前面的人。随着历史不断前进,把这种技艺做成有生命力的传递,可能是这个家族最大的价值,也是它到今天没有衰弱、衰败甚至消失的最重要的原因。我们从来不会停留在某一个点上,也不否定历史,不否定之前的风格,我们只是把那个风格放在那个时代,然后去做这个时代该做的事情。

在矛盾中成长,在危机中变革

社会和技术的变化在影响着我,也影响着整个行业。3D 打印技术刚刚出现时,说严重点,我感觉像天塌了一样。我花了很长时间去做一件有意义的、很珍贵的事情,可是有一天这件事情突然毫无意义了,利用 3D 技术马上就可以完成。就像摄影和绘画一样,摄影来了,绘画就受到冲击,然后有了很大的改变。但是绘画还在,因为有些东西是不变的。所以,我快速地改变自己内心所认为的这个行业的很多规则,重新认识未来行业的变化,未来行业的标准。可能在未来的某个时候,我的作品就是一小段程序。大家可以在自己家里复制出来,或者经过物流送到家里。人们还欣赏你的手工作品,但更多的家庭可以选择更方便快捷地得到艺术作品。我唯一能做的就是适应这个变化。对"泥人张"的情怀可以在小范围内使小部分技艺暂时存在,不会被时代遗弃。

更年轻的人,比如我儿子,他们接受全新的东西、全新的概念非常快,而我的接受有一个转折的过程。我跟我父亲两代人之间的隔阂、差异,我们对作品不同的看法,也是在我大儿子这个年纪产生的。历史好像突然轮回了,只不过我变了位置。我既感到欣喜,也感到有些失落。孩子长大了,不再依靠我了,慢慢成为我的生命的延续,成为完全不一样的生命。我对我父亲的理解加深了一层。

我看到儿子对新技术很了解的时候其实很欣慰，这一行业和技巧从我到儿子的转折和变化在不知不觉中完成了。对泥人彩塑来讲，这个变化一定会产生，在儿子最好的年纪悄然发生变化，是很幸运的一件事情。其实每一代都有颠覆性的改变，有新形象的出现，使这个品牌所代表的技巧、风格不断地随着历史前进而存活下来，它是活的，有自己的生命。我相信我的后代会把这个活跃的生命继续传递下去。未来的世界是孩子们的，我不懂那个世界，我做好我的事情就可以了。我能够知道的就是，创新，对新时代、新社会的适应，人们对美的追求，是不会改变的。有这些在，就有他们自己的发展形式和方法，不应该是我告诉他们该如何去做，而要他们自己去经历、去学习、去实践，在实践中完成自己的成长，同时把家族的创新精神传递下去。

在未来的世界，技术上的变化、技术替代技巧，是我想象不到的。未来的世界对"泥人张"这个品牌的影响一定是巨大的。我想让孩子们知道，品牌是跟着人的特质产生和传播的，并不是有了这个品牌别人就必须尊重一个人或者一件作品。一定要用自己的作品去证明自己的价值，用作品表达自己对生命的感受，在新的时代让人们接受你，接纳你的作品。你的表现、你的创作，使品牌对人们产生影响，从而使品牌有价值，品牌才会继续传递下去。我们这六代人，用自己的实践和成功，使"泥人张"被人们记住，不被遗忘。我也希望孩子们不让"泥人张"消失在历史的长河里。

其实我和父亲在"泥人张"这个品牌的认知上不一样。我父亲经历了很多事情，尤其是在1991年、1992年的时候，"泥人张"被注册成商标了，张家后代不能用了。五十多岁到七十多岁是我父亲技术最成熟的时期，可他完全投入到诉讼里。他一直跟我说，要坚持到底，要用法律把"泥人张"保护好。虽然最后打赢了官司，可在我看来父亲过于固执。我认为，可以让学生合理使用，可以继续教学生，他们也是"泥人张"的传人。我父亲认为，这样教会让这个品牌丢失，会有假冒伪劣。我慢慢地和他越走越远，很少见面。在他去世前的两三个月，他跟我说，他这二三十年太固执了，这个时代变了，人们不再拿它赚钱，人们开始认识到它的文化价值。我和父亲在那一刻和解了。对于这个品牌，其实我们两个人都看淡了。人们现在知道，文化品牌所具有的意义应该是文化传递，精神传递，文明传递，而不仅仅是商业价值，所以人们不再把它当作商业开发的对象来认知。

我父亲去世之后，有一天我忽然发现，我之前跟他的矛盾，在技术上的不认可，其实也是一种传承的方式。传承不一定是你说好我说好，不一定是共同研究，也可以表现为激烈的矛盾，看似激烈的矛盾可能是更有利的传承方式，大家可能因此联系更加紧密。我父亲对我的传承，其实是在各种矛盾中悄悄完成的。我以前总说我没有跟父亲学过，没有传递过程，我是从零开始的。那时候我只看到了事情的一面。父亲的不满、退出、矛盾，其实是一种强烈的态度和强烈的传承。现在我自己做了父亲，对很多事情有了新的感受。孩子们已经开始否定我，他们所有的技巧、设想跟我不一样。我那个年代信息没有这么发达，交通没有这么方便。对于他们来讲，地球更像是一个小家庭，他们可以随时到各个地方，他们的信息传递更快，可以看到各个地方的信息。这个世界有了新的生存方式，有了新的情感传递方法。艺术还会存在，但他们表达艺术的方式可能跟我完全不一样。

中国的雕塑艺术非常博大，泥人彩塑是中国古典雕塑中非常小的一支。我们六代人不断调整，不断寻找存在的方式，延续到今天。其实最大的价值就是这六代人为这一件事情付出同样的情感。有一次拍照的时候，我仿佛看见摄影师后面站着那五代人，他们在看着我，他们和我有血缘关系，我是他们生命的传递，他们的目光里有非常殷切的希望，甚至还有一点对我工作的褒奖。那一瞬间，我体会到一种力量和泥塑本身的安定、宁静。

"'泥人张'已经结束了"

从我爷爷到我父亲、一直到我，其实有一个共同的认识，我们认为"泥人张"其实已经结束了。所以，我们每一代人都致力于创新。我想对我的前辈说：我的工作可能很不出色，但是我毕竟完成了"泥人张"世家在我这几十年的传承、传递、创新，人们依然还接纳它，关注它，"泥人张"

时
光
瓶

277

的特殊技艺和彩塑风格在一段时间里依然在传承，依然在生长。

我想对我的儿子说：希望在未来的二三十年里，你们可以慢慢地超越我，或者用你们的实践、用你们的作品、用你们的艺术经历，表达你们的情感、你们的人生经历、你们对生命的热爱，使"泥人张"艺术在未来有新的形象、有新的形式、完成生长的继续。在未来的时代，希望人们会因为你们而记住这个艺术家族，记住我们的前辈。

谢谢了，我的家！

读经典

后汉书（节选）

〔南朝宋〕范晔

伦有才学，尽心敦慎，数犯严颜，匡弼得失。每至休沐，辄闭门绝宾，暴体田野。后加位尚方令。永元九年，监作秘剑及诸器械，莫不精工坚密，为后世法。

自古书契多编以竹简，其用缣帛者谓之为纸。缣贵而简重，并不便于人。伦乃造意，用树肤、麻头及敝布、鱼网以为纸。元兴元年奏上之，帝善其能，自是莫不从用焉，故天下咸称"蔡侯纸"。

造纸术是中国古代四大发明之一。蔡伦改进材料造出纸张的过程，表现了中国古代工匠精于研究、大胆创新的品质。"泥人张"也是如此。随着时代的转换，张家在艺术追求上不停地变化，不断寻求突破的家族。每一代都在"结束"，下一代都要重新开始。

曾凡一

美国宾夕法尼亚大学医学和理学双博士，上海交通大学医学遗传研究所所长、研究员，国家重大科学研究计划项目首席科学家，主要从事医学遗传学和发育生物学研究，其研究成果引起国际医学界关注，两次（2006年、2009年）入选中国『十大科技进展』。同时，跨界音乐领域并小有成就。

曾凡一的父亲曾溢滔是中国工程院首批院士之一，医学遗传学专家，中国基因诊断主要开拓者之一。曾凡一的母亲黄淑帧长期从事医学遗传学和胚胎工程学研究，三十多次荣获国家级、省部级和上海市的重大科技成果奖。

一心多用是一门艺术

五彩的童年

我的父亲曾溢滔是遗传学专家，长期从事人类遗传性疾病的防治以及分子胚胎学的研究，1994年当选中国工程院首批院士。我的母亲黄淑帧是上海交通大学儿童医院终身教授，第三届"新世纪巾帼发明家奖"获得者，"新中国60年上海百位突出贡献杰出女性"之一。他们建立了上海遗传研究所，在医学遗传学领域取得了杰出的成果。同时，他们都有一颗热爱艺术的心。

小的时候我曾经以为他们是搞艺术的，因为我们常常和一群叔叔阿姨聚会，聊天、弹琴、唱歌。后来我才知道，这些叔叔阿姨各有不同的专业，他们聚在一起就是在非常温暖开放的艺术环境中交流。我父母很互补。父亲写小说、画油画、摄影，喜欢交响乐，还会干木匠活。母亲七岁开始学习钢琴，在唱歌和话剧表演方面天赋异禀，曾经用美声唱法唱《蝶恋花》并得了大奖，会唱越剧，还会设计珠宝、制作饰品。

小时候家里穷，五岁前我没吃过糖，但我很早就开始接触钢琴。那时我们家不可能有钱买钢琴。我母亲常常哼唱旋律，她那优美的女高音给幼小的我留下了深刻的印象。为了让我学弹钢琴，我母亲在一个大硬纸板上画白键和黑键，让我练指法。每周一至周六我纸上弹琴，周日去父母的钢琴家朋友的家里真正地弹琴。我很期待那一天，因为除了弹琴和唱歌，还有很多艺术家朋友聚会。后来父母看我很有兴趣，就攒钱去旧货市场买了一个没有声音的破风琴，然后花了好几个月的时间一个零件一个零件地修，直到有声音出来。过了一段时间，用风琴锻炼不够了，他们借钱买了一架 66 个键的小钢琴，最后我才弹上 88 个键的大钢琴。他们想了各种各样的办法解决问题，没有条件就创造条件，心灵手巧。比如说，那时候市面上没有五线谱，我父亲用五支圆珠笔捆成一排画线，我母亲画上音符，她会编谱。我第一次在幼儿园表演《我爱北京天安门》，用的是一个阿姨的琴，琴谱是我妈妈配的。在那个年代，大家生活比较简单，有钢琴的家庭很少，像我这样没有钢琴还折腾弹钢琴的让人觉得异样。

还有一个印象非常深的，对我后来的科研工作影响非常大的，就是冲洗相片。当时周围的小朋友只知道去照相馆拍照片、取照片，但我们家里是自己土法上马印放照片。父亲花八元钱从旧货店里买来一个照相机，把它装配成照片印放机器。他教我照相，然后冲胶卷。印放照片需要在暗室操作，但邻居家开灯的时候光会从墙缝里透过来，所以要等到深更半夜大家都关灯睡觉了，我们把窗帘一拉，小卧室就变成小暗室。我爸爸先用自制的照片印放机给照片纸曝光，然后按摸索的时间交给妈妈显影，妈妈把相片放进自己配制的显影药水中显影。他们一翻倒腾之后，我很激动地看到人像的眼睛渐渐出来了，接着鼻子、嘴巴出来了。然后妈妈就交给我做定影，就是把显影好的照片放进定影药水中，在清水中洗一洗，晾干。我们可以把相片放得很大，后来我们还可以冲洗彩色相片了！我在冲印照片的过程中除了享受到优美照片出来时的欢乐，还从小就感受到做任何一个实验都要像印制照片一样严格按程序一丝不苟地操作完成。

科研 ＋ 音乐

从小父亲就对我说"一心多用是一门艺术"，父母的启蒙教育在我的中学时期得到了强化，我慢慢地掌握了一心多用这门艺术。

我在上海育才中学六年，校长强调学生要全面发展，学校安排有体育锻炼课，女孩子跳舞，男孩子打拳。我父母一直反对死读书，反对死记硬背，主张学习的时候穿插其他事情。长大了，我理解了父亲的话，"变换工种是最好的休息"。后来我在美国做实验的时候，在实验的间隙时刻，很多人瞎聊天，我这时就可以想出一个旋律。我就是这样分秒必争，交叉做事，这件事做累了就做另一件事。

不过，掌握一心多用需要一个过程。一开始我学这学那很开心，到后来越学越多，越钻进去发现需要越多投入，在这个过程中要选择确实比较难。

我高中的时候一直弹琴、跳舞。1984年，上海举办首届外国流行歌曲大赛，评委中既有英语专业老师，有也音乐专业老师。我母亲鼓励我报了一个独唱，经过多轮的竞争，我最终得了独唱第一名。专家说我的声音低沉圆润，很有特色。有很多唱片公司想和我签约。虽然我很喜欢音乐，但毕竟出生在一个科学家家庭，最后还是选择了读大学、搞科学。由于父母的潜移默化影响，我在大学里往两个方向发展，主修生物，还修完了音乐专业所有主课科目。

大学毕业之后我报考美国最古老的医学院，六千多名考生中只有九百名可以参与面试，最后录取一百五十名，其中可以攻读双博士学位的只有六名。鬼使神差地，我带了一个小录音机和自己的录音带去。当考官问我除了科学还有什么兴趣爱好，我就放我的歌给他听，他说真棒。我就这样被录取了，攻读双博士学位，而且获得了全额奖学金。进校之后我才发现，曾经无意中的一心多用正是我迈进科学大殿非常关键的一步。虽然这是一所培养医学界领袖的学校，但是我的大多数同学都另外有一技之长。有一个是美国东部体操冠军，有一个从著名音乐学院毕业的独奏钢琴家，有一个在夏威夷管弦乐队独奏，有一个是美国国家航空航天局的宇航员，还有一个写历史书还得过奖。也就是说，如果我没有自己的音乐作品，估计很难进入这样一个著名的学府。在这里，大家来自不同的领域，有不同的背景和爱好。医学是一门自然科学和人文交叉的学科，要和病人谈心，要进行人与人之间的交流。我们有一个同感，专业以外的东西可以给专业本身带来更多想象力、更多空间。科学和艺术是相通的：艺术给科学插上想象的翅膀，而科学让艺术从梦想变为现实。

面对二选一，我觉得，从狭义讲可能是放弃，但是从广义讲不一定是放弃。比如说我在读双博士过程当中，读了两年之后应该要从生物课程换到医学课程的关键时刻，这时我突然有了丰富的音乐制作灵感。我买了一个电子琴，一天作一首曲。正好我父母到美国开会，在开车从华盛顿到加拿大的路中，我和他们商量想搞音乐这件事。我父亲说，人的创造灵感是有时间的，这个闪光点应该抓住。我父母看到了我的创作欲望和火花，认可我的作曲，非常支持我休学，回到北京，做音乐。没有父母的鼓励和支持，我当时未必会决定休学，是他们珍惜我的创作灵感，是他们推了我一把。回国之后我又一心多用了。在音乐方面，我参加了电视台的海外春晚，录制了个人专辑，拍摄了音乐电视，两次获得中央电视台MTV大赛特别荣誉奖，在中国和美国举办了多场独唱音乐会。在这个过程中我走出校园，和社会有了接触，学到更多做人做事的道理，开阔了思维。同时，我在父母的大动物基地做实验，以牛和羊的奶为原料制药。这种切换很有意思，比如我们三个人在去基地的路上，可以谈科学，可以唱歌。当然，一旦切换了就要专注。快速切换是长期训练的一种能力。

　　2017年5月27日，我们在广东的国际生物岛庆祝父亲七十八岁生日。我们一家三口三重唱《小路》。那次我把我的研究团队也带去了，那是我的大家，我们在实验室有时候唱唱歌、谈谈理想。我们把这个文化传承给了上海医学遗传研究所，每个人都要有不同的兴趣爱好，做一个多元的、快乐的、五彩缤纷的人。我觉得，做事情的时候要享受每一分每一秒，尽一百二十分甚至尽二百分的热情对待生活、对待这一个时刻，抓住每一个时刻，尽情享受每一个时刻，赋予每一个时刻我所有的一切。

我现在还在做音乐，做一个三部曲，反映我自己的过去、现在和未来。科研是我最重要的事业，我从小和父母住在实验室，睡眠时间很少，别人说很苦，但是我很快乐，而且音乐让我保持灵感和创新。工作累了，想破头也想不出来的时候，就唱唱歌，吹一曲萨克斯；夜里灵感来了，就作曲。这样既是一种休息，也是练习音乐技艺的好办法。我到老还会做音乐，还会在科学上有自己的追求。另外，我们三个人一起工作一起唱歌，不管做什么事情，都觉得心在一起，就感觉暖洋洋的，特别开心。这二十多年，我们一家人研究乳腺生物反应器，希望以生产更低成本的药品服务患者。

"一心多用是一门艺术"

时光瓶

我大概五岁的时候，邻居对我爸爸妈妈说："你们这小孩子一心这么多用，学这么多东西，你们将来会把她折腾死的。"我爸爸后来悄悄对我说："一心多用是一门艺术。"我当时记住了这句话，不过没有完全理解。现在回想起来，我越来越深地体会到这门艺术。

在掌握这门艺术的过程中，我一直热衷于科学研究，同时热爱音乐，我的目标是做一名优秀的科学艺术家。生命是丰富多彩的，是五彩缤纷的，而人生充满了无限的可能。一心多用是一门艺术，让我的人生完美。

一直以来，我都觉得自己是如此幸运，生长在这么美好温暖的家庭。我小的时候，他们带着我探索世界的奇妙，教我弹琴、跳舞、冲照片、做实验。长大后我越来越深切地体会到，这些就是我最珍贵的财富。我如今走出的每一步都在践行这句话，我的人生也因此变得更加精彩。父母这么多年的一言一行都影响着我，让我看到科学在孕育着艺术，而艺术是一种科学的表现。就像 DNA 里的双螺旋一样，科学和艺术是我的双螺旋，让我的人生交织成完美的曲线。希望我们曾家有更多的人能够找到自己的双螺旋。

谢谢了，我的家！

早年我曾经在一个晚会上见到"水稻之父"袁隆平先生拉小提琴，顿时我觉得他非常亲切，我没想到他还有这一面。其实，每个人如果能展示自己生活的多个方面，自己又很享受这个过程，那真是挺美好的一件事。未必所有人都有这样的机会，或者，就算有人有这个机会，未必父母都能看到。在这一点上，曾凡一是幸福的，她可以和父母一起，快乐地享受五彩缤纷的"多面人生"。

刘 轩

茱莉亚音乐学院毕业生，哈佛大学心理学博士。曾任波士顿慈善教育机构 Citystep 音乐指导、剑桥 WHRB 电台『Rhythm 95』节目制作主持人。现在是散文专栏作家，主持人，音乐制作人。

刘轩的父亲刘墉是美籍华人作家、画家，著作有《迎向开阔的人生》《把握我们有限的今生》等。他常常以"人就这么一辈子"告诫自己和别人，"不能白来这一遭"，因此，要"抓住时间，以改善自己、改善环境、改善世界"。

现在几点钟？

八岁小移民

小时候我对父亲的一句话印象很深刻："现在几点钟？"而且是用英文说："What time is it？"

我八岁的时候移民去美国，因为人生地不熟，语言不通，原本比较大胆的我变得非常害羞。那时候我父亲经常带我出去。有一次，他带我去看电影，我非常开心。买爆米花的时候他说："我没有戴手表，你去问一下店员现在几点钟。"我吓坏了，说："我怎么问？"他说："你知道怎么问啊，你就用英文问人家。我先进去了，你没有问到，所以你不要进来。"然后，他转身就走，留下我在大厅里瑟瑟发抖。迟疑了一会儿，我只好鼓起勇气去问店员，惊慌中甚至用错了语法："What time it is？"见店员丈二和尚摸不着头脑，我马上改正："What time is it？"店员茫然地回答说："Eight thirty."我如获至宝，跑去找爸爸，告诉他现在八点半。从此之后，只要有机会，他都会叫我去问时间，问警察、问路人、问园丁，碰到谁都要让我去问。我觉得很奇怪，老爸有手表，为什么总是不戴？为什么总是坏？直到有一天，我看到他戴着手表还是让我去问时间，我就追问他。他解释说："儿子，我是在训练你要放开，放不开你怎么跟老美打交道？你怎么在社会混？你怎么成功？"那个时候对我来说这是挺痛苦的教育，但是后来我发现爸爸是对的。一个人要懂得怎么自我表达，要快速融入新的环境。在美国，我不只跟华人打交道，我身边有各国的朋友，像一个小联合国。现在我很愿意跟大家交朋友，这和父亲当年的用心有关。

随着年纪的增长，我越来越认识到，交际能力的锻炼其实也是一种自我发现。

无心去栽花

我父亲非常相信机会教育，所以他会尽量把握教育时机，同时，他并不强求结果。即使我们放弃，他也毫无怨言。

我们生活周遭有很多很多小玩意儿，他给我们很多选择。比如，我们出去散步、跑步的时候，看到花或树他会让大家一起研究，有几片叶子，是什么植物，等等。好像他身边随时有一个博物馆。我小时候生物课学得特别好，一直考一百分。曾经有一段时间家人都认为我以后会成为一个医生或者生物学家。我在家里说，学校实验室里的显微镜非常好玩。我父亲马上回应说，中国的光学器材很好。随后，他真的买了一台非常专业的显微镜，比我学校实验室里的高级多了。可是，那个显微镜实在太专业了，要上油保养，要调焦，很麻烦。我后来也没怎么用，就一直摆在纽约的家中。我知道那台显微镜很贵，所以一直等着他问：这个花很多钱买的，可是你怎么不用？但是他从来没有问，只是偶尔说他当时扛回来还挺重的，丝毫没有责怪的意思。我感谢他这么做。

有很多父母亲用心良苦，觉得孩子一定要对父母的栽培感恩，一定要对礼物兴奋，一定要天天用，这样才值得。可是孩子其实有自己的选择，而且孩子的选择会和父母的选择不一样。如果父母期待孩子完全按照自己的想象去选择，那对孩子其实不太公平。

我很感谢我的父亲既给我很多机会，又很包容地对待我的选择。

走向曼哈顿

父母并不是对我所有的选择都听之任之，比如钢琴课。他们帮我报了钢琴课，我抱怨这不是我自己的选择，不想学。他们说："好，你再试两个礼拜，如果你还是想停，我们给你停。"很奇怪，每一次我都坚持下来了。

换学校也是一样。在美国，初中升高中可以就近入学，不必考试。我住在纽约郊区，但是那时候我学习成绩比较好，老师就建议我考纽约市的好学校。没想到我考上了曼哈顿的史蒂文森高中，那是分数最高的高中，有"小哈佛"之称，十年来我们中学只有我一个人考去。从我家到学校要坐两趟公交车，再换两次地铁，还要走路十五分钟，单程差不多两个半小时。在那之前我一直生活在纽约郊区，没有独自出过远门，所以我很紧张，甚至不想去了，我想跟我的同学、我的朋友在一起。这时候我父母就很坚持。我父亲带我走了一遍，一路上告诉我每一站地铁的英文名称，下一步要怎么走，怎么换车，每一次他都强调说"你记住了，这是……"。我平常记性没那么好，可是他这么模拟一次，我就全部记住了。开学第一天，父亲送我到家门口，母亲带我到公车站，我就自己坐车去了。然后，我就突然长大了，我的耳朵变敏锐了，我的视力变好了。而且我发现，原来纽约的地铁充满了色彩。20世纪80年代是纽约市犯罪率最高的时期，经常有同学被抢，经常有人打架。我们学校旁边是一个贫民区，治安相当不好，我们田径队平常训练的时候要穿过那个区，教练要求我们六个同学一起跑，不要落单。现在回想，那时候的纽约真是让我学到了好多。

我完好地独自到了学校，又完好地独自回到家。我说："我回来了。"父亲并没有停下手中的工作，平淡地说："你回来了。"没有说"恭喜你"或者"你好棒"。我非常感谢他们这么做，不需要大惊小怪，就是因为他们没有大惊小怪，所以我觉得他们逼我长大。我第一次深刻地感觉到自己的变化，是在上史蒂文森高中大概半年之后。有一次我和初中同学聊曼哈顿，说起一家很酷的音乐店，他们的眼神既困惑又羡慕，我的感觉很妙。我们住的地方其实离学校也没有那么远，坐公交是很难，如果坐出租车到纽约市区也就需要半个小时。但是我的这些同学可能一年都不会到曼哈顿一次，他们离"世界之都"这么近，但是他们一直在外围，很少能够亲眼看到曼哈顿。如果我当年选择留在那个舒适圈，我会和他们一样。

幸好，我选择了曼哈顿，它成为我人生旅途上很重要的一站。

离开舒适圈

我大学毕业以后继续念研究生，研究生毕业以后回到纽约，本来是要在纽约继续工作，但后来我一个人回到台湾，主要是因为"9·11"。恐怖袭击发生后，我担任心理辅导，专门照顾失去亲人的家属。可是，我没有真正准备好，加上纽约的环境变得非常不稳定，我就想去外面走一走，就回到台湾。

在一家广告公司找到工作后，我回纽约收拾行李。父亲问我要不要帮忙买些家具，母亲说："不要，这是儿子选择的，他选择要离开这个舒适圈，你干吗继续让他舒服？"所以，他们什么东西都没帮我准备。我是真心感谢母亲的，因为那就是我真正想要的。

我租了一个很简单的套房，当时是冬天，特别冷，空荡荡的房子里只有一个床垫放在角落，一个快烧坏的日光灯，唯一的电器是热水器。我第一天入住的时候是晚上，巷子里的麻辣火锅店飘来阵阵香味，一桌一桌的人在围炉。我一个人不好意思进去，就去商店买了一碗方便面。因为没有开水，我就拿筷子把面戳碎，用热水器里出来的水冲泡，蹲在墙角等了很久，最后闻着麻辣火锅的香味默默地吃下方便面。当时我心里说，我一定要记住这一刻，因为我觉得这一刻超酷。

之后，我就开始新的生活、新的工作，挤公车，我觉得越挤越酷，特别接地气。之前在读研究生的时候我少了一部分经验，在象牙塔里面待久了，脑袋可能知道很多，但是脚没有接到地，需要补上一课。我既然选择重来，就要好好地体验生活。改变环境可以促使我重新思考。

多年之后，有一次我跟父亲聊天时突然惊觉，他在二十九岁离开台湾去纽约，我在二十九岁离开纽约去台湾。这既是巧合也不是巧合。从心理学角度讲，每十年人在心理上会有一个关卡，中国古人说"三十而立"就是这个道理，所以我和我父亲在二十九岁的时候都重新思考了人生。

我出生的时候我们家境不太好，住在铁道旁边的违章建筑区。我父亲一直立志要当艺术家，他从师范大学美术系毕业后，误打误撞进入电视圈，然后误打误撞成为作家。父亲的书畅销后，我们搬到台北市一个非常豪华的大楼。但是，父亲一直都希望成为画家。因此，当机会来了，他就放下了一切。他可能连灯的开关在哪里都还没有完全摸清楚，就离开了。他一个人先走，留下一句话：如果混得好，过几年全家一起过去。他先到弗吉尼亚州，然后一路北上，教外国人画画，帮他们裱画、刻图章，最后到了纽约，在圣若望大学担任美术系教授。三年之后，我们全家就到了纽约。我去纽约的时候，起初以为住的是豪宅，后来才知道只是一个普通公寓，地上一层，地下一层。有一天晚上我想老家想得睡不着觉，就起身顺着灯光去地下室。我在楼梯口看见父母，他们背对着我，蹲在地下室的锅炉旁，母亲调糨糊，父亲把糨糊刷在一个木板上。他们在裱画，裱一张画赚几块美金。我没说什么，看了他们好一阵子，后来就转身回去睡觉了。从八岁开始，这个画面一直伴随我到现在。

我曾经不理解父母为什么放弃那么好的环境，选择这么辛苦的生活，看到这一幕后，我开始理解了。我到现在都没办法用语言描述那种感觉。都说言传不如身教，尽管我父亲跟我说了很多漂亮话，但是他们努力工作的那一幕、他们对待生活的态度、他们的行为，才是真正影响我的。我打算求婚的时候，我所想象的未来，不是一起旅行，不是一起吃大餐，其实是一起坐在一个书桌上并肩作战，在工作，就像我父母亲并肩刷糨糊那样。那是一种很踏实的感觉。

父亲曾经为我写过三本书——《超越自己》《创造自己》《肯定自己》。我在纽约的时候没有尝试过超越舒适圈，没有创造新的自我，我谈什么"而立"？所以，潜意识里有一个动力把我推出舒适圈，可能是一种急迫的需求，希望能够找到自己，就像父亲当年迫切地追求梦想。

Ｎ斜杠青年

多元的发展，不安于一种身份的拘泥，是父亲给我的最大影响。他爱好广泛，是一个自由创作者，是一个非常早期的 SOHO 族。所以，在我的脑袋里，工作和未来发展从来没有一个框架，自然而然地没有界限。当然，成功不是想当然的，自己要有爱好，然后被发现，有平台展示。我父亲在台北当过记者，后来在美国当过外派记者，他的摄影师请假的时候我就充当摄影师。那时候我十二岁左右，很喜欢摄影。我父亲很放心地让我拍，不把我当孩子，从不问我行不行。不过我永远记得，我们第一次出外景回来以后，看回放的时候他说："儿子，你拍成这样子是不成的。" 他并没有蹲在我旁边说"儿子，你要这样拍"，他只是指点了一下，然后就让我自己玩。正因为是自己玩，我就上心了，真正掌握了这项技能。

我十三岁那年，我们去唐人街采访。每到旧历新年的时候，唐人街是全纽约市唯一可以合法放鞭炮的地方，很多人会去享受放鞭炮。我永远记得，鞭炮屑已经厚到踩在上面是软的。突然有人说："你看，那里有一个家伙拿着摄像机，砸他。"接下来，鞭炮开始在我身边响。我跟我爸就跑，躲到一个大石狮旁边。我觉得自己好像在演一个战争片。不久之后，我要初中毕业了，老师规定要交一个读书报告。我问老师可不可以拍一个短片来介绍这本书，来重演这本书。老师说，那就要办一个播放会，老师和所有同学打分。我就请所有的同班同学当临时演员，大家都很开心，我也拿到了"A"。如果没有帮父亲拍摄的经验，我大概既没有能力也没有勇气做这件事。

我相信，跨领域的创作是最有价值的，可能产生最多新点子。所以，我现在研究如何优化人生，怎样在不同身份中自由切换，而且彼此影响，就像现在说的"斜杠青年"。这个斜杠是一个认定的目标，然后你就开始克服困难，达到某种成就，可能专业人士不认可这个成就，但是你为了自己设定的目标克服了困难、得到了收获、丰富了人生，我觉得这个时候你就可以给自己加一个斜杠。比如我，心理咨询师 / DJ / 作家 / 品牌顾问 / 演讲者 / 父亲。无论是作品或者是人生，都可以设计成跨界的。

人生如爬山

我父亲年轻的时候喜欢爬山，爬山中的探险给了他很多人生领悟。所以他说："你可以一辈子不爬山，但是你心里面一定要有一座山。"意思就是，你要给自己一个目标，你要看到挑战，而且在挑战的时候不是苦闷的，而是开心的。我也认为，人在挑战自己、在解决问题的时候是最开心的。

我父亲有一个座右铭：当你站在山头却羡慕另外一个山头更美的时候，你要做的第一件事情就是下山。我决定离开纽约回台湾时，也是这样对自己说的。现在我对这句话有了新的解释。目前的社会变化太快，当你爬上一个山头觉得满足时，很快你会发现太阳已经下山了，这个山头变得好冷，所以，你必须追着太阳继续走。太阳在移动，世界在改变，我们也要跟着变，不断向前走。这就是人生。如果你上了一个山头就停下来休息，说你拥有了一切，拥有了幸福，其实不是的。我曾经在四川旅游，一路搭车到了松潘，然后骑马到了大概海拔四千米的高山，在那里扎营。第二天早上我走出帐篷，放眼望去，才真正了解中国山水画中的"轻舟已过万重山"。我永远记得那一层一层的山，那密密麻麻的山。人生就是这样，你想不到什么时候突然会看到别样的风景。但是，你不能太眷恋这风景，因为前面还有，外面还有。人生就是不断的移动。

谢谢老爸带我爬山，让我站在山头认清我要爬的下一座山。当年老爸带着我们漂洋过海展开新的生活，当新移民。这种奋斗为我增添了一双翅膀，如今我带着这双翅膀继续书写这个家的故事。

"现在几点钟？"

时
光
瓶

我刚到美国的时候，爸爸常常让我去问"现在几点钟"，其实是让我去打开自己的世界，走出我自己的道路。如今，我已经看过许多风景，还是非常感谢爸爸当年设计的"骗局"。

我想对我的太太和我的孩子们说：我好开心可以跟你们一起，"哇"地享受世界的所有美好，"噢"地忍受各种苦闷，"啊"地思考做计划，"嗯"地咬牙努力奋斗。我相信，幸福就是在一起体验这一切。

我特别想对我的孩子千千和川川说：我很期待有一天，爸爸可以在机场、在码头、在校园门口目送着你们，展开自己的英雄之旅，爬上自己心中的那座大山。

谢谢了，我的家！

一
丹
说

现代心理学中有一个词叫"花盆效应"，指人如果长期处于舒适的"花盆"中，很可能会不思进取、安于现状，会日复一日做相同的事情，不再自我提升。其实一个人老去的标志，就是不肯尝试，不肯去不熟悉的环境，换句话说，就是故步自封，甘于平庸。刘墉和刘轩应了中国那句老话，"有其父必有其子"。刘墉对生命意义的探索与追求深刻影响了儿子刘轩。这父子俩，总是在超越自我，总是有勇气打破"花盆"，总是可以下决心脱离舒适圈，从而创造并把握住人生机遇，活得有声有色。

吴　蛮

名扬世界的琵琶演奏家，一位具有时代性的文化创业者，其艺术成就早已超越琵琶演奏家角色，成为独具特色的独奏家、教育家、作曲家、文化使者、国际职业音乐家，多次获格莱美『最佳世界音乐专辑』和『最佳演奏』提名。朱镕基总理赞扬她『用琵琶在东西方架起了一座友谊金桥』。

吴蛮的父亲吴国亭师承潘天寿等大师，在浙江美术学院任教三十年间，不仅成为难得的全才画家，而且培养了潘公凯等顶级国画大师。功成名就的吴国亭在年近半百时，回归徐悲鸿提出的"新国画"思维，以简单写实的自然主义改良中国画，成为新派国画宗师。大提琴家马友友说："如果说吴蛮是一只苹果的话，那么她父亲就是那棵营养她的苹果树。"

我们希望你蛮一点儿

我家有女蛮长成

我出生在西子湖畔，可是父母特别给我选了这个"蛮"字做名字。我起初恨死了这个字，我也希望有一个特别美丽的名字，就问父母为什么给我这样一个像男孩子的名字。爸爸妈妈说，他们希望我的性格像男孩子一样坚强，希望我的人生道路上有"蛮"，到了社会上有一股蛮劲儿。我觉得这个名字可能给我这样一种命运，我其实很坚强，性格倔强，父母确实看对了我这个人。

我在大杂院长大，那时候浙江美术学院的院子里有几个艺术团体。放学回家的路上，这边是歌舞团练舞蹈，那边是京剧团唱京戏，很有艺术氛围。我六七岁的时候，经常在公用的洗衣房和厨房一边洗东西一边哼哼唱唱，有一个歌舞团的叔叔说我唱歌音准好，乐感也很好。这位叔叔问我爸爸妈妈，是不是可以让我学一种乐器，他们说"太好了"，很鼓励我。其实他们都很喜欢音乐，有时候我父亲带我去听老先生弹古琴，一进去全是老人家，只有我一个小孩子。我有时听着听着就睡着了，但是这种熏陶时间长了，我就有感受了，真是潜移默化，对我这一生都有影响。

我的老师在歌舞团的仓库里找了一把柳琴，像一个小琵琶，我开始学。就在这个环境里，我遇到了我的路，就这么开始了我比较"蛮"的生涯。说实话，小的时候我非常不喜欢练琴，太痛苦了，也没有时间玩。但是我爸特别上心。上课时，他在边上跟着一块上，老师讲什么他都记下来。在家里，我练琴的时候他坐在我旁边，还给我上课。我印象很深的是爸爸骑自行车载着我来来回回。我爸载着我，我拿着琴坐在后座，看着杭州的风景。

学了两年柳琴以后，老师建议我改学琵琶。我当时十二岁，不太清楚这里的区别，我爸妈又说"太好了"。我就开始在艺术学校里学琵琶。琵琶是一种非常难的乐器，不仅是技术方面的难，就承载的故事和历史而言也是中国传统乐器里比较难的。我爸爸一字一句给我解释白居易那首诗，"犹抱琵琶半遮面"，一边讲诗，一边把历史说进去。"大珠小珠落玉盘""银瓶乍破水浆迸"，这几句诗真的很像琵琶的手法，很有画面感，很生动，很酷。中国所有的诗歌中这样描述的乐器只有琵琶。我就开始喜欢这个乐器了。我的琵琶老师从演奏的角度教育我，我父亲从人文的角度影响我。

两年后，我考到北京，在那里遇到了很多好老师。我每个星期写一封信向爸爸妈妈汇报。在回信中，爸爸总是问我学习怎么样，妈妈经常说不要感冒。他们两个人就是这样，虽然离我很远，但是总让我觉得离他们很近。在父母的不断鼓励下，我非常幸运地考到中央音乐学院，在那个环境里我如鱼得水。

在中央音乐学院，可以听到极其丰富的声音，各种乐器的声音，唱歌的声音，我仿佛回到小时候的环境，蛮劲儿又出来了。传统的琵琶曲目数量不多，我不满足于只弹十几首曲子，我总想玩不同形式的音乐，想有新的突破。中央音乐学院的环境非常好，帮助我开阔视野，开始思考音乐家应该做什么。那个时候有国外的音乐大师来上课。我听了美国小提琴大师斯特恩的大师课。他在台上提问，演奏乐器的时候你在想什么？你的心看到最后一排的观众了吗？你听到了吗？我一下被镇住了，我从来没有思考过这些问题。我原来演奏的时候想的只是自己，怎么演奏，怎么不出错，怎么弹好，怎么不让老师在技巧上挑毛病。我没有想到，音乐是一种表达，是和观众的一种交流。斯特恩的话就像忽然开了一扇窗，我要去寻找答案。

我毕业的时候获得了演奏第一名，而且是中央音乐学院第一个琵琶演奏硕士。我留校任教，工资比我爸还高。下一步我该怎么办？留校当老师，前途一片光明。但是，斯特恩打开的那扇"窗"关不上了，我要去看更大的世界。虽然不确定的因素有很多，但是我那股蛮劲儿上来了，就想去试一试，去闯一闯。我有这个想法后就经常写信给父母吹耳旁风，他们不回应。等我决定要走了，他们非常开明地支持我，就说年轻人应该闯一闯。不过，作为父母，他们心里有不舍，有担心。妈妈给我准备了几箱行李，还买了毛毯、鸭绒被。

我带了七件乐器去美国，两把琵琶，还有古筝、古琴、柳琴、中阮和扬琴。八十年代末九十年代初，学西洋乐器是潮流。当时有人说，传统乐器在国外能干什么？这确实是一个很现实的问题。我就想出去试试看，中国的传统乐器能不能在国外生存，我觉得我可以给外国人介绍中国乐器。我那个时候英文很差，而大部分美国人对中国很陌生。我第一次是在教堂里独奏，听众都是老人，我挣了五十美金。我赶紧写信给爸妈，告诉他们我可以靠音乐生活了。既来之，则安之。我从零开始，放下国内的所有名誉，去小学、大学、教会、老人中心、华人社区，只要有机会，不管有钱没钱，我都去演奏。我就想知道，中国的音乐、中国的文化能不能被人家接受、被人家了解。这就是义无反顾的蛮劲儿。

20世纪90年代，在纽约没人知道琵琶。大部分人会问我这个乐器是什么，我就回答他们，从背景、故事到整个历史，把中国文化告诉他们。必须要有人介绍中国文化才行。我在很多音乐会上既演奏又解说，就是普及中国乐器的知识。他们常常觉得琵琶演奏的声音像班卓琴，我就发现了一个好方法帮助他们理解，用他们熟悉的乐器，根据他们已有的经验讲解。

后来，我开始慢慢进入美国的音乐界。在纽约，所有的音乐家都梦想到林肯艺术中心和卡内基音乐厅演奏，那是世界上非常著名的音乐殿堂，不是一般人能去表演的。每次经过那里我都在想，总有一天我得进去演奏。我一直有文化自信，我觉得中国的音乐学院高才生不比人家的差。没过多久，我的梦想就实现了。

1992年，我应邀与美国国家交响乐团合作，在卡内基音乐厅演奏琵琶协奏曲，成为第一个站在卡内基音乐厅表演的中国器乐演奏家。起初，乐评人不熟悉我的乐器，所以很难描述或者评论我的演奏，只好去评论我穿的旗袍漂亮，我当时看了很懊恼。我非常讨厌他们说我是一个美女，我希望被从艺术上肯定。从那以后，我不再穿旗袍，我不需要用旗袍表明我是中国人，我希望用乐器表明我是中国人，我希望用中国音乐打动外国听众，希望他们的注意力在音乐上。现在，纽约的评论家们都非常熟悉琵琶了，懂得了音乐的旋律，明白了中国传统音乐怎么控制音乐的味道，就会很专业地评论音乐的敏感、细腻。这是一个很大的飞跃，这个飞跃说明那个社会开始接受中国的文化，接受中国的传统。

乐、诗、书法和绘画是中国的传统文化。1996 年，我用三首白居易的诗、中国的书法和绘画、现代的多媒体手法来呈现中国音乐，使观众不仅看到中国的音乐作品，还看到中国的书法作品、文学作品，感受到中国的唐诗和绘画。这就是《上古之舞》，其中有我爸爸的功劳，因为我用了他的画。

我创作《中国之家》，就是想通过多样化的音乐类型——从古代音乐到城市音乐和民间音乐，从五十年代的上海爵士乐到红色音乐，从现代音乐到电子音乐——讲述中国历史。这其实就是"中国制造"。

1998 年，我们成立"丝绸之路乐团"，成员来自印度、中亚地区、以色列、美国等，我们希望通过音乐寻找文化的根源。东方和西方可以通过音乐连接，丝绸之路的历史也可以通过音乐连接。在这个过程中，我慢慢明白了自己为什么要做音乐家，为什么弹这个乐器。现在，我非常希望我是一个音乐人，而不仅是一个琵琶演奏者；我是在传播文化，而不仅是在传播音乐。我们大家一起呈现一种新的音乐语言，一种新的共同体的理念。

音乐是无限的，音乐这个行业就是想象，音乐家创作艺术也是想象。这是很奇妙的人生经历。所以，我常常做"琵琶+"，这个"+"后面有无限的可能，加上其他民族的，其他国家的，其他风格的……可以有无数个"+"，有很大的想象空间。

有其父必有其女

我父亲是画家，他的性格里面就有一股蛮劲儿。他年轻的时候学西洋画、油画、素描，真的是一心一意热爱绘画。后来他成为一个全才画家，擅长版画、油画、水粉画、水彩画、连环画、文学插图、素描、速写、中国人物画、花鸟画、瓷画等。他在浙江美术学院当了三十年老师，五十岁的时候决定不做大学教授了，就离开美术学院，改学新派国画，把西方的绘画融入国画里。我性格里的蛮劲儿确实受了他很大的影响。

我爸的画非常有特色，新派国画看起来像西洋画，其实是中国画。他画花鸟用很多色彩，画水池用不同层次的绿，使用了西洋画的结构。我后来的创新和不同的合作，其实就是跨界，就是走一条新路。应该说，这种尝试是受他潜移默化的影响。我其实最初学过画画，自从拿起柳琴就没再拿画笔。我爸虽然是画家，但是也喜欢音乐，经常一边画画一边哼唱艺术歌曲。

我在北京上中央音乐学院附中的时候，基本上跟家里的联系方式就是写信，每个星期写一封家信汇报，父母也通过信不断地鼓励我。我爸问我练琴怎么样，有没有什么新的进步。我就没大没小地和他开玩笑："你画画进步了还是没进步？"我们父女俩在艺术上有同行的感觉。

说实在的，我刚开始出国的时候心里挺孤独，是文化没有被认同的孤独。而且，我会想念父母，想念同学，想念家乡，我时不时会想爸爸妈妈在干什么。在美国坐火车，看到窗外的草原或树木，我的思绪就飞回杭州。那时候打电话很贵，我每次算好时间，打电话只说十分钟。我也写信，报喜不报忧，靠着他们一直的鼓励，就这样走到今天。

　　我跟爸爸有认同，有争执。他听不懂太现代的作品，不懂舞台剧或者舞台音乐剧，就会很虚心地来问我想表达什么，我就一一解释。我也评论他的绘画作品，问他用那么多色彩想表达什么。他其实非常愿意跟我在一起，他的梦想就是，他在画画，我在旁边弹琴。

　　现在我爸会用微信了。我在公众号上发表文章的时候，我爸总会给我评论。他希望参与女儿做的事。他还喜欢提建议，比如让我注意中国少数民族音乐，注意中国民歌。我告诉他，我都已经在计划这些事了。

　　我做的每一件事情，我爸我妈都关注。我在微信上发什么东西，他马上就点赞，一排玫瑰花，各种小表情。他们来听我的音乐会，我爸会直接说旋律好听不好听，合奏默契不默契。我妈比较含蓄，说观众多就表明我成功了。

"我们希望你蛮一点儿"

　　我的名字和琵琶这件乐器，都是父母给我的选择，我觉得非常奇妙，这个名字和这件乐器给了我这样的命运。我一直很喜爱这个乐器，现在也挺喜欢这个"蛮"字，因为就是这个蛮劲儿，让我继续走在音乐的路上，让我不放弃，一直坚持，继续走下去，走到有无限想象的空间。

　　我从父母身上看到了他们对生活的热爱，也感受到了他们在我成长道路上对我的宽容和智慧。他们其实对我非常严厉，但是又给了我很大的空间，给了我很多想象力，能够让我接纳不一样的艺术，过不一样的人生。我很感谢他们的远见，他们给我很大的支持，让我能够走到今天这么远。因为有他们的爱和包容，因为这个"蛮"字，我才有这样的底气和勇气。

我想对我的儿子汶森说：大学毕业后你将是独立的成年人，你会接触许多来自世界各地的人，他们也许与你有不同的思想，我希望你保持独立的思考，用一颗善良包容的心去理解他人。不论做什么，希望你的一生是快快乐乐的，健康的，用你的智慧给社会带来财富和快乐。希望你是一个温和却有力量，谦卑却有内涵，在人群中发挥正能量的人。这些影响就是我的爸爸妈妈——你的外公外婆——给我的。

谢谢了，我的家！

礼记·大学（节选）

苟日新，日日新，又日新。

如果能够一天新，就应该保持天天新，新了还要再更新。三千六百多年前的商王汤就深知，必须时时除旧布新，常常追求完善。传承中国传统文化，不能墨守成规，而要推陈出新。只有这样，才有利于中国传统文化的传承和发扬，才可以延续中国人的精神命脉。

言传身教

中国人传承的家训家规，从古至今没有多少本质的变化。虽然社会形态和家庭关系在发生变迁，长辈对晚辈的教育和引导从未停止，优良家风的传承一直在路上。

言传和身教，作为中国家庭教育的两大方式，也传承至今。

无论是言传还是身教，「皆须以身为本」，树立良好家风，促成淳朴民风，打造中国气质、中国风范。

周令飞

社会工作者，国际大型文化活动制作人，

现任鲁迅文化基金会会长。

周令飞的爷爷鲁迅原名周树人，是中国著名的文学家、思想家，中国现代文学奠基人，在中国文学界乃至世界文学界都占有重要地位。

管自己去生活

抗拒"鲁迅孙子"身份

夏目漱石的长孙夏目房之介曾对我说："作为夏目漱石的长孙，我的前半生活在恐惧当中。"我起初非常吃惊，后来觉得"恐惧"这两个字并不过分。

我年轻时不太关心我的祖父，我出生的时候他早走了，没有人对我提过鲁迅。上小学五六年级的时候，他在课文里出现了。我开始挺开心的，但是后来就不对了。老师说："你是鲁迅的孙子，鲁迅特别伟大，你要做好样子，要表现好，特别是作文要写得好，那才是鲁迅的孙子。"从那天起同学们就改叫我"鲁迅孙子"，叫得多了我就觉得特别不舒服，感到有无数只眼睛在盯着我，如芒刺背，也不知道该如何反应。下学时我走在回家路上，一路上同学看到我就指指点点的，那是一段非常难过的经历，我简直认为去学校有一种罪恶感。我不应该是鲁迅孙子，我想赶快逃离学校这是非地，逃离鲁迅。那种滋味没有词汇可以说清楚，是刺痛、是紧箍还是捆绑？

1968年底部队到学校征兵。我当时心里想，离开北京就没人认识我了，也没有人说我了。我兴冲冲地填了表，军代表一看说："鲁迅后代？你吃不了苦的。"于是，我就吃苦给他看。先是经常在军代表办公室门口用大扫把扫地，吃饭的时候就拿出两个玉米面窝头坐在军代表对面啃，直到军代表终于同意。我光荣参军，就坐火车到了沈阳。

可是接下来事情又来了。新兵连连长对我说："鲁迅先生有一个未完成的事业你得帮他完成。"他们让我学鲁迅，去学医，分配我到卫生所当卫生员。我坚决反对，坚持要扛枪打仗保家卫国。连长没办法，把我分到警卫排。我非常高兴，接受军事训练，射击、扔手榴弹，摸爬滚打，每天扛枪站岗两个小时。为了备战，警卫排要挖防空洞，洞里空气稀薄，我一直拼到晕倒，为此我被批准火线加入共青团。我们部队驻地是个小山头，里面有一个菜园，我们经常去种菜除草。

一天，排长找到我说："我们现在排里有很多好人好事，你是鲁迅孙子，写文章一定很好，你做我们的通信员，写写报道稿子吧。"天哪，我哪儿会写呀！排长夜里三点多钟来看我，说："快写。"我说："真写不出来，困，我想睡觉。"他拿烟让我抽，我说："我不会。"他说："鲁迅先生会抽烟，你得跟他学。"那年我才十七岁，从此开始抽烟，抽了二十五年。清晨，终于我憋出了一篇稿子，结果是排长拿去修改了。

1971年，部队想培养我做宣传干事，把我调到师部的宣传科。有一天，我发现宣传科有一台老式照相机。我就向科长报告："我从小跟着爸爸学过照相，照相也能做报道。"于是开始了我的摄影生涯。经过努力，我拿过全军摄影大奖，还在解放军画报社当过专业摄影记者。

总而言之，不论我走到哪儿，别人都说我是鲁迅孙子，我好像没有自己的身份。在你生活的环境中你不是你自己，真不是滋味儿！

幡然醒悟祖父话语

1980年，我毅然申请部队转业，并且自费去了日本留学。那里没人认识我，我又可以天真活泼，可以开玩笑，可以恶作剧，可以闹腾了。那时候我觉得特别滋润，感觉自己的魂回来了。我终于逃离了鲁迅的笼罩，变回我自己。但在日本，我碰到了两件人生大事。

第一件事。初到日本，我又穷又不会日语，只能到中国餐厅打工，负责打扫卫生、搬运餐具，从很远的地方把洗好的各式餐具放到餐具柜里。我当过兵，觉得身体素质不错，很想好好表现一下，可是有一次不小心脚下打滑，打碎了几个烟灰缸。老板在另一头看着我，等我收拾好了叫我过去。他是一个中国人，他训斥说"你是怎么干活的"，我连忙道"对不起"，他说"我知道你是谁"，意思是，知道我是鲁迅的孙子。我心里想，我就是我，别扯上鲁迅呀。老板接着说："你在这里打工的每一分每一秒我都在付你钱，所以，不论你是谁，你只要把事干好。"我从背脊冒冷汗，从来没听过这样的训斥！但认真想来，他说得真没错，我在用我的劳动换收入，应该让老板满意地付钱。

第二件事。1993 年我用了三年时间策划举办了一个大型的"中国名陶展"，展览是和日本电视台合作的，这个展览在当时非常轰动，因为它是首次集结了中国陶瓷器精品，把台湾地区、香港地区和美国的民间顶级收藏全动员出来了，非常艰辛非常不容易。为了筹备这个展览我印了名片，上面印着"国际策展人"。日本电视台的藤昭老先生一辈子策展，看到我的名片他笑了笑没说话。后来在筹展过程中我出了一个小错误，他问我为什么，我说有问题补救一下就行了。可他仍不罢手，追问我为什么没预计到。藤昭先生平时笑眯眯的，可这时候他十分严肃地说："你的名片上印着'国际策展人'，但是你的工作品质不像国际策展人应该有的专业水平。"我真是很惭愧，很难过。

我忽然想起祖父的一篇文章，他提到过日本人做事情特别认真，而不认真的中国人倒霉是必然的。我要做怎样的人？经过这件事我明白了，我要做一个有能力的人，一个专业的人，而不是虚有名头的人。

那天以后到展览开幕剩下的一年多时间里，我在所有细节上下功夫，不懂的绝不装懂，遇事多请教几个人，所以没有再出现纰漏。"中国名陶展"隆重地在日本东京银座的三越百货公司开幕，当晚日本电视台在百货大楼顶层庆功。在大家干杯的时候，突然有人宣布要给周令飞颁奖。我愣住了。日本电视台社长拿着奖状读着："非常感谢国际策展人周令飞为这个展览所做的贡献。"顿时我的眼泪落了下来。三年甘苦，一声肯定！我必须做一个有能力的人，鲁迅的孙子也要代表自己做些什么。

父子同行回归周家

小时候父亲不跟我谈祖父。他也一样，长期背负名人的压力，找不到自己。他常低着头，非常低调，非常收敛。他送我当兵、送我出国，他懂我的心思。而他自己，只能选择夹紧尾巴做人。他有时会说"我好累"，我能深切体会，他备受束缚，很多别人能做的事他却不能，因为他是"鲁迅儿子"。

2000年以后，我开始经常回家，帮忙父亲整理东西。一天，我无意当中发现了父亲满满一纸箱的胶卷。我的职业敏感告诉我里边肯定有宝贝，就偷偷把所有胶卷扫描后转成正片。然后我惊呆了！里边有无数有价值的照片！有名人，尤其是中华人民共和国成立前夕从香港到东北的民主人士；有市民，特别是那些生活在社会底层老百姓的众生相。中国最缺四五十年代的写实照片，父亲的摄影填补了中国这一时期的影像空白。我放下了手中所有事情，拿出自己的积蓄，准备为父亲办一个摄影展。我说服犹豫不决的父亲，精选了一百六十多幅相片，于2009年在北京孔庙举办了"镜匣人间——周海婴八旬摄影展"。展览引起相当大的轰动。开展那天，刚开始他还有点忐忑不安，鼻头直冒汗，后来听到大家都说好他放心了。这个展览肯定了他的个人成就，他挺胸抬头，神采奕奕，特别高兴。当晚我给他办了八十岁生日晚会。他说："我这一辈子原来过得并不开心。今天我非常高兴，人家称我是摄影家，我成了为我自己。"那晚他特开心，喝大了。

展览之后，父亲好像换了个人，经常跟我说，我们应该多为鲁迅做点什么，还说他没时间没精力了，希望我能够努力加油。我说我想在中国成立"鲁迅文化基金会"，才能有机会有力量，他双手赞成。2009年10月我们开始奔走筹备。不幸的是，2010年初父亲患不治之症住进医院，再未出来。2011年4月6号下午，我去告诉躺在病床上的父亲，基金会在当天获得了批准。我握着他的手，他用手指轻轻地敲敲我的掌心。第二天清早，他走了。在走之前，父亲给我们留了一份遗嘱："鲁迅是我们周家世代的骄傲，他为现代中国文化做出过巨大的历史贡献，作为鲁迅的后代及其家属，我们要世世代代牢记他的丰功伟业，不能忘记我们对弘扬他的思想，对传播他的精神有着无可推卸的使命和责任，从今天至永远，希望我们的后代也要积极参与纪念传播鲁迅的各项活动，主动地关心鲁迅事业的发展。"

我是在 2000 年开始做义工，渐进做鲁迅的传播普及工作。我开始办展览，到处宣讲鲁迅，告诉大家一个真实的、多维度的鲁迅，比如他身高只有一米六，他除了文学还有很多方面的贡献，他幽默、喜欢恶作剧。这时，面对祖父，我不冒汗了，不觉得别扭了，反而觉得光荣、自信。我觉得我的生命当中有了他。我发现我和祖父有很多共同点：好开玩笑，喜恶作剧，爱美食，能喝两口，能吃苦，有韧性，属蛇，爱看电影……还有，他不高兴就搬家，一生搬过七八个地方，我也搬过七八个地方。我的 DNA里、我的生命中，有他的影子，有他的遗传。以前他是他我是我，我只想逃。现在我慢慢走近他，为他做事、让他教导我，我离不开他了。

通过祖父我跟父亲更近了，通过祖父我和父亲做了一些我们真正想做的事情。

在筹建鲁迅文化基金会的过程中，我们慢慢开始有回到家的感觉，有点甜，有点暖。

"管自己去生活"

我没见过我的祖父鲁迅，他写过一篇散文《死》，其中一句话对我影响最大："忘掉我，管自己去生活。——倘不，那真是糊涂虫。"我差一点成了糊涂虫。我曾经拼命想躲避他的光照，甚至想否定自己的身份。其实那是表面的，形式的。我的祖父希望大家忘记他，其实我们怎能忘记他，他在我们心里，我们会永远记住他。其实，所有后代都应该有一份责任感和使命感，无论这责任是大还是小，使命是重还是轻，后代都要为家坚守。

最后，我想对我的孩子们说：或许你们会好奇为什么你们的太爷爷这么伟大，我却很少对你们提起，因为我不希望你们像我或者像你们的爷爷一样，背负盛名受到束缚。但是今天我想告诉你们，你们是鲁迅的后代，你们一定要记住他，他是我们的家人。

谢谢了，我的家！

一
丹
说

鲁迅在《死》一文中，给了自己一个交代——后事从简，让生者把更多的精力投入生命和生活；给了后代一条出路——做纯粹的、独立的自己，以自己的方式立于社会。死者已矣，生者如斯。鲁迅传承的是一种生命观，警示后代既不可大树底下乘凉，也不可沽名钓誉，而是要活出自我、活出真我。

李昌钰

世界著名刑事案件鉴识专家，曾任美国康涅狄格州警政厅，全美第一位出任州级警界最高职位的华裔，获得美国刑事领域杰出服务奖、美国法庭科学学会颁发的杰出成就奖、国际鉴识学会终身荣誉奖、世界杰出华人奖等。

李昌钰的父亲原本是一名成功商人，但在"太平轮事件"中不幸遇难，李家一夜之间跌入生活的谷底。李昌钰的母亲李王岸佛，以中国传统文化教育孩子为人处事，最终将十三名子女都培养至各自专业中的最高学位，其中大部分是博士。

虽然没有钱，也要干干净净

尽心尽力

我出生在江苏如皋市，很小的时候父亲做生意，家境非常好。后来父亲携全家到了上海。1948年，妈妈带家里的孩子们先到了台湾岛。1949年1月，父亲乘坐"太平轮"回家过年，轮船因超载、夜间未开航行灯而被撞沉。这件事改变了我们的一家，也改变了我的一生。

"太平轮事件"被称为中国的"泰坦尼克号事件"。那时我才八岁多，记得那是腊月二十八、二十九的晚上，我们全家都在开开心心地等待爸爸回家。妈妈忙着烧菜，孩子们给爸爸用盆栽摆出一个"父来公园"。后来我感觉很异样，因为妈妈没有为迎接爸爸忙着烧菜、准备年货，而是跟哥哥们、姐姐们都在哭，然后我才知道"太平轮"失事了。妈妈跟二哥坐了一架飞机到出事的海上去找，什么也没有找到。爸爸的突然离世，犹如晴天霹雳一般，家里顿时失去了顶梁柱与主心骨，曾经的多子多福变成了沉重的生活压力。当时妈妈才四十多岁，她决心把我们十三个孩子统统抚养长大，既没有想过改嫁，也没有想过把我们送到孤儿院，就是决定要尽心尽力抚养我们。妈妈对我们每个人都非常关心，不仅仅是我们的生活，还有我们的学业。所以，我常常告诉别人，妈妈不仅仅是我的妈妈，也是我的爸爸。

因此，我其实是在单亲家庭长大的，家里兄弟姐妹很多，我排行第十一，是最小的男孩。妈妈虽然没有受过正式的教育，但是她出身书香门第，念过很多古诗词，她的爸爸妈妈对她的一生影响巨大，教会了她中国

319

传统的美德，做事做人的道理。在没有父亲的日子里，我们的生活虽然辛苦，却充满了甜蜜。妈妈照顾我们所有的孩子，烧饭、洗衣，把家里整理得干干净净的。一大早她就起床，到了半夜还在工作。为了维持生计，妈妈的压力非常大，她过几个礼拜就要去变卖古董、首饰、字画。

因为生活困难，我小时候穿的衣服都是哥哥们穿剩的，妈妈修修补补再给我穿。衣服虽然破，但是每天都干干净净。当时家里穷到一年只能给孩子买一双鞋，尽管如此，妈妈一定让我们穿鞋出门，再穷也不能赤着脚。那时候到学校要走几里路，遇到刮风下雨，出了家门我就脱下鞋，到了学校再穿上。

在那样的困境下，我们一家人变得很团结。哥哥和姐姐都懂得照顾弟弟和妹妹，哥哥和姐姐大学毕业后就赶快工作，工资全部交给妈妈，一分钱都没有留，协助妈妈养家。我上中学的时候，课余打工送报纸，送报的钱都交给妈妈。我上初中的时候，大姐、大姐夫在台湾中部的彰化工作，为了替家里分担负担，大姐让我搬到他们那边去，她可以照顾我。临行前，妈妈帮我收拾行李，给了我一个针线盒。她说，衣服破了要自己懂得缝缝补补，但是这个针线盒不要随便打开。我当时没有明白她这句话的意思。有一天，我实在忍不住，打开一看，发现里边包了五块钱。现在看起来，五块钱太少了，但是它所包含的意义太重了。那五块钱我一直没有舍得用，后来还给了妈妈。现在想起来很后悔，为什么我没有把这五块钱保留下来做个纪念？！

那时候，从家乡跟着我们一起到台湾岛的，还有亲戚朋友一大堆人，都住在我们家里。妈妈每天烧饭，先给亲戚朋友吃，然后给我们这些孩子吃，她最后吃剩饭剩菜。我问妈妈为什么这么做，她说待人要好，要尽心尽力。当时我年纪还小，不知道其中的道理，稍微大了一点，明白了这是她做人做事的哲学：假如每个人都能待人尽心尽力，这个世界就会变得美好。即便是今天，回味妈妈当时的话，我依然能感觉到妈妈的伟大。

我印象里，我小时候妈妈总是很忙碌，我们还没有起来，她已经起来了，已经在烧饭、准备，然后就叫孩子们起床。每天早上，她要指挥一个"军队"出发，哥哥到哪里，姐姐到哪里，每个孩子到哪里，交代清楚了，就说："好了，你们开始走吧。"她自己很简单，简单地穿一件长裤，中式的，干干净净的。现在回想，妈妈实在是一个伟大的领导人，领导了我们一家。

在我的脑海中一直有这样的画面：每天晚上我们全家人围坐在一个圆桌边，那是家里唯一的桌子，饭桌也是它，书桌也是它。吃完晚饭，妈妈在灯下补衣服，我们坐在桌旁学习。有时候妈妈会和我们谈谈天，讲点家乡的事情，问问我们学校的近况。学习中不懂的问题，大孩子教小孩子，小孩子问大孩子，大家互帮互助。今天回想起来，依旧觉得那么值得怀念。

妈妈尽全力把孩子养大，督促孩子学习。她也是个很开明的人，并不要求每个孩子都考一百分：你不努力，即便考九十分她也不高兴；只要你尽了最大努力，即使只考了八十分、七十分，她也会很满意。我小时候因为聪明念书常常不太用心，妈妈就告诫我不能马马虎虎，做什么事情不能因为自己聪明就不专心了。妈妈当时对我的教育，影响了我一生。

有商有量

家境好的时候，我父母原本希望我们长大后可以去念工程或者商学。父亲的突然离世，改变了我们的人生轨迹。如果没有"太平轮事件"，我也许不会去美国，也就不会从事刑侦工作。

我小时候很听妈妈的话，但在重要选择上我会和妈妈商量。我有过三个重大选择。

第一次是台湾地区的联考，就和今天大陆地区的高考一样。通过考试后，我被海洋大学录取，毕业后有机会去做船长。虽然那所学校学费很贵，妈妈却说没有问题，哥哥姐姐们都会帮。我从小比较独立，希望依靠自己的力量。正好警官大学也招生，不仅不收学费，每个月还有五十块的津贴。所以，我就决定去警官学校。妈妈不希望我去，因为按照旧时代的观念警察都是不学无术、欺诈人民的。于是我跟妈妈说，先让我念一年，你去看一看那个学校再做决定，假如你还是不同意，我再转学。妈妈看了一下觉得学校还不错，而且一年后，因为吃得饱，又经常做运动，我的身体变得更强壮，加之我喜欢理工科，做事也认真，妈妈最终就同意了。

第二次是我想当演员。我到警官学校一年之后，香港邵氏公司到台湾地区招考演员，条件是会武功、年轻、长得帅的警察。所有学生都列队让他们挑选，我一下子就被选中了。我回家告诉妈妈，既然你反对我做警察，那么我转行去做演员。结果没想到，比起做警察，妈妈更不喜欢我做演员。这次我很听话，就没有去。后来李小龙成名了，我还和妈妈开玩笑说，你看，本来是我而不是李小龙要出名的，我的一生被你耽误了。

最后一次是结婚。我当巡警的时候，认识了来台湾读书的宋妙娟，也就是我的太太。我们恋爱以后，双方家长都反对。我曾经答应妈妈念完博士再结婚。我和宋妙娟想了很多天，我写了一封信给妈妈。在信里，我向妈妈保证一定念完博士，但是姻缘自有天注定，假如错过这个机会，也许我们永远就错过了，所以我们决定结婚。我们结婚后从来没有分开过，她照顾我，我照顾她。妈妈非常喜欢我的太太。我这一生很幸运，有一个好妈妈，还有一个好太太。

为了完成对妈妈的承诺，我挑战了不可能。在台湾警官学校学习期间我了解到，冤枉人的情况时有发生，于是我开始用科学证据破案产生兴趣。1964 年，我赴美留学，从头学起。很多同学认为我真笨，不直接念硕士，反而从大学一年级开始念。我觉得，只有这样才能打好我的科学基础，到法庭的时候我的语言能力才能够胜任。假如基础没有打好，真正吃亏的还是自己。我去大学注册的时候已经 27 岁了，我的同学都是 19、20 岁的年轻人。我就想，如果和他们一起按部就班读下去，这要花很多时间。于是，我下定决心赶快念完。当时在美国，一般大学生一个学期有 14 个学分就算很多了，我决定念 20 个。教授说，念 20 个学分是不可能的。我说，不试怎么知道不可能。他说，你每一科都会不及格。结果，我所有的科目都拿到了"A"。就这样，我把不可能变为可能，最终获得了博士学位，完成了妈妈的嘱托。

不怕吃亏

　　我妈妈一直给我讲，多吃点亏，不要斤斤计较，不要马马虎虎。妈妈不仅这样教导我们，自己也是以身作则，身体力行。她烧饭、做菜、补衣服，都认认真真；教育孩子们的时候也认认真真。有时候我劝妈妈，马马虎虎就算了。妈妈指着我说，做事要认真，不能马虎。后来我求学、工作的时候，做人做事都非常认真。

　　我工作以后，世界各地常常请我去讲管理学。我说，管理其实很简单，管理就是管人，管人就要管心。假如大家能同心合力，任何一个家庭、一个社会、一个国家，都会强盛，都会变好。待人一定要待他的心，自己的心首先要正，如果自己都管不好自己，那还怎么待人呢？尤其我们当警察的，总会接触到很多诱惑。假如你做人不公正，一开始被引诱了，那么你的一辈子会变得很困难。自己做好人，才能管家；管好家，才能管办公室；管好办公室，才能带领团队。

　　如果说我在实验室里稍微有那么一点成就的话，那是因为妈妈教我无论做什么事情，不管大小，不能马虎。尤其我们这一行，做事情一定要细

心。我常常说，现场只有一次机会，要观察入微，从所有角度，从上到下，从里到外，都要看得清清楚楚，一根头发、一根纤维都不能忽略。如果我们不细心，物证没有看好，也许这个人一生就因为你没有看好而被冤枉了。

我记得在纽约大学生物化学系实验室洗试管的时候，我的主管叫乔治。上班第一天他告诉我，不要洗得太快，马马虎虎洗洗就好了。我问他为什么，他说，你洗干净了，他们又会弄脏的。当时一共有 15 个实验室，洗试管的只有 4 个人。我说，我负责其中的 5 个吧。乔治说，这个中国人真笨，不会算数。他就分给我 5 个最忙的实验室。每天我很早就去把试管洗得干干净净。有一天，一位生物化学家对我说，年轻人，你很勤劳，但是我没有钱付给你。你愿不愿意帮我做实验？我说"好吧"，因为我可以不交钱就学到本领。结果乔治说，你真笨，没有钱为什么要帮他？一年后，我升职了，乔治还在洗试管。再后来，我念完了博士，做了教授，乔治还在洗试管。有一天乔治找到我说："你是对的。"就这样，我一个当警察的去念生物化学，念完以后做了教授，做了刑事鉴识科主任，做了州警政厅厅长。

1998 年，美国康涅狄格州州长邀请我担任州警政厅厅长。美国有史以来的两百多年里，担任州警政厅厅长的都是白人。一开始我并不想干，觉得警政厅厅长每天除了开会就是开会，生活都浪费了，没有认认真真干一天。州长请我妈妈劝我。妈妈问我为什么不做，我说没有意义。妈妈说，做什么事不仅是为自己而做，也要为了未来。在美国，从警的亚裔人员有五千多人，大半都是做比较基层的工作，之前从来没有一个人做到厅长。妈妈说，美国社会里就像有一个无形的"屋顶"，你明明可以上去，但是机会先给白人，不给有色人种，所以，你要打破这个"屋顶"，给我们后来的东方人一个机会。被妈妈讲通后，我就做了两任厅长，好好地做，认认真真地做。在美国做警政厅厅长，天天有很多的事情，大事小事，种族纠纷、警察杀人等，假如处理不好，甚至会引起整个社会的骚乱。假如每一件事情都认认真真地做，没有什么是做不好的。我用自己的工作向世界证明：中国人不仅能够在美国担任警政厅厅长，而且做得比外国人还好。

我们人生的每一步都会面对一些困难，这时就看你有没有梦想。假如有梦想，你就每天扎扎实实，一步一个脚印，等一年后回头一看，你已经走了很多步了。我一直记得妈妈的教导，做事要仔仔细细，踏踏实实，只要努力，总有会成功的一天。

"虽然没有钱，也要干干净净"

时
光
瓶

"虽然没有钱，也要干干净净。"这是妈妈对年幼的我常说的一句话。那时我以为只是要穿得干干净净，长大后才发现，妈妈的这句话其实隐藏着一个非常深的哲理：做人做事要正正当当，穷也不要贪不义之财，穷也要做堂堂正正的人，穷也要品德干干净净。妈妈不但抚养了我们十三个孩子成人，而且教育我们每个人都要做正正当当的人，能够对国家、社会、人类做一点点贡献，要我们不要忘记自己是中国人。现在每次想到她的话，我还会非常感动。

也许是因为在贫穷的家庭里长大，金钱的意义对于我显得不同。今天，我的生活虽然变好了，但是对于金钱依然看得非常淡。我刚到美国的时候很辛苦，半工半读，为了赚学费和生活费打三份工：在纽约大学医学院工作，在餐馆打工，周末去教功夫。现在我有能力了，我希望鼓励年轻人创造出自己的一片天空，实现自己的梦想，所以我设立了奖学金。妈妈教导我，帮助别人才是真正的成功。

妈妈常常给我们讲，不要忘记家乡，不要忘记祖国。她平时和我们交流的时候，都是说如皋话，所以我们都会讲如皋话。在她一百岁生日的时候，我问妈妈要什么礼物，她说什么都不要，只想回家乡给孩子们建一所学校。2001 年 9 月 17 日，由妈妈捐赠修建的如皋师范附属小学岸佛运动场正式落成。我受百岁老母之托，再次回到故乡。离开故乡前，我挑了一块故乡的老青砖，装了一小袋泥土，带给久居纽约、日夜思乡的妈妈。妈妈临终之前还让我告诉孩子们，不要忘记我们都是中国人，我们都流着中国人、中华民族的血，我们有一个根在中国。

我想对我十三岁的孙子说：亲爱的友力，我要告诉你的是，永远不要忘记你是一个中国人。你的祖父就是我，叫李昌钰。你的祖母叫宋妙娟，你的曾祖母叫李王岸佛。我们的老家在中国江苏省如皋市，当年你的曾祖母就是从那里带着你的祖父走向世界。家乡有你的根，你一定要回祖国看看，要关怀家乡，照顾亲人，以诚待人。今天，中国梦唤醒了很多海外游子的共同梦想。我相信，在这一梦想的激励下，祖国会越来越好。因为有了一个中国梦，你就能够认认真真地去做事，认认真真一天一步，你终究会达到自己的目的。你的父亲李孝约，你的姑母李孝美，虽然都出生在美国，成长在美国，但是他们身上依旧流淌着中华民族的血液。你也一样，你要记住，无论今后你走到世界哪一个角落，你的背后始终有一个远远的家，强大的依靠，她的名字叫"中国"。中国是世界上现存最古老的文明古国，我们有世界上最悠久的历史，最长远的文化，你应该为身为一个中国人感到无比的骄傲。友力，你要好好地学习，做一个堂堂正正的人，你要孝敬你的父母，做事要认认真真，做人要尽心尽力，不畏挑战，勇于搏斗。

谢谢了，我的家！

诫子书（节选）

〔汉〕孔臧

人之进道，惟问其志，取必以渐，勤则得多。山溜至柔，石为之穿；蝎虫至弱，木为之弊。夫溜非石之凿，蝎非木之钻，然而能以微脆之形，陷坚钢之体，岂非积渐之致乎？训曰："徒学知之未可多，履而行之乃足佳。"故学者所以饰百行也。

孔臧是孔子后裔，他在给孔琳的这篇家训中，要求后代品行端正，脚踏实地，最重要的是循序渐进，水滴石穿，绳锯木断，不能妄想一步登天。李昌钰正是拥有坚持不懈的品质，才一步步精进自己，终于获得成功。

倪萍

从故事片《女兵》中的女主角开始走上影视之路。1990年进入中央电视台，之后成功主持了十三届春节联欢晚会以及各种大型晚会。

白岩松说："有学历的人，不一定有文化；没学历的人，不一定没文化。"这话是说给倪萍姥姥刘鸿卿的。倪萍姥姥虽然没有接受过任何正规教育，但在日常琐事的应对之间，表现出了中国普通妇女的纯真、温暖和智慧。她对待生命和苦难的态度对倪萍产生了深刻的影响。

> 有一碗饭给人家吃，自己饿
> 肚子，这叫帮人。一锅饭你吃不了，
> 给人家盛一碗，那叫人家帮你

"当兵的就是这个命"

我的小舅当兵，每个月挣五十多块钱，给姥姥寄四十块。姥姥家里的油盐酱醋全靠小舅的钱。

小舅跟战友出车到济南，发生了车祸，他把战友推下去，自己压在方向盘底下牺牲了。部队打电话通知我妈，我妈叫上大舅和二舅连夜上了济南，不知道怎么跟姥姥说。部队首长说一起去见姥姥，救护车也去了，怕姥姥昏过去。姥姥没有昏过去。没等部队首长开口，姥姥先说："当兵的就是这个命，国家使完了咱再使。人家也有命好的，国家使完了，爹妈接着使。咱这个命不好，国家使完了，咱就没有了。就这么的吧。"那天姥姥一滴眼泪都没有掉，倚在家门槛上坐了一宿，早晨醒来的时候一口后槽牙全红了，上火。家门上的匾额从"光荣人家"换成"光荣烈属"的时候，她号啕大哭。后来她每次见到当兵的就想起小儿子，就哭一场。

我小舅就埋在姥姥家附近的烈士陵园，但她从不去。姥姥说："那还用看！他就在我身边。别人看不见，只有妈能看见。"每个月八元的抚恤金姥姥从来不领，她觉得那像吃孩子的肉。小舅生日在七夕节那一天，每到那天姥姥都会煮一大碗长寿面，和着眼泪全部吃完，眼泪顺着脸颊、脖子流到胸口。她就这样吃了三十年。

小舅留下三件还算值钱的东西：一块手表，一个樟木箱，一条毛毯。姥姥把手表和樟木箱给了小舅的未婚妻，剩下毛毯她一直用着，为了"夜里守着儿子"。

"好心有一个好报"

　　我什么事都跟姥姥商量，姥姥也觉得有了我很光荣。

　　2001年，中国妇女发展基金会开始实施"母亲水窖"慈善项目，我看到西海固家家户户喝臭沟里的水，心里特别难受，就决定拿出拍广告赚的第一笔钱——一百万建水窖。一千块钱就可以建一个水窖，就可以过滤水。临交钱的时候我跟姥姥商量："我要捐出一百万，你看行不行？"姥姥说："你想好的事，那就行。"我们捐了一百万之后，桌上的饭菜少了。姥姥把我儿子穿小的裤子都剪成短的，夏天穿。家里人前脚走，姥姥后脚就关灯。姥姥知道我没有钱了。

　　汶川地震我又捐了一百万，姥姥说："好，这是救命的钱。"捐完那一百万我存折上就剩几千块钱。姥姥又开始少炒一个菜、剪裤子、关灯。帮助别人、亏了自己，姥姥认为这是好的品德。我从四川拍电影回来对姥姥说："我到饭店吃饭，还没有吃完就有人给我结账了；买水果不要钱，买鞋不要钱，买牛奶不要钱。"姥姥说："这就是好心有一个好报。"

家里的一杆秤

姥姥很公平，很机智，很聪明。

我儿子小时候被桌子撞了，我妈打桌子，姥姥过来说："这个桌子有没有眼？"我儿子说："没有。""有没有腿？""也没有。""那它怎么撞着你了，孩子？""我从楼梯下来，撞上了。""哦，那是你撞了它，快给它道个歉。"家里处处充满着这种公平。我儿子跟姥姥生活了七年，他后来就特别懂得跟小朋友讲公平。

姥姥烙的饼像块破布似的，但是非常好吃。家里人多的时候，谁回来晚了姥姥也不会给剩菜吃，都是提前把菜分出来盖在笼屉里。

有一次姥姥过生日，家里来了一些穷亲戚。临走时我妈把吹风机、电熨斗、榨汁机送给他们。姥姥说："不拿，人家连苹果都没有吃的，榨什么果汁？赶不上给个信封。"我们赶紧去办，每个信封五千块，共七家。我问："姥姥，满意了吧？"姥姥说："这还能不满意？要不把吹风机这些东西也都拿着吧，省得那姑妈不高兴，你们费点功夫都拿着吧。"就这几句话，所有人都顺心了。

姥姥喜欢几个作家，比如莫言，她说："都说莫言挺丑的，我看人家真漂亮，人有文化就好看，没有文化就不好看。"我给她念张洁的《母亲的厨房》，过年的时候她说："你给张洁送个馒头去吧。"我给她念史铁生的《我与地坛》，她说："这个妈活不了多久了，让这个孩子愁死了。"

> "有一碗饭给人家吃，自己饿肚子，这叫帮人。一锅饭你吃不了，给人家盛一碗，那叫人家帮你"

姥姥的哪句话都是一个故事。姥姥说："有一碗饭给人家吃，自己饿肚子，这叫帮人。一锅饭你吃不了，给人家盛一碗，那叫人家帮你。"这个故事有一个渊源。过去特别穷的时候，有一天下大雪，家里来了一个要饭的老太太。她说："你给我碗水喝吧。"姥姥就去取水，把瓢伸到冰凉的缸里的时候姥姥想，喝一肚子凉水多冷，于是加把草烧热了。当这锅水热了的时候姥姥想，喝一肚子水不如加把米，于是熬了一锅粥。老太太喝完之后浑身冒汗，解开衣服，里边空空的，姥姥一看就收拾了几件衣服给她。后来我问姥姥："这是一个要饭的还是一个神仙？"姥姥说："你觉得她是神仙就是神仙，你觉得她是要饭的就是要饭的。"我年纪越大，琢磨姥姥这些话越觉得有道理。

我认识了姥姥五十年。姥姥的公平，姥姥的宽容，都成了我身上的优点。我真的感谢姥姥！从姥姥这个角度来说，我是个很富有的孩子。姥姥是 2008 年走的，到现在整整十年。现在回头想，谁身边有一个姥姥就是有一个宝。从这个宝的身上可以挖掘很多东西，你会成为一个好人，你做不了坏蛋。

我希望姥姥的爱能够传承下去，我希望我们的家风是姥姥所希望的那样，善良、平和、宽容、幽默，我希望我的孩子能够传承我们的家风，在社会上做一个对大家有用的人，我们相互爱，爱身边的人，爱一起工作的人，做受人欢迎的人。

谢谢了，我的家！

一丹说

倪萍的姥姥虽然文化程度不高，但是她始终捧着一颗火热的心对人对事：她理解老儿子的取义成仁，她对弱者居心仁爱，她在日常生活中亲仁善邻。外孙女倪萍身上的人间烟火和人之常情，都源自姥姥。其实我们身边不乏姥姥这样的智者，她们都在书写着同样的故事——仁者爱人。

蒋小涵

20世纪90年代知名童星，2001年底开始在英国曼彻斯特大学学习戏剧影视，曾参与电视剧、电影和舞台剧的演出，现任中央电视台电影频道主持人。

蒋小涵的父亲经营一家唱片公司，制作过《梅》《阿莲》等流行歌曲，近年来关注少数民族音乐的挖掘与开发。

你长大以后会后悔的

尊重天性，陈述利弊

我小的时候兴趣广泛，不过坚持下来的不多。

在我放弃的兴趣中，钢琴无疑是最有影响力的。五岁时我想学琴，已经在心里勾画了未来穿着一袭白裙在舞台上表演钢琴的场景，自弹自唱，多么潇洒，多么有气质！于是就跟爸爸提出了要求。他一开始没理我，我只好上演苦肉计：在一块纸板上面画了黑白键，"可怜兮兮"地坐在地上弹。爸爸没办法，只好支持我。

但是，我的性格活泼好动，一直坐在琴凳上机械地重复枯燥的音，对我而言真是折磨，我就不想继续了。爸爸看我很痛苦，也就让我放弃了。到了八岁，看到别人唱歌，我希望自己也能学点什么，就又提出了学钢琴。爸爸又一次给我请了老师，结果我还是没坚持下去。爸爸一直观察我，看我是不是真的学不了了。有一次放学回家，我困得直打瞌睡，一沾枕头就呼呼大睡。平时精力旺盛的我突然这么萎靡，爸爸就明白了。他跟我谈话，认真地说："你确定要放弃吗？我们不会强迫你学钢琴，可你长大以后会后悔的。"

现在我确实非常后悔，也会想，如果爸妈要求我坚持，甚至逼我，我应该能学会钢琴，可保不齐性格会有些变化。我之所以是现在这样，有比较快乐的性格和比较自由的天性，对任何事情有明确的主见和坚持，敢于承担可能不好的结果，这些和父母对我的客观理性教育分不开。

宽严并济，以身作则

我们家一直有民主宽松的氛围，爸爸妈妈相互尊重，也尊重我做的决定，不强求，不干涉。但是，宽松绝不意味着纵容，在原则性的问题上他们会坚持到底。首先是不能撒谎。我读小学的时候，如果没有完成作业，没有做到学生的本分，甚至编了一个理由去骗他们，就是不能容忍的。他们对我最严厉的惩罚就是不搭理我。在家里，父母是我的全部，一旦他们冷落我，这样的惩罚会让我加倍痛苦。因此，我成了一个特别诚实的人。

爸爸对我的另一点要求是慷慨大方，绝对不能抠门，要跟小伙伴们分享玩具。可我自己喜欢玩的，根本就不想让给别的小朋友。有一次家里来了个小朋友，她想玩我的玩具，但我死活不答应。这一幕正好被爸爸看见了，他竟然当着我的面，直接打开窗，把玩具扔下了楼。对于一个还在上幼儿园的小孩来说，这可是个巨大的冲击：我又害怕爸爸发火，又心疼我的玩具，就不停地哭。晚上，爸爸带着手电筒下楼摸索了半天，把玩具捡了回来，还收拾得干干净净。这件事让我很难忘，又感动，又愧疚。我后来一直提醒自己，要做个乐于分享的人。

爸爸妈妈教会我感恩，要我把在成长过程中帮助过我的人都牢记在心里，将来有合适的机会，不管用什么样的方式，都要去回报他们。

还有一点对我影响特别大，就是他们豁达乐观的生活态度。爸爸在追求事业的过程中遇到过不少坎坷难关，甚至在别人看来他挺窘迫的，但是我从来没有听到他抱怨，或者有任何负面消极的情绪，而且他从来没有停止追求理想的脚步。这让我在人生重要的十字路口时，内心坚定，相信自己的选择。

顺应内心，彼此支撑

我人生的每个重大决定，包括高中毕业后出国读书，都是我自己做的。当时父母跟我讲，如果在国内读大学，可以顺利地继续发展演艺事业；一旦走了，等我回来，环境就不一样了，得重新开始。当时我一心想读书，于是毅然决然地出国了。

我在国外待了四年，从来没有为这个决定后悔过。出国读书不单是给了自己不同的视角，更锻炼了独立生活的能力。我从小在妈妈无微不至的呵护下，自理能力非常差。可在国外，碰到任何事都只能靠自己。比如我曾经在短短几个月内搬了三次家，找新房子，打包行李，解决很多具体问题，这些事没有家人帮忙，都要自己应对，自己解决。

回国后我的工作也是自己决定的。我很幸运，因为我的兴趣和职业几乎是重合的。我特别喜欢通宵看电影，小时候也有一些拍摄影视剧的经历。后来在大学顺利地读了电影专业，回国后就进入了电影频道。我还爱说话，喜欢主持。所以，电影频道主持人这个职业真的是把所有我喜欢的事全部结合到了一起，我非常享受工作。我还对表演感兴趣，2005 年回国后我已经演了八部舞台剧。其实演剧会花费很多时间和精力，收入也不算特别高，可是我喜欢舞台，在做选择和取舍时，我总是偏向于自己享受的事。父母无条件地支持我，他们看到我做喜欢的事情，也会觉得很开心。

我的性格很独立，但跟父母的交流完全透明，这在"80 后"的群体当中算是很少见。我的所有——工作上的事情和细节，情感上的问题——都会和父母沟通，特别是我妈妈，几乎没有她不知道的。我在英国读书期间，每天都要和妈妈长时间地打电话。现在，虽然我不是天天都和爸爸妈妈住在一起，但我们每天都通过电话或微信交流。我不仅会告诉他们我的决定，还会告诉他们为什么我这么想，爸爸妈妈就会更理解我。我成长中走的每一步，他们都知道，都见证，这是我们一家人的宝贵回忆。

"你长大以后会后悔的"

"你长大以后会后悔的。"很多孩子对这句话应该再熟悉不过，我也是，爸爸经常这么告诉我。我有时会思考该如何培养下一代。我会像爸爸妈妈学习，首先培养孩子成为一个拥有乐观心态的人。我希望能看着孩子一天天长大，和孩子再共同成长一次。当孩子做决定的时候，我会分享自己的人生经历和经验，不强迫，保护孩子的天性，只要这件事不会危害自己和他人。自主性对孩子来说很重要，责任心同样重要。希望我的孩子有勇气，有责任感，为自己的选择承担一切后果。

我想对亲爱的爸爸妈妈说，虽然我从没有对你们说过"我爱你们"，但是这份爱始终占据我内心最重要的位置。小时候对爸妈的爱更多是依赖，现在这份爱中包含了理解、感激、责任，也包含了面对生活困境或者重大人生变化时举重若轻的能力和勇气。

谢谢了，我的家！

她的选择，她的愿望都依照内心所想，父母保护她的性情，给她足够的空间，教她理性思考。于是，她活成了自己想要的样子。她和父母是朋友，既有自己的判断，又善于和父母沟通，彼此信任，互相理解。父母是她的榜样，在潜移默化中，她也明白了该如何与自己未来的孩子打交道。

扎西顿珠

藏族青年歌手，2008年以原创处女作《天堂的门口》获得全国新人新作原创歌曲大赛金奖，2009年创作《川藏路》并获得全国流行歌曲创作大赛总决赛『优秀歌曲奖』，2015年获得『中国西藏音乐传承特别贡献奖』。

扎西顿珠的母亲宗庸卓玛是著名藏族女高音歌唱家，以《故乡的哈达》等作品延续中国民歌的传统，希望年轻人唱出新时代的新民歌。在她的引导下，扎西顿珠领略到中国传统文化的魅力，从西方流行音乐回归中国民族音乐。

不要忘了羊拉乡

寻找我的根

我的家乡在云南省迪庆藏族自治州德钦县羊拉乡别吾舍，那是一个只有十一户人家的小村落。

我小时候和爸妈去过家乡，但印象太模糊了，印象深刻的是高考结束后那次重返羊拉乡。考取上海音乐学院后我非常开心，打算和同学一起去三亚，却被妈妈不由分说地断然阻止，命令我必须回羊拉乡。妈妈只要说到"必须""一定"，我是不敢反驳的，可是心里非常生气。

雨季的香格里拉非常难走，路的这边是金沙江，路的那边是悬崖，路的前方有塌方。经历了一天多的艰辛与危险，深夜了才远远看见一个斜斜的山坡上有十一栋房子。等了一天多的老乡们热情地迎过来，拿出了哈达，因为停电还准备了一个发电机，张罗了一桌饭菜。我们跳了一夜的舞，唱了一夜的歌。起初我像个好奇的游客，后来我和老乡一起跳锅庄、说藏语，慢慢地我从局外人变成了家里人。那天又冷又下雨，但是我感觉无比温暖。我本想代表妈妈说两句话，但是只用藏语说了句"大家辛苦了，谢谢"就开始哭了。我知道，歌声、舞蹈、所有好吃的，家乡人用这些表示一直没有忘了妈妈，一直希望妈妈回来看一看。

爸爸曾经对妈妈说："你现在成为歌唱家，你不是代表你宗庸卓玛，你代表一个民族，代表香格里拉，你看你一回去父老乡亲是怎么对你的。"羊拉乡以前不通路，都是骑马的，所以叫"羊拉"。妈妈筹集资金修了羊拉的第一条路，老乡们叫它"冬梅路"。"冬梅"是妈妈的小名。

第二天我想去看看爸爸妈妈的学校。那段路很难走，可一路上有好多羊拉乡的乡亲，穿着胶鞋，背着鸡、扛着牦牛肉，提着大包小包往别吾舍走。他们都是来看我的，要我把这些东西带给我妈妈。我突然想起来，我们在昆明的家几乎每天都有老乡在，我爸妈就算打地铺也要安顿客人。每天都有一堆人吃饭。我妈曾经开玩笑说，可能很多人家一袋米能吃半年，我们家一个月五袋米都不够。

我突然就懂了这次旅行的意义。我要离开妈妈的怀抱去上海上大学了，妈妈在这个时候坚持让我回家乡，是让我寻根，让我知道无论在多远的地方我心里应该想着谁。如果当时不回去，可能后来我真的会因为学业、事业慢慢没有根的感觉了，不知道自己来自何方。从那以后我有了所谓的念想，有了归属感。

那次旅行对我后来的民歌演唱有很大影响。我唱歌的时候眼前会浮现这些父老乡亲，会出现雪山，就会深有感情，就会牢记我的根。

向民歌致敬

我的专业是音乐剧，学了很多西洋音乐知识，上大二的时候我有机会发专辑，就想做流行音乐，可是妈妈说："你以后要做流行歌曲的专辑有大把的时间，但你是云南的孩子，你是藏族人，你的第一张专辑要向民歌致敬，这是你的态度。"我当时还不太舍得自己原来的方案，为了那个方案我熬了一个通宵。妈妈耐心说服我，因为我是来自香格里拉的藏族，而且小时候接触过才旦卓玛老师等老艺术家，妈妈希望我用第一张专辑向家乡父老致敬，向老艺术家致敬，向中国民歌致敬。后来我才认识到妈妈的决定是多么重要。那张专辑之所以值得留存，是因为有经典民歌作为基础。很多歌手梦寐以求有自己的代表作，我在第一张个人专辑中就有了《川藏路》这首完全有扎西顿珠烙印的歌曲，真的是感谢妈妈，感谢民歌。

其实《川藏路》是我的第二张专辑，我的第一张专辑里全是流行音乐。为了庆祝考取上海音乐学院，我录了我喜欢的流行歌曲，发了五百张，纯属自娱自乐版的扎西顿珠个人专辑。当时我还签了名送给朋友。现在我觉得特别青涩，甚至常常忘了那才是我的第一张专辑。

年轻人喜欢流行音乐，本身无可厚非，但是不能忘记、甚至排斥我们的民歌。传统民歌其实可以有新的唱法，每一代人演唱民歌有每一代人的方式。我按照自己的理解、用自己的方式演唱《康定情歌》《花儿为什么这样红》《北京的金山上》这些经典民歌，改编旋律只是形式，民歌本身这个根是不能忘的。

我唱《四季歌》的时候用了很多流行的改编方式，有三次转调，层层递进，完全用 R&B 的感觉。还请了中国爱乐乐团的老师录弦乐，加上李思聪、欧丁玉等老师的强强联手，是非常认真的一次探讨。我的一个上海小粉丝对她奶奶说，扎西哥哥的《四季歌》可好听了。她奶奶说，这个歌可不是扎西哥哥的，老早就有了。能让这么小的孩子喜欢上民歌，就达到了我和妈妈的目的。

如果我们忘记了自己的传统文化、璀璨的民族文化，那真是非常危险的，因为我们会慢慢被同化到对自己一无所知了，忘了我们是中国人，忘了我们独特的东西。我对很多歌曲做了原版和改编版的对比，希望有老歌记忆的人听到改编版不会觉得突兀，第一次听的朋友不会觉得这是一首老歌，不会有距离感。我想做一个桥接，我应该是那个做桥接的人。

做艺先做人

妈妈在生活上对我非常放得开。我小时候随心所欲地学过很多东西：笛子、萨克斯、钢琴、篮球、模型、电脑。但是，在一些关键节点上，妈妈对我非常严格。妈妈曾经不想让我唱歌，我就常常躲在被窝里听歌。妈妈问我怎么想的，我低着头说："我是您的儿子，不得不听您的，但是我太喜欢音乐了。"妈妈就同意了我选择音乐道路。全国的优秀学生都想去上海音乐学院学音乐剧，可是只有 21 个名额。妈妈放弃了所有演出，天天在家里给我复习艺术考试的内容，视唱练耳，乐理，和声，枯燥地复习。大年三十她也不休息，甚至在"两会"期间还在晚上抽空帮我复习。我在北京、上海、云南报考了五个学校，都被录取了。

妈妈在艺术是对我一直严格要求。我现在还有点怕接到妈妈的电话。每次我的节目播出几分钟后，她一定会给我来一条微信或者一个电话，非常不加修饰地、一针见血地、严肃地点评，然后交代我下一次要有进步。

进入这个行业以后，我特别深切地感受到妈妈一直坚持的德艺双馨。妈妈和那些大艺术家，永远是提前到场，永远是最后离开，永远是坚持谢幕，而且常常主动站在最边上。妈妈常常说要低调做人、高调做事。她说，艺术家不是生活中的艺术家，真正的艺术家一定是在舞台上和生活中一模一样的人，那才是一个真正的人，那才能从事艺术工作。

好好做人，这不是做一件事那么简单，而是生活中点点滴滴的积累。在生活中多看别人的一点一滴，想想自己的一点一滴，随时提醒自己。妈妈经常对我说，就像孙悟空头上永远有一个紧箍咒，做错的时候自己要紧一紧。有一次，妈妈带着我去甘肃康县慰问演出，从西安坐九个小时汽车过去。山路崎岖，客车颠簸，我坐在后面，憋屈着膝盖，特别难受。我看了一眼妈妈，妈妈一句话都没说。我再看了一眼前面，老艺术家没有一位叫苦叫累。我突然觉得自己好差。第二天演出的时候，基层群众特别热情。我一下子切身意识到，应该多去基层，多跟真正需要艺术的老百姓、父老乡亲心贴心，零距离地传递艺术带来的愉悦。人民和演员之间没有距离，不分我是演员你是观众。

有一次我在云南瑞丽演出，因为风很大，我就和大家一样戴着墨镜走台。结果妈妈直接走上台，当着所有人的面一把摘下我的墨镜。她后来对我说："排练就是演出，排练和演出没有区别，都要认认真真。"从那以后我再也不敢那样了。

妈妈对歌迷特别亲切，从不拒绝合影。有一次我在上海搬家，穿个大短裤，拎着很多东西走在路上，有个孩子想和我合影。我觉得自己形象不太好，有点犹豫。可是妈妈很热情地帮忙照相，还夸他很帅，让他挺起身好好照。妈妈后来问我，如果我遇到偶像张学友想照张合影，张学友拒绝了我会怎么想？我就明白了。妈妈还说："任何人和你合影、让你签字，你必须答应，人家不追你、不崇拜你，人家过人家的，你又不是什么了不起的人。"妈妈经常比喻说，不要"坐飞机"，一定要脚踏实地，沾地气。这十多年，我的很多粉丝成了妈妈的朋友，亲切地叫她"珠妈"。

我觉得"艺人"这个词应该反过来，是"人艺"。妈妈对我说的最多的一句话是"先做人再做艺"。她说："扎西，你唱歌不能唱一辈子，但是做人是要做一辈子的。""如果演员心中没有听众，在舞台上眼睛是空的，歌声就打动不了听众。"这些话特别有深意。当你做人做好了，当你知道要往哪个方向努力，当你会关心父老乡亲、家人、朋友等所有身边的人，你自然会提高自己的艺术才能。我们是表达者，我们心中有爱，在台上唱歌的时候才能把爱传递给听众。

初心总不改

现在很多人问我的爱情观，我觉得就像现在流行说的，不忘初心、方得始终。

妈妈和爸爸在一个村里长大，每天一起走很远的路去上学，爸爸一边走一边唱民歌。后来妈妈进了德钦县宣传队，然后到了上海音乐学院；爸爸去了丽江师范学校，毕业以后回到羊拉乡当乡村教师。我妈当时在上海音乐学院是校花，专业又非常好，身边有很多优秀的男同学，但是妈妈一直和爸爸通信，毕业后就回去跟爸爸结婚了。后来妈妈走得越来越高、越来越远，爸爸依然是乡村小学教师。他们的故事简直就像传说。

爸爸非常支持妈妈唱歌。我出生三个月后，妈妈要到国外演出，有人劝妈妈不要去，可是爸爸说："你的任务完成了，现在该我带了。"等妈妈出差回来我都七个月了。

爸爸很有思想。妈妈从上海音乐学院回到云南后，我们云南的一位民歌歌唱家对妈妈说："现在你学会了创作，要重新走一遍宣传队走过的路，去收集更多的民歌，再改编，为父老乡亲们演唱。"妈妈回家把话转告爸爸，爸爸一听马上说："走，我陪你去。"他们俩骑着马，背着卡带录音机，一个村一个村地去收集，走了一个多月。妈妈前两张专辑里的大多数歌是她自己写的，都是改编的民歌。

爸爸是妈妈最忠实的听众，也是第一个听众。爸爸把妈妈所有的演出录像分类、写好说明，一次次带我去机场接妈妈回家。妈妈一回家就开始反复看录像，不是看自己多美，而是在找问题。有时候妈妈会半夜起床录一个旋律，爸爸就起来给她倒杯水，在旁边等着。妈妈录完了就给爸爸听，爸爸就会说这个好听、这个不好听。

爸爸是一个非常粗犷的康巴汉子，但是对妈妈很细腻。他给妈妈缝制漂亮的演出服，样式很经典，被很多藏族歌手模仿。

我两岁的时候爸爸患上骨癌，二十年后复发，卧床将近七年，2015 年走了。妈妈一直想等到退休以后和爸爸去旅游，他们从来没有一起坐过飞机。爸爸住院的时候，妈妈经常亲手做饭，再坐公交车送去。有一天我去医院，看见妈妈在给爸爸洗脚，我就悄悄地拍了一张照片，然后发了个微博，写的是"相濡以沫"。

我一直觉得我爸我妈的爱情是一种信仰，虽然两个人离得很远，两个

人的工作完全不是一个方向，但两个人的心永远在一起。我觉得我爸挺幸福的，因为我妈这样一个女人一直守候着他。

"不要忘了羊拉乡"

我出道十年，十年是一个特别好的节点，回头看我刚出道的样子，我最自信的一点是，我仍然发自内心地喜欢艺术，喜欢民歌，很真挚地演唱，很真诚地和所有观众交流。我跟2007年的我一模一样，还是一个热爱音乐的男孩。我永远记得妈妈对我说的话："扎西，你不要忘了羊拉乡。"

我想对妈妈说：我像一个风筝，您永远在那头拽着我，不是在控制我，而是告诉我根在哪里。不管飞得再高再远，我永远是您的儿子，我永远是云南的孩子，永远是香格里拉所有父老乡亲的儿子，我永远不会忘了自己的根在哪里。

十年以后，我希望妈妈像指引我一样指引她的孙子孙女，也希望我能担负起爸爸从前的那份责任。

谢谢了，我的家！

徵调曲（其六）

〔南北朝〕庾信

正阳和气万类繁，君王道合天地尊。

黎人耕植于义圃，君子翱翔于礼园。

落其实者思其树，饮其流者怀其源。

咎繇为谋不仁远，士会为政群盗奔。

克宽则昆虫内向，彰信则殊俗宅心。

浮桥有月支抱马，上苑有乌孙学琴。

赤玉则南海输赆，白环则西山献琛。

无劳凿空于大夏，不待蹋角于蹄林。

南北朝时期著名文学家庾信，因为复杂的历史原因，长期远离故土，于是写下大量表达故国之思的诗句。这首诗中的名句"落其实者思其树，饮其流者怀其源"，是成语"饮水思源"的出处。饮水思源是中国文化中非常重要的一条原则，不忘来路，才能明确去路。

孔德墉

孔子第77代孙，世界孔子后裔联谊总会会长，1998年经许可在香港注册《孔子世家谱》续修工作协会，主持第五次大修孔氏家谱，新收入了二百万人，第一次收入了女性后裔、少数民族后裔和海外后裔，包括韩国的孔子后裔，共约四万人。

孔德墉的始祖孔子是中国著名的思想家、教育家，被联合国教科文组织评为"世界十大文化名人"之首。他是中华文化思想的集大成者，儒家学说的创始人。他的哲学思想提倡"仁义""礼乐""德治教化""君以民为体"。两千年来，这些儒学思想深刻影响了中国人的生活，同时影响了世界上其他地区的许多人。

诗礼传家

孔府生活，诗礼传家

抗日战争爆发时，孔府在曲阜的嫡系传人是我堂兄孔德成。国民政府不想他落入日本人之手，从而使中国在精神权利、文化道统上失去话语权。因此，为了民族尊严，国民政府派人把孔德成接走。于是，他委托我父亲照管孔府和孔氏家族事宜。

我在孔府里念《诗经》《礼记》，练习书法。抗战八年，我在孔府里读了八年古书。对于在孔府长大的我，影响最深是孔家家风，叫"诗礼传家"。在孔府，六点钟就要起床，梳洗完毕，在很大的后花园里玩一会儿，就和老师一起吃早餐，吃完早餐跟着老师念书，午饭也跟老师在一起吃。老师里有一位是清朝末年的进士，国学很好。以前在济南的时候，我是独子，非常自由。到了孔府感觉非常不自在，跟老师在一起有很多拘谨的规矩，要尊师敬长，说话不能随便，也不能大声说话，吃饭的时候要规规矩矩地坐。在这样长期的潜移默化下，我就形成了习惯，慢慢地不觉得守规矩不舒服了。

在孔府里，到祠堂祭拜是一项很大的工作，初一、十五要磕头，腊八节、端阳节、中秋节都得磕头。必须给上一代磕头。有一个报本堂，从第43代到第76代衍圣公，都得在那里挨个磕头、上香。乾隆皇帝女儿嫁给了我们第72代的祖先，单独有一个祠堂，那个祠堂跟故宫差不多。晚上要把被子铺上，早晨起来要把被子叠好，每日三餐还都开饭，就好像公主生前一样，初一、十五，她的生日、忌日，还有各个节气，我们都要磕头。现在我觉得，慎终追远，不要忘了老祖宗，还确实是应该做的。

我年轻时不愿意念古书，我喜欢音乐，跟曲阜的一位音乐教师学习。老爷子知道后把胡琴、风琴都砸了。我就想去外边学习。第一次我偷跑去青岛，被追了回来。第二次我往重庆跑，又被逮回来了。有人向我父亲建议，给我娶一个媳妇就把我捆住了。我父亲就给我介绍我舅舅的女儿，比我大九岁。我"绝食"了三天。我父亲说，何苦呢，不行就不行吧。我就胜利了。

父亲说，什么时候打胜仗了就放我出去。1945年8月15日日本投降，8月16日我们看到报纸，我要第二天走。我父亲言出必行，就答应了。从曲阜到济南，火车开了三天三夜。我到了北京，学了大概三个月。当时曲阜安定了，北平还没有安定，我就和家里断了联系，钱也汇不来，那时候可以说非常困难，我吃不成饭了，靠教书才维持下来。后来到了1946年，我考上了国立艺术专科学校音乐系。那时候有奖学金，学业稳定了一个时期。1948年8月暑假期间，我回到济南，大概有三个礼拜左右，开始打仗了。我背着我父亲在战场上跑了十几里路，躲开了战乱。两个多礼拜后，济南不打仗了，我们就回去了。结果正好碰到一个朋友家兄弟姐妹四个人拿着铁锹和铁铲，在一片废墟里找我们的尸体，见面之后大家感慨，二世为人。

1950年，我到天津中央音乐学院工作。1952年，我父亲得了癌症，在协和医院住了三年，1955年去世了。那几年我在经济上有很大的压力。所以再后来为了给我太太治病，我们全家就申请去了香港。

圣之时者，弃乐从商

生活要紧，先得有饭吃才行。我当时做裘皮生意，赚了一些钱。第二年我们国家轻工业部的朋友找我说，他们刚刚进口了一台塑料制膜机器，要花16.8万美元，让我帮忙去日本了解是否合适。我到了日本，伊藤忠商社有七个部长来见我。一个部长抽着烟斗，跷着二郎腿坐在沙发上，挺不客气地跟我说，听说你是孔夫子的后代，孔夫子有点看不起商，他的排位是士、农、工、商，"商"排在最后面，你现在做生意，你老祖宗九泉之下不生你的气？我说，你大概不太了解孔夫子，孟夫子说："孔子，圣之时者也。"意思是说，他是与时俱进的。孔夫子如果还活着，也会做国际贸易，而且比我做得好。这个部长越听越有意思，可以说哄堂大笑。我还说，我虽然只做了一年生意，可能我比老生意人还高明，因为我有孔夫子的思想。孔夫子的思想很简单，两千多年以来，中国人做生意讲求货真价实、童叟无欺。现在我们想买你们的机器，你们要货真价实，咱们才能合作。这个部长说，我经商 21 年，头一回听到这么高明的哲学。我说，这不是我的哲学，这是孔子的哲学，这是儒商的哲学。我们谈了三天，最后 4.5 万美金成交，从 16.8 万美金到 4.5 万美金，给国家省了很多钱。经商时虚点心好，孔子说："三人行，必有我师焉。"要向别人学习。

慎终追远，千年梦想

1987 年生意做得很顺的时候，我去了老家曲阜，见到了谷牧副总理，他对我说，你应该给孔家修家谱，不能把孔家家谱看作自己家族的事，这是中华民族传统文化的传承问题。我当时一没有时间，二有顾虑。到了 1996 年，我才到台湾找孔德成讨论修谱事宜。孔德成连说了三次，应该修。

1996 年 10 月 28 日，在曲阜召开了第一次修谱启动会议。修家谱就像摸着石头过河。从前孔府有衍圣公，一声令下，各个地方修支谱，把支谱接上，就修好了。经过几十年的战乱，现在找谁去？现在没有人听了，没有族长了，户头那一套系统没有了。看了看民国谱，那时候有 108 个支，哪些地方人多，就从哪个地方开始。像河南，人很多，我先派代表去了解情况。人家说，刚走了一个骗子又来一个骗子，原来刚刚来过两个人，说是要修谱，带着图又吃又喝又要路费，把他们都骗了。最后我发通知，把河南省各村各县的代表五十多人请到济南来，吃喝住行我全负责。大家就相信了。开完会后，大家都行动起来了。一开始我在香港和大陆之间来回跑，后来我把生意交给我女儿，专注于修谱。有很多人对家族的观念淡漠了，入谱也是姓孔，不入谱也是姓孔。为了修孔家家谱，光调查和采访就用了七年时间，第八年才编纂定稿，一共十年。2009年出版，80册，5000多页。凡是入谱的孔姓人都可以在家谱里找到自己的名字，而且可以续到孔夫子。这中间有很多有趣的事。山西有三个老头，说不清自己是"真孔"还是"假孔"。我们经过调查，把他的谱系接上了，这三个老头跪在那里就哭起来了，终于找到家了，终于找到祖宗了。非常感人。

现在孔氏家谱一修，各地很多家谱都修起来，孔家的家谱作为典范，每家都不同。姓孔不一定是孔夫子的后代，都得考察，很麻烦，这是一项很细致的工作。实际上，这是一个家庭史，家谱就是家里的史，这是历史的一部分，正史不会这么清楚地反映家史。

家谱修完以后，我发现还有很多人没有入谱。我就成立了孔子世家谱常态化续修协会。我提出，很多人反对女性入谱，其实有些女性比男性还孝顺，另外，如果一户人家只生女儿，不把女儿记入家谱，这家就绝户了。所以，一定要把女性写入家谱。再一个是少数民族。很多汉族人去到少数民族地区，有的因为通婚，有的因为政策问题，这次修谱收了十五个少数民族的孔子后裔。最后，过去家谱中没有收入过外籍华人，但确实是孔子后代的必须收进来。这是前所未有的事情。

我们孔子后裔要担当历史责任，要传承孔子的思想，要弘扬孔子的道德。修家谱就是一个凝聚的过程，就是一个修身立德的过程。现在，我越做越进入角色了，因为这项工作非常重要，等于给孔氏家族写史，过去的史太简单，应该更详细地留给后人。要做很多工作，写家史当然不能夸张，不能写溢美之词，都应该客观地写，把被埋没的历代精英都挖掘出来。一定要让后人知道我们的先贤。家史里面可以找出很多楷模人物，比如孔繁森，我们应该学习他，应该在家谱里多写两笔，记载他的功劳，记载他的品格。各族家谱应该多做这些事情。这是一个很大的文化工程，也是一个系列工程。这不只是孔氏家族的事，这是中华民族传承的大事。我现在越做越觉得责任重大，多活几年，多做点事，必须有后人接棒来传承这个任务，为家谱起一点作用，这是我们的责任。到了晚年，我觉得最有意义的还是这件工作，其余的工作是为家庭奔波，但是这件工作是为家族，是为中华民族传承特有的文化。天下有国，国里有家。现在孔氏家族的人开会，大家兴致非常高，信心也非常足，都想为家国来做事，家国天下是中国人的世界观。

"诗礼传家"

我给孔氏家族的所有年轻人和孩子们说几句话：孔氏家族是一个大家族，家谱对每一位族人来说是不可或缺的人生坐标和亲情纽带。它告诉孔家每一个人在历史长河中的位置，也提醒每一个孔氏家族的人牢记"诗礼传家"的家风。

我们不仅要知道自己往哪里去，还要知道自己从何而来，更要知道自己应该做什么，一定要接过历史的交接棒，担负起历史传承的责任。人生在世匆匆忙忙几十载，你之所以走得更远，是因为你始终有家可回。

谢谢了，我的家！

论语·季氏篇第十六（节选）

陈亢问于伯鱼曰："子亦有异闻乎？"对曰："未也。尝独立，鲤趋而过庭。曰：'学《诗》乎？'对曰：'未也'。'不学《诗》无以言。'鲤退而学《诗》。他日，又独立，鲤趋而过庭。曰：'学礼乎？'对曰：'未也'。'不学礼，无以立。'鲤退而学礼。闻斯二者。"陈亢退而喜曰："问一得三，闻《诗》，闻礼，又闻君子之远其子也。"

伯鱼即孔鲤，是孔子的儿子，而陈亢是孔子的弟子。诗礼传家是孔家的坚持：《诗》可以教人说话，礼可以助人立身。更重要的是，孔子不偏爱自己的孩子，对他严格教导。孔子的家族与中华民族紧密相连，而他的这些思想与行为深刻影响着中国人的为人处事。

傅琰东

傅氏幻术第四代传人，现今国内学历最高的青年魔术师。2011年因春晚魔术《年年有「鱼」》家喻户晓。

傅琰东的曾祖父傅志清早年留学日本，是最早将外国魔术引入中国的先行者之一。祖父傅天正成立了傅氏幻术的第一个正式魔术团，曾被誉为"中国四大魔王"之一。父亲傅腾龙集研究、表演、创作和设计于一身，被誉为"中国魔王"。傅氏幻术是魔术界唯一国家级非物质文化遗产，致力于将中国幻术展现在世界舞台上。

一家人就该好好的

父母相濡以沫，暖心牵手相伴

　　我出生在一个魔术世家，从记事开始，我就觉得爸爸妈妈的感情非常好，他们从来没有红过脸、吵过架。以前我们三人出门都要手拉手，现在他们俩都七十多岁了，还会手拉手。我最熟悉的画面，就是爸爸妈妈在我身边，爸爸做道具，用针线帮我缝机关，妈妈也在一旁帮忙。

　　妈妈是老师，跟魔术圈没一点儿关系。当年爸爸的剧团解散了，被分配到一所中学当美术老师，认识了妈妈。一开始妈妈好像很讨厌他，甚至还去给领导提意见，要开除这个画画老师。后来，他们在工作中慢慢产生了感情，妈妈对魔术的态度也有了变化。她开始帮爸爸做道具和机关，还当他的助手，上台递东西。此外，她充分发挥了自己语文老师的特长：爸爸经常写跟魔术研究有关的书，但是写得比较潦草，妈妈就利用午饭到午休这段时间在办公室抄，没有电脑和打字机，就买文稿纸，一个字一个字地誊写清楚。爸爸的改动多，妈妈能看懂，还把思路和措辞改得很通顺。她是爸爸的文字编辑。

我的爸爸妈妈不仅心有灵犀，性格还默契互补。爸爸为人随和，妈妈细致入微。当时爸爸在上海挺有名，很多人在路上都会认出这是著名的魔术师。只要被人喊出了名字，妈妈就立刻帮他把领子翻好，她知道爸爸总是一个领子在里一个在外，生怕他出洋相。他们手拉手，其实还有个秘密。爸爸的糖尿病已经有三十多年了，导致一只眼睛几乎失明。别人问："傅老师，你的眼睛这样，按理说身体早就支撑不住了。可你怎么还这么好？"爸爸总是回答，多亏了老伴的照顾，都是老伴的功劳。妈妈常说："为什么要拉着一起走？因为怕他看不见，怕他摔跤。我就是他的一副拐杖，是他的一双眼睛。"

他们的亲密让我一直备感温暖和踏实。小时候，爸爸常去外地巡演，一去就是半年，连铺盖都带走。当时打电话也不方便，我们就给爸爸写信，一般是妈妈先写，最后让我加两句。才一年级的我虽然不太会写字，也会用拼音把幼稚的祝福语添上。每个礼拜我都能收到爸爸的回复。记得有一次，爸爸从青岛坐船回来，妈妈从几天前就开始忙活：把被子全都换成新的，铺好床单，买菜回来腌，杀鱼……直到那一天带着我去码头等船。这些都是我的美好回忆，也让我对幸福有了深刻的理解。

为爸爸学魔术，为妈妈上大学

不管是多么和美的家庭，总有不可避免的分歧。在我们家，最大的一次讨论发生在我高中毕业的时候。我到底是当魔术师还是上大学？爸爸和妈妈有分歧。

我从小学习好，但是更爱学魔术。六岁时我神奇地获得了人生中第一次登台演出的机会。那时爸爸在外地，妈妈还没下班，我放学回家，听到有人在公用电话亭里找爸爸接电话，于是我接过了听筒。对方说，有个儿童美术电影的颁奖典礼将在上海浦江游轮上举行，想请爸爸表演。我说爸爸出差了，几个月后才回来。那边就问："你去行吗？"对于生长在魔术之家的我而言，看爸爸演出是司空见惯的，可是我自己还没有表演过，挺新鲜的，我糊里糊涂就答应了。接下来，我从储蓄罐里拿了四分钱坐电车，坐了七八站到达南京路上的上海国际饭店。门一开，我看到了一群大人。他们看我这么小，便问道："你能表演吗？"我想了想，回答说："我会一点儿魔术。"他们就同意了。回家后我把这件事讲给妈妈听，她惊讶不已："你胆子怎么这么大呢？明明你什么都不会啊！"但我已经答应了人家，于是妈妈让我赶快给爸爸写信，临时抱佛脚。过了大约一星期，爸爸回信了，他没埋怨我过于自信，只是画了三四十张图纸，用画画的形式，把一个绳子的魔术解释清楚。我照着图练了一星期后，信心满满地去了。可上了台才明白表演和练习的差别有多大。我的脑袋晕乎乎的，用发蒙的状态稀里哗啦地完成了，人家还给了我十五元作为报酬。

妈妈总说，爸爸给我种下了一颗"不安分"的种子。他经常带我去演出。我去过中南海、人民大会堂，直到高中还跟爸爸到处见世面，看到了外面的精彩世界。我爱上了舞台带来的成就感，不想上大学了。家人开了个会，爸爸说随我，但妈妈觉得做演员太辛苦，生活风雨飘摇的，也没有保障，坚持要我一定上大学。我经历了几番迷茫与挣扎后，告诉爸妈："这样吧，我可以去上大学，但是毕业后我不会从事跟那个专业相关的工作，还是要做魔术师。"

求大同存小异，表演团队作战

爸爸认为父子的关系就应该如朋友般亲密，他跟我说话不用命令句，而是用商量的口吻。不过他也常常提醒我不要浮躁，因为成功绝不是一蹴而就的。他说："遇到困难要坚持。任何一件事，比别人多坚持一秒，你就赢了。"妈妈一直对我严格要求，特别在意我的学习成绩，从不轻易妥协。不过我的性格更像她，挺有决断力，有原则。但是说到底，我们都明白"家和万事兴"的意义，有什么想不明白的，就开个会解决。

关于家庭会议，爸爸经常开玩笑地说："老伴是主席，主持开会；儿子是总理，事无巨细；我是政协委员，给他们做参谋。"最终总是求大同、存小异，少数服从多数。妈妈会选一些环境好的地方开会，这样心情也会好。比如夏天就在公园的树荫下，我们席地而坐，慢慢讨论。冬天去茶室这样安静的地方。有一次，我们的会址是上海展览馆门口的绿地，就在街边。我们坐在那儿，一边开会一边吃梨，好像在郊游。梨吃完了，会也开完了。我们讨论的话题，有时候是爸爸的秘密，有时候是我的，大部分都跟魔术有关。爸爸比较传统，而我时常有一些新想法，妈妈是我们的第一观众，她通常觉得我的点子更时尚，更能吸引年轻人，于是总会支持我。不过，傅氏幻术一贯的中国化表达和将魔术当学问来研究，我是从爸爸那儿继承的，我也会一直坚持这个理念。

现在爸爸退休了，我们俩的身份发生了互换。以前，他设计了一个新节目，总会问我的意见，而现在，是我向他请教，他是我最重要的艺术顾问。我不希望爸爸彻底休息，他这样热爱事业，如果保持工作状态，就不会衰老太快，也会始终有一种被人依赖的满足感。我在 2011 年春晚上表演的《年年有"鱼"》，那幅画就是我爸爸帮我画的。他的贡献还不止于此，他是我的保护神。2010 年 12 月 24 日，春晚节目审查，我准备的节目就是《年年有"鱼"》。当天爸爸在上海有演出，只有妈妈在我身边。那天我过得非常煎熬，什么都不顺，鱼也不听我的，眼看这个节目就要被毙。后来导演手下留情，给了我一个机会，两周后再看一次表演。于是我赶紧给爸爸打电话，让他赶紧回来帮我。只有他和妈妈都在身边，我的心里才能踏实。第二天，爸爸就风尘仆仆地赶到北京，帮我做准备。于是，我顺利地通过了第二次审查。年三十晚上，爸妈也一直陪着我，爸爸在走廊里帮我看衣服，妈妈负责拦住舞蹈演员，不让他们出现在容易穿帮的地方。这个成功的春晚节目，其实是我们一家人送给全国观众的礼物。

父子身份转换，陪伴以报恩情

这两年爸爸的身体状况不太好，他又特别不自觉，很难控制对巧克力、冰激凌这些甜品的食欲，偏偏糖尿病患者必须管住嘴。有时候我实在气不过，给他测血糖，还悻悻地说："你这样的人，就得一天测七回！"说得他怪不好意思的。有时候看他废寝忘食地画道具和设计图，就必须提醒他该休息了，仿佛我变成了家长，而他成了孩子。

糖尿病在我们家遗传，后来我和爸爸成了病友，这让我对他的状态更加感同身受。我得病以后，就更加关注爸爸的生活质量，不能让他瞎吃，但没有甜味，生活也变得没趣。我就上网查了真正无危害的无糖食品，可以吃什么，可以吃多少，还经常给他换换花样。最有趣的是，我们会自己研发糖尿病人可以吃的奶油蛋糕。总之，爸爸是我和妈妈的重点照顾对象。

几年前，爸爸妈妈从住了好多年的上海来到北京陪伴我。我知道爸爸的喜好，立刻给他布置了一间小书房，任他自由活动；还在工作室里给他安排了一间专用办公室，让他专心研究道具。平时，我会挑一些安排宽松的演出，只要爸妈的身体吃得消，就带着他们一起去，爸爸当顾问，妈妈当义务音乐总监。我知道他们希望能多跟我待在一起。遇到我休息的日子，他们会主动问，比如，香山的枫叶红了，一起去爬山吧？他们希望我劳逸结合，身心得到放松。一家人手拉手，待在一起，才是幸福的真谛。

"一家人就该好好的"

最近，我和爸爸着手研究了一个全新的魔术。我小时候就见过爸爸在画图，由于当时的技术水平不够，达不到想要的效果。辗转三十多年了，现在我们终于有机会和能力做出来了，我想在新魔术首演的当天，重温接下来的这段话：

时光瓶

爸爸，妈妈，这么多年来，幸好有你们一路的陪伴，要不然我走不到今天。我从小性格内向，也不知道自己将来到底要做什么。爸爸悉心的指导，让我的人生有了一个明确的方向。我小时候羡慕爸爸，仰望着他，当时绝没想到有一天，我也能成为和他一样棒的魔术师。将来我可能会比爸爸做得更好，但爸爸永远是我人生中的一盏明灯。从小到大，爸爸总跟我说的话并不全与技艺或绝活儿有关，而是"一家人就该好好的"。傅氏幻术已经传承了四代，我希望，不仅一代比一代强，更要把"家和万事兴"的暖风传递下去。

谢谢了，我的家！

袁氏世范卷上 (节选)

〔宋〕袁采

骨肉之失欢，有本于至微而终至不可解者，止由失欢之后，各自负气，不肯先下尔。朝夕群居，不能无相失，相失之后，有一人能先下气，与之话言，则彼此酬复，遂如平时矣。宜深思之。

《袁氏世范》中的这段家训，旨在深思家庭里"负气""失和"的现象，提出如果有人能打破僵局，主动沟通，问题就会迎刃而解。和睦的家庭也会遇到分歧，有商有量，求大同存小异，才有助于营造亲密和美的家庭氛围。

肖 全

一众名人曾出现在他的镜头前，因为他被称为『中国最好的人像摄影师』，『拍谁就是谁一生中最好的照片』。

肖全的父母对儿子一直抱有主动理解的态度，体谅儿子的心思，支持儿子的选择，在潜移默化中教会儿子将心比心、设身处地、善解人意。而这些品质，正是成就一名金牌摄影师的关键。

我们应该多去理解、多去沟通

父母理解我

我的父母给了我太多的成长启发，他们只要观察到我们几个儿女的心思和兴趣，就会尽力满足。

我小时候兴趣广泛，喜欢画画、踢球，也很早和摄影结缘。当时妈妈带着四个孩子从成都坐火车到武汉待了半年。舅舅经常带着一台相机，在长江大桥附近给我们拍照。虽然以前去过照相馆，但是对我而言，一家人合影才是真正意义上的拍照。舅舅一按快门，"咔嚓"一声，我们一家就像被施了魔法，装进了同一片天地。太神奇了！表哥还带我去了暗室，让我看到显影液下慢慢显影的照片。从此，神奇的摄影艺术在我心中扎下了根。

有一年，我要在学校演样板戏《智取威虎山》。本来我要演杨子荣，后来换了角色，我演猎户。我唱得很卖力，吃完晚饭就在厨房里大声地唱。我现在还记得唱词，"早也盼晚也盼"。妈妈听到了，听懂了我非常喜欢戏。她什么都没问，直接买了一把胡琴给我。这把胡琴陪了我很多年，后来被我带到了部队。

长大后，妈妈对我的理解还在延续。一次同学来家里玩，我们一起谈梦想。我告诉他们，我就想当兵。后来的某一天，我正在家里做作业，妈妈突然跑进来告诉我："肖全，现在在招兵！"虽然我们之间没有直接沟通过，但是她知道我崇拜电影和京剧里的英雄人物，她就这样默默地支持我。要是没有她的消息，我很可能错过那次报名。

多亏妈妈，我到了北京的良乡，当上了海军航空兵，而这份职业也为我的摄影生涯打开了第一道门。

我当兵六年，其中四年都在天上飞。天空给了我一个特殊的视角。有一次从东北去山西出任务，路过北京。我们飞在高空八千米，看到的北京城没有现在那么大，它被燕山山脉围着，好像一刮风就会消失。平时我喜欢走路去中国美术馆看展览，觉得北京城好大好远，但在高空看北京完全是另一种感受。我就有了一种宏观的心理格局，有了多维度看世界的观念。我曾经在一天之中，分别从武汉市的上空、长江岸上和市区三个角度看长江，感受完全不同，我对长江的理解就完全不一样了。我后来为什么会花十年时间去完成一个项目的拍摄？就是因为我建立了一种所谓的客观心理格局。

这时我觉得自己必须得有一台相机，可我只是个普通战士，攒的津贴根本买不起相机，只好非常正式地给爸爸写了一封信，提出了买相机的请求。爸爸知道我在部队的表现不错，也愿意帮我完成梦想，于是一纸汇款单寄来180元，那基本上是爸爸两个月的工资。我到现在还记得那张绿色的单子。我拿着它，心里又欣喜又愧疚，感觉沉甸甸的。我花了169元买了我人生的第一台相机。当时我自己也不知道摄影会成为我的职业选择，爸爸妈妈更不会知道我会将摄影当作职业，他们只是无条件地理解我，支持我。

理解一代人

父母的理解和包容不仅让我走上了摄影师的道路，更重要的是，他们让我学会了倾听他人，这是人像摄影师最重要的品质。

人与人之间的距离有时很遥远。当素昧平生的人来到我面前，我会营造轻松的环境，跟他们聊天。在这个过程中，我们相互感受到彼此的真诚，紧张的情绪就会慢慢放下。拍照是我们从陌生到相识、通过沟通达到理解的过程。

当我还是个摄影爱好者时，有个朋友送了我一本杂志，上面有美国诗人埃兹拉·庞德的照片。我看着他头戴礼帽，穿着长衫，拄着拐杖走在小路上，照片下方配着一行字："一切都是那么艰难，那么徒劳，我不想工作了，理解来得太迟了。"那一刻我的心里产生了巨大的震动，我看着照片，理解到一种知识分子的孤独与无奈，同时也萌生了为我们中国的文学家和艺术家拍这样照片的念头，让他们的灵魂被更多人看到和理解。

我很快就碰到了一个契机。当时我在成都，机缘巧合下为很多艺术家拍了照，他们对我一点儿都没有戒备。1990 年 9 月，作家三毛来到成都。第一天在酒店见到她，我就觉得这个穿着白衬衣、盘着头发的女人太特别了。她看了我的作品，说："你给他们拍得这么好，你得拍我，不要把金属感的东西拍进去，我不喜欢。"第二天我把一组照片拿给她，没想到她说："肖全，你的技术是一流的，但这不是三毛。"我感到疑惑，到底是哪里出了问题呢？这时她换了一身乞丐服出来，头发散着，还告诉我她姐姐总不让她穿这一身。当时我也不知怎么的，莫名其妙地对她发誓，我一定能拍出好照片。

我们约好了当天下午见。回家后我立刻拿出了之前买的《撒哈拉的故事》，一边吃面一边看。我觉得她的文字里仿佛有电影镜头捕捉的画面感，实在太棒了。下午我们在河边见面，我问她关于荷西的事。她告诉我，这几年她已经把眼泪流干了。聊着聊着，我们走到了柳荫街。当时阳光不太猛，小孩儿在一旁做作业，老太太们有的坐着打牌，有的绣花鞋和小脚布鞋，簸箕里面晒着辣椒，真是一派典型的成都风光。三毛看到这些巷子，一直说，要把这些东西保留下来就好了。她看到一把竹椅子扣在门上，就干净利落地把鞋一扔，光着脚坐在地上。我半蹲着为她拍照。狭窄的胡同里很多人路过，没有人嫌弃，只是安静地看。

回去的路上三毛对我说："肖全，你能不能辛苦一下，晚上加个班把照片洗出来？"第二天我如约把照片给她，对她说："三毛，我太喜欢这张照片了，构图，人物的情绪，还有影调，我都觉得很完整。"三毛的视线丝毫没有离开那张照片，她对我讲："肖全，这可不是'完整'，这是'完美无价'！你知道吗？我二十几岁就一个人背着包，梳着短发，满世界漂泊。多少年过去了，我还是一个人。这是一个多么倔强的女人！"

她还跟我约定，第二年夏天再见面，去一个凉快的地方，我拍照片，她写字。

没想到事与愿违。1991年1月4日早上，我得到了三毛去世的消息。后来，我把三毛的照片全部做出来，出了一本小册子《天堂之鸟》，那是我有生以来的第一本摄影集。若干年以后，我在北京碰到三毛的弟弟。他对我说："肖全，你是我姐姐的恩人，我姐姐一生中最好的照片是你拍的。"他还说，我和三毛的合影被她贴在自家的小木屋里，旁边放着三毛和爱人荷西的照片。

我和三毛原本是陌生人，但因为摄影师和被拍摄者之间的互相沟通和理解，我们之间有了一种奇妙的感应。她曾对我说："肖全，在拍摄过程中咱俩很少说话，全凭一种感应，咱俩是通的。"我在空荡荡的暗室红灯下想起这句话，觉得她就在身边，于是开始哼唱她的《橄榄树》："不要问我从哪里来，我的故乡在远方，为什么流浪？流浪远方，流浪。"那一刻我挺想她的，虽然交往短暂，但我们是能够相互理解的朋友。

我拍过诗人食指，一边跟他喝酒，一边听他读诗。我录下了他的朗诵，经常在展览中放给参观者听，特别希望逆境中的人从中获得力量。

我陪残雪和王安忆买过菜，陪巩俐在上海搬过家，还有姜文、窦唯、杨丽萍、崔健、张艺谋、史铁生，等等。我跟他们做朋友，他们也把我当朋友。我用相机记录下了这一代艺术家的青春和理想。

2012年，我和演员周迅、导演杜家毅一起为联合国做了个公益项目——《2032：我们期望的未来》。我的拍摄对象很多是北京的普通人，他们虽然看起来微不足道，却是时代特别重要的一员，是时代的肖像。我记录下他们，感受到每个人的神韵，希望观众通过他们理解这个时代。

理解我家人

我的家人并没有看过我的很多照片。我记得有一位记者去家里采访我，他对我爸爸说："你有个了不起的儿子！他是摄影家。"我爸爸这才知道，摄影早已不单单是我的爱好,而是我的事业了。

1975 年我十六岁,第一次独立完成了一幅肖像摄影作品,拍的是我奶奶。她不识字,我给了她一份画报,再给她拍照,她很享受那一刹那。2006 年我在上海做展览,展出了很多美丽女性的照片。一位参观者告诉我,她最喜欢的是我奶奶那张,特别干净、朴素。我的朋友也说,接下来我的所有作品都没有超越那一张的。我相信,家人之间的情感是最纯粹的,我也希望通过镜头永远记录下他们的声音和相貌。

2009 年,爸妈的身体很不好,于是我推掉了几乎所有工作,专心陪伴他们。我们兄妹四个和爸爸会在天气稍微好一点的时候,陪得了脑血栓的妈妈散步。我背着照相机给他们拍照。我拍的照片,就是我理解的父母的样子。后来他们不在了,我用两张照片表达了对他们的理解。

我镜头里的妈妈一直在笑,她就是如此善良,特别容易跟别人亲近。她是个厂长,不仅对儿女,对同事,对下属,哪怕是对小混混,都很有一套。她的关心,她的严格,让大家都很服她。我经常看到妈妈跟同事们一起下班,一边骑车一边聊天。她去菜场买菜,跟什么人都能说说笑笑唠家常。其实在聊天的过程中,人心就走得很近。妈妈是个善解人意的人,她的笑容总是很有感染力。我现在享受的与人打交道的快乐以及理解人的愿望,就是从妈妈那儿继承的。

同一天，我也给爸爸拍了照片。我理解的老爸，就是一生堂堂正正。他去世后，他以前的部下到我家来，讲述了爸爸如何帮助他们的故事。我这才知道，爸爸曾经默默地付出，关爱别人。老爸的腰板特别挺拔，虽然对我们严厉，但是关爱丝毫不少。我记得小时候和他最亲近的一次。那是一个晚上，我们在武汉长江大桥，爸爸背着我在江堤上走，我趴在他背上，虽然没有怎么说话，但是那天的温暖，直到今天我仿佛还能感受到。

有一天出门，我照例亲了亲妈妈，转身要走，突然意识到爸爸还在客厅里。我又把门打开，抱着我爸亲了亲，这是我们父子之间唯一的亲密互动。幸亏在他还可以说话和感受的时候，我亲了他，拥抱了他，这让我非常满足。爸爸在生病期间过了八十岁生日。有一刻我们两人独处，我对他说："老爸，不要怕。我们养过蚕，它长大后吐丝建了一个房子，睡了一觉，咬了一个洞，飞出去了，那是一个崭新的生命。"爸爸用力地看着我，回答说："谢谢你！"那不是儿子与爸爸的对话，而是两个男人之间最真诚的鼓励。

一年之后，爸妈去世了，他们的遗像用的就是我拍的那两张彩色照片，是我对他们人生的理解。虽然只是爸妈平时的一个瞬间，显得很普通，但是我认为，恰恰是普通的场景才特别珍贵，特别有力量。我们家的兄弟姐妹看到照片后，都经常情不自禁地说，爸妈好像还活着，因为那是我们心目当中爸爸妈妈的模样，是他们真实人生状态的定格。我愿意让这彩色的瞬间永远留在我们家孩子的记忆中。

"我们应该多去理解、多去沟通"

时光瓶

我妈妈有一句话特别普通，却总让我记忆犹新。小学一年级的时候，有一天下课了，一颗乒乓球不知怎么滚到我的脚边。我觉得很新鲜，就捡起来揣在兜里。其实当时我就是觉得好玩。我家在经济上还是比较富裕的。回家之后，我把这件事告诉了妈妈。妈妈没有打我，也没有骂我。她了解我的性格，硬碰硬不一定能说服我。妈妈说："你要是喜欢什么，就跟妈妈说，家里会给你买。"这样简单的一句话，让我瞬间泪流满面。在那之后，妈妈的承诺总是说到做到。

爸爸也是这样。我后来喜欢踢球，爸爸就给我买了一个皮球。我喜欢画画，他们就给我买了画板。我在部队的时候画黑板画特好。我弟弟喜欢小提琴，爸妈就给他买了一把。我爸妈常常对我说："我们应该多去理解、多去沟通。"他们正是这样做的，我也深受影响。

我想对爸爸妈妈说：我知道你们过得很好，我也知道你们会担心我，其实我也很好。就像爸爸说的："去做你喜欢的事情。"我这几年不断拍照片，做展览，这就是我的所爱。妈妈对我的培养，让我知道理解的重要性，我在生活和工作中都非常受用。无论我走到哪里，都会交到真诚的朋友，不管什么样的人，都很接纳我，喜欢我；很多陌生人来照相馆，我通过沟通和理解，真正地尊重对方，从而完成好的肖像作品。这一切都是你们给我的品质，是我生命中最宝贵的东西。

爸爸妈妈，我曾经对你们说过，我给未来的孩子起名叫"肖像"，无论是男孩还是女孩。我希望我的孩子像我一样，理解大家，理解家庭。

爸爸妈妈，你们是这个世界上最理解我的人，给了我很多的温暖和支持，现在依然陪着我。

谢谢了，我的家！

论语·颜渊篇第十二 （节选）

仲弓问仁。子曰："出门如见大宾，使民如承大祭。己所不欲，勿施于人。在邦无怨，在家无怨。"仲弓曰："雍虽不敏，请事斯语矣。"

儒家经典《论语》集中地反映了孔子的思想，其核心思想包括仁、义、礼、智、信等，是中国人恪守千年的信仰。

这段对话生动地定位了人与人的关系。孔子说，出门办事要像接待贵宾一样，请人帮忙要像举行重大祭祀活动一样。总之，要设身处地地为他人着想，从他人的角度考虑事情。自己不想要的，别人也不会想要。反之，自己想要的，也是别人想要的。"己所不欲，勿施于人"，其实就是换位思考。

肖全的父母将心比心，成全了儿子的摄影梦，成就了一名优秀的摄影帅。肖全本人的善解人意，成就了一幅幅优秀的人像摄影作品，给时代留下了生动的注解。

汪 朗

散文作家、美食家、资深媒体人。

汪朗的父亲汪曾祺是中国当代作家、散文家、戏剧家、京派作家
代表人物，他以美化的原则看待生活，以有滋有味作为生活追求。

吃饭啦

没大没小

我们家老头儿出生在一个比较富裕的家庭,他的父亲是个有点儿文化的地主,对他的影响挺大,教他古文、写字、画画,而且对他很平等。所以,他对我们也都很平等。

他曾经有很长时间在张家口劳动改造,和家里的联络就靠写信。那时候我上小学一年级,还不会几个汉字,就拿汉语拼音给他写了一封信。他没有学过汉语拼音,为了给我回信,他认认真真地学习了拼音。

他写过一篇文章叫《多年父子成兄弟》,这句话是他爹跟他说的。他在文章中写道:"我觉得一个现代的、充满人情味的家庭,首先必须做到'没大没小',父母叫人敬畏,儿女'笔管条直',最没意思。"所以,在我们家他把我们当兄弟,我们对他也没大没小。他六十岁以后我妈最先开始叫他"老头儿"(可是我妈不接受人家喊她"老太太"),后来我们都觉得这么叫挺顺嘴,连孙子辈也跟着这么叫。他接受,一听见"老头儿"就来了。

老头儿写完东西会给我们看,我们看完就批判,真的是批判,一点面子都不留。文字上我们当然绝对把握不住,但是有些内容上觉得不合适就说两句,还挺严厉。就连上学的孙女也批判。老师要求小学生抄写好词好句,孙女就翻了作家爷爷的书,然后就批判:"爷爷的东西一点儿也不好,没词儿。"她表妹附和说:"中心思想一点儿也不突出,写胡同,又写到大白菜了,在我们老师那儿最多是一个二类文。"老头儿就乐:"说得好,说得好，没词儿。"他追求的就是没词儿，他觉得孙儿的批判说出了他追求的最高境界。

他对自己的作品评价比较客观。一方面，他说："我的作品不是，也不可能成为主流。"他知道自己上不了"头条"。另一方面，他对自己的评价还是挺高的。我们当时觉得他的东西不够主流，经常拿他开涮。有一次他有点儿急了，半开玩笑半认真地说，你们要对我客气一点儿，别老这样，我将来可是要进文学史的人。然后我妹妹说："老头儿，你别臭美了！"他听完没有生气，一扭头，灰溜溜地回自己屋里了，调整心态去了，过一会儿自己又出来了，接着和大家聊天。

他从来不干涉我们，尊重我们每一个人的选择。他就没有想过我们应该干什么不应该干什么，只是不让我们搞文学创作。他说："你们都不是这棵树的虫，文学这棵树你们嗑不动，该干什么就干什么去吧。"我是搞新闻的，我的东西都不敢给他看，他也不屑于看。

家庭主男

我们家老头儿除了是散文家，还有一个头衔是美食家，因为他写了不少关于中国美食的文章。我们家和大多数家庭不太一样，是女主外、男主内，一直是老头儿在家里管买菜做饭。不过，他写文章比做菜的水平高。你们不要看了他写的文章就认为他有特级厨师的水平，他就是对做饭感兴趣，也是认真的。

他做什么事都非常认真，写文章很认真，做饭也很认真。最重要的是，他能从买菜做饭中体会人生的滋味，找到生活的乐趣。他在《做饭》中这样写道："到了一个新地方，有人爱逛百货公司，有人爱逛书店，我宁可去逛逛菜市。看看生鸡活鸭、新鲜水灵的瓜菜、彤红的辣椒，热热闹闹，挨挨挤挤，让人感到一种生之乐趣。"他爱写美食，他觉得"四方食事，不过一碗人间烟火"。有人说，热爱生活的人都热爱美食，这话放在他身上很合适。

　　20 世纪 60 年代和 70 年代，供应比较紧张。尤其在备年货的时候，老头儿会带着我们去，一个孩子排一队。那时候北京到了冬天或者逢年过节，会从南方调一些细菜，像苦瓜、盖菜、芦笋、凉薯、韭黄等。他都买回来做一做、尝一尝。我们家在北京市应该是最早吃苦瓜、盖菜的，因为好多人都不知道怎么做，老头儿就给他们解释。他原来不吃苦瓜，可是曾经吹牛说"这世界上没有我不吃的东西"，人家请他吃饭专门上了好几道苦瓜，逼着他接受了苦瓜。然后他就拿这个教育我们："南甜北咸东辣西酸，都去尝尝。"因为生活本身丰富多彩，不能凭借自己固定的观念和眼光去评判外来事物，只有尝一尝才知道好不好、接受不接受，这也是他文学创作的一个原则。

剪裁美化

　　老头儿的一个生活准则和创作原则就是美化生活，或者叫剪裁生活。他认为，对于个人或对于家庭来说，生活中确实有很多不如意的事，但要看到生活中有很多美好的东西，这些美好的东西值得回忆、值得品味、值得享受，不要把全部精力放在回忆苦难上，而应该更关注人间的美好事物，这样才能生活得更舒适、更有趣、更优雅。就像一棵树或者一朵花，虽然叶子枯了、花朵凋零了，毕竟还有最美的东西，应该把最美的东西留在记忆里或是生活里，而不是留一截枯枝、一片败叶。这是对待生活的态度。他曾为友人画过一幅冬日菊花，并题诗一首，其中有这样一句："枝头残菊开还好，留得秋光过小年。"这句话说的就是这个意思。

1958年到1962年劳动改造的时候，他从不说怎么苦怎么累，而是带着自豪说，他能扛麻袋走农村的跳板。当时的土粮仓跟碉堡似的，有一个颤悠悠的跳板，那个跳板很不好走，一不小心，不是闪了腰，就是人掉下来。他从小体育不好，在西南联大因为体育课没有学分毕不了业，可是他坚持"别人能干的事我也能干"，差不多四十岁的他咬着牙扛起240斤的一麻袋绿豆或者170斤的一麻袋麦子上跳板，把粮食倒进粮仓。我插队的时候试过，平地扛180斤还行，但是不敢往上跳。他认为他扛过来了、熬过来了，没有趴在那儿，就是胜利者。他说那是"随遇而安"，遇到什么境况就接受什么境况，适应它来求得生存。他在《葡萄月令》里说："葡萄，每个月都改变自己的模样适应气候。因为无论如今气候如何，来年它都得欢欢喜喜地发芽。"

有一次，他在大冬天拉着一帮人到张家口市里的公共厕所去刨粪。后来我妈就问臭不臭，他说，没事没事，冬天都冻成大冰碴子了，最多沾在身上一些冰碴，掸掸就下去了，没什么臭味。他说起来很平静，根本没说受苦受大了、受罪受老了，反而好像挺高兴，觉得他多了一番经历。

当时关于右派大家都写得非常苦非常惨，他写了一篇《寂寞与温暖》。其中那个右派内心又寂寞又温暖，因为被打成右派后处处有人关心，所以她就感到非常温暖。我说，你和别人的感受完全拧着，得改一遍。他不争论，改了六稿，还是那个调调。他就是那样，就像保尔·柯察金所说："天不都是蓝的，云不都是白的，生命的花朵却永远是鲜艳的。"他一直牢记他的老师沈从文先生的教导，"对生活千万不要冷嘲"。

他去世以后出的各种选集有两百种以上了，他在世的时候出过二十来种。有人说这是一个挺奇特的现象。梁文道先生形容我父亲的文字"像一碗白粥，熬得刚好"。我觉得是因为他那种生活态度和文学创作态度，他更多地表现现实中的美好。另外，现在生活节奏太快，大家处于比较紧张的状态，看一些反映生活美好的东西、比较闲适的东西，可能对于松弛神经有好处。

"吃饭啦"

我们家老头儿最常说的话说起来挺俗的，就是"吃饭啦"。他做饭一直做到七十多岁，饭菜一上桌他就喊一嗓子"吃饭啦"。

我和他合写了一本书——《活着，就得有点滋味儿》。我觉得书名很形象地点明了老头儿的生活态度。他确实觉得生活有滋有味，而且在酸甜苦辣咸中，他还是觉得甜味多于苦味，生活本身就是这样。

总的来说，他的生活态度和待人接物可以用两句话概括：一个是认真做事，一个是平等待人。他干什么事情都非常认真，很少有马虎的时候。他骨子里实际上很傲的，但是他绝对不会恶语相向，他对别人文学上的成就或者评判标准是不放松的，但是对这个人本身很真诚，没有说谁高谁低。

我想对我的女儿说：老头儿的才气咱们没有，但是他的生活态度还是能够学到一些的。

谢谢了，我的家！

汪朗提到的汪曾祺先生的作品《寂寞与温暖》，取材于汪曾祺先生在张家口农科所劳改的三年生活，文中淡淡的忧愁和浅浅的温暖交织。苏联作家尼古拉·奥斯特洛夫斯基在《钢铁是怎样炼成的》中写道："生命中可能会刮风下雨，但我们可以在心中拥有自己的一缕阳光。"汪曾祺先生怀着这"一缕阳光"在《随遇而安》中真诚地说："我当了一回右派，真是三生有幸，要不然我这一生就更加平淡了。"如何面对生活中的酸甜苦辣咸，如何面对人生中不如意的十之八九？汪曾祺的人生和作品不失为一个答案。在一饮一啄中品味生活滋味，在一颦一笑中融化整个世界。正如《无问西东》中所说："愿你在被打击时，记起你的珍贵，抵抗恶意。愿你在迷茫时，坚信你的珍贵。爱你所爱，行你所行，听从你心，无问西东。"活出滋味，既是一种生活态度，也是一种生活方式。

宋菲君

中国科学院教授，博士生导师，大恒新纪元科技股份有限公司副总裁兼总工程师。

宋菲君的外公丰子恺是中国现代漫画家、散文家、美术教育家、音乐教育家、翻译家。郁达夫说，"他散文里的特点"是"对于小孩子的爱"。

我心里被四件事所占据：
天上神明与星辰，人间艺术与儿童

快乐教育

我外公是个艺术家，他1954年买了一幢小楼，其中二楼有个阳台，从那里可以看日升月落，因此外公给小楼取名"日月楼"。外公经常在阳台上走来走去，端着一壶茶，吟着他喜欢的诗句。小时候我每个礼拜六去外公家，他教我二三十首诗。第二个礼拜我背出来，他再教新诗，一面讲一面画。

我印象非常深刻的是，他讲到《长恨歌》时，给我们画一个女子跪在地上，两个士兵拿着刀枪，"宛转蛾眉马前死"，这就是杀杨贵妃的场景。他还讲了散文《长恨歌传》。

还有一个例子。杜甫写了《咏怀古迹》："群山万壑赴荆门，生长明妃尚有村。一去紫台连朔漠，独留青冢向黄昏。画图省识春风面，环珮空归夜月魂。千载琵琶作胡语，分明怨恨曲中论。"为什么我记得那么清楚呢？外公发问，为什么不说"千山万壑"而说"群山万壑"？因为一个一个山头，多像王昭君的朋友亲戚在送别。他一面讲"环珮空归夜月魂"，一面画了一个女子，身上戴着首饰挂着铃铛，我仿佛看见她在夜里一路铃铛作响走来。这些画和诗就留在我的记忆中了。

还有一个例子。外公讲辛弃疾写的《贺新郎·别茂嘉十二弟》："易水萧萧西风冷，满座衣冠似雪。"他说后人对这个事有不同的看法，说完了以后拿粉笔在小黑板上写了四句诗："勇死寻常事，轻仇不足论。翻嫌易水上，细碎动离魂。"他写字漂亮极了，又潇洒又流畅，像照片印在我脑海里。

我回过头来寻了全诗，那是八句诗中的后四句。

我们家的文学气息很浓，经常用诗做游戏，有点像飞花令。我的大舅先到屋外，我们在屋里想一句诗，比如《水浒传》里的"九里山前作战场"，舅舅回屋后即兴地问我一个问题，我的回答当中必须把第一个字"九"说出来。再接着这样和第二个孩子问答，到第三个孩子的时候，大舅就想出了答案。经过这个游戏，这首诗我怎么也忘不掉。

1956年我上初二的时候，有一天外公吟诗："咫尺愁风雨，匡庐不可登。只疑云雾窟，犹有六朝僧。"然后他马上买车票，第三天全家就在庐山了。

我高一的时候，他吟苏曼殊的一首词："春雨楼头尺八箫，何时归看浙江潮。芒鞋破钵无人识，踏过樱花第几桥。"然后他就问清楚，阴历八月十八有浙江大潮，他马上对我说："你跟学校请假，咱们一块看大潮。"校方不大愿意，换了别人肯定不行，碍于外公的面子才准假，我们就去看大潮了。他一面看潮，一面跟我们讲诗："嫁得瞿塘贾，朝朝误妾期。早知潮有信，嫁与弄潮儿。"他在情景中教诗，这首诗我就永远记住了。

我们还玩过"览胜图"，跟飞行棋一样。词客（就是诗人），道士，剑侠（就是侠客），缁衣（就是和尚），美人（就是女孩子）。掷骰子走到哪一步，那里就有一个说辞。比方说，剑侠走到"易水"的时候，"易水萧萧西风冷"，每个人给你三个钱。还有一个尾生桥，那个故事很有名。有一个年轻人叫尾生，跟女孩子相约在桥下见面。可是女孩子没到的时候涨水了，他守约不上桥，就抱着柱子淹死了。这个故事就是讲特别守信用。李白曾经说过："常存抱柱信，岂上望夫台。"如果你此刻先走到尾生桥而美人还没有到，你必须等美人过了才能过。词客走到滕王阁就拿钱，因为唐朝王勃写了著名的《滕王阁序》。总之，每一道关都暗含历史典故或者文学知识，我舅舅和姨就给我们讲故事或者诗。我们六个人玩，外公在旁边看，无论谁赢谁输，他都高兴地走来走去，还买很多东西给大家吃。现在人们把这种方式叫作快乐教育。

大树教育

外公曾经讲，孩子的发展像一棵树，孩子怎么长有一定的道理。他特别反对像剪平冬青树那样，特别不赞成大一统的、特别规范的教育，因为孩子有多样性，这个孩子适于做什么、那个孩子适于做什么，是不一样的。他表面上从来不管孩子，实际上在细心体察孩子爱做什么、适合做什么。你如果有爱好，他就给你搭一个平台，而且创造很好的条件。

我是他的大外孙，我的爱好又比较多，所以我的故事比较多。

外公跟梅兰芳大师关系非常好，曾经两次拜访他。后来小姨逃学去演《游龙戏凤》，外公不阻拦，任凭小姨唱戏。没有人拉胡琴，小姨就给我买了一把胡琴，让我给她伴奏。我因为耳闻目染也喜欢了，就开始学拉胡琴。到稍微拉得可以的时候，我就觉得必须找专业的人教。有一个著名的琴师赵喇嘛，他愿意收我做徒弟，但前提是必须辍学。我不太甘心为了拉胡琴放弃念书，因为我念书念得很好。我外公也不主张辍学，就请梅先生的琴师倪秋平先生教了我大半年。后来我考上北京大学物理系，倪先生说："你考上北京大学可了不得，你听我话，把胡琴撂下，等你大学毕业后，我把梅派胡琴都传授给你。"倪先生让我大学毕业以后再跟他学。可是后来他不在北京了，这事就搁下了。不过，胡琴一直是我的爱好，现在我还经常在北京大学京剧团里拉胡琴。

我在外公那儿经常画画，这个对于我来说比胡琴还要直截了当。初二的时候我给外公写了一封信，说我想跟着他学美术。外公马上回信表示同意。从此，他除了教我诗词还教美术，从速写开始，一直到我高二的时候学到素描。最后，我既没有拉胡琴，也没有画画，因为有第三个插曲。

我从中学开始喜欢天文。北半球三千颗肉眼可见的恒星，英文叫什么星座、中文叫什么星宿，我差不多都记住了。一到暑假我就开始画星空图。高一的时候我开始学光学，知道了开普勒望远镜。我看明白了以后，就找几个同学一起买几块放大镜，组装了一个简陋的望远镜，用它看到了木星的伽利略卫星，看到了土星的光环，看到了月亮上的环星，还看到了内行星的盈亏……现在一想，当时我做的望远镜真的太简陋了，可对那个时候来讲那是不得了的。同学们晚上不念书了，下课后赶紧做完作业就到我家看望远镜。我有什么高兴的事都会马上告诉外公，就把这件事也告诉了他。他蛮有兴趣，一面听，一面摸着胡子，一面喝酒。第二天，一张画画出来，还配了诗："自制望远镜，天空望火星，仔细看清楚，他年去旅行。"他根本没有见过我的望远镜，只是听我讲，但他画出来的跟我的望远镜几乎一模一样。这幅画发表在1960年的一期《新民晚报》上。

高三下半学期的时候，我的苦恼来了——文理分科，必须决定上文科班还是理科班。我又喜欢文学，又喜欢画画，又喜欢天文。考北京大学中文系、上海美术学院，还是中央美术学院？还是做什么别的？我苦恼了很多天，实在难以决断，就去问外公。他拿了一壶茶，在日月楼上一边走来走去一边说："这个大家庭，学文学、外语、音乐的都有，数理化像你这么好的就你一个，你又喜欢天文，我看你不如去学物理、学天文。" 关键的时候他这句话非常重要，决定了我的一生。外公是一位艺术大师，他何尝不愿意自己的孩子走美术这条路，他可以亲自教，为什么让我弃文从理？外公这么讲："我的孩子走什么样的路我是不管的，由他们自己发展。"

还有一个重要的事情。就在我做望远镜那一年，他写了一个条幅，是陶渊明的诗："盛年不重来，一日难再晨。及时当勉励，岁月不待人。"这句话跟了我一辈子，我很爱惜时间。坐飞机去美国，大家都看电视、睡觉，我在看书、看论文。

"我心里被四件事所占据：天上神明与星辰，人间艺术与儿童"

我外公特别喜欢孩子，他觉得孩子最天真、最无邪，有很多想法、很多动作，孩子说的很多话值得细细琢磨，他在写文章和作画的过程中对孩子的感情越来越深。同时，他非常用功，非常认真，工作效率非常高。他说过："我心里被四件事所占据：天上神明与星辰，人间艺术与儿童。"

一直到十八岁考上北京大学物理系，我才离开慈祥的外公。他经常带我旅游、游戏，在这个家庭里成长我感到非常幸福、非常幸运。

我想对我的外孙紫涵、兜兜说：姥姥姥爷想你们了。紫涵是不是如愿以偿，设计出了一把独一无二的小提琴？兜兜是不是像姥爷小时候所想象的那样，驾驶宇宙飞船遨游太空？2018年是你们的祖爷爷丰子恺先生120周年诞辰，2049年是伟大的祖国一百年华诞。你们生活在一个富强、民主、文明、和谐、美丽的社会里，为了这个目标中国人民奋斗了几代。几十年前，你们的老祖爷爷送给了祖爷爷一个条幅："盛年不重来，一日难再晨。及时当勉励，岁月不待人。"这是老祖爷爷送给姥爷最珍贵的礼物，现在姥爷把这个礼物再转赠给你们。有空的时候回来看看你的爸爸妈妈，姥姥姥爷。

我还想对外公说：外公，您已经离开我们很久很久了，我怎么觉得您还在我们的身边，您还在日月楼上，拿着一壶茶来回在走，一面吟诵您喜欢的一首诗："谁解乘舟寻范蠡，五湖烟水独忘机。"外公，这些事就恍如昨日，又如同隔世。您已经离开我们太久太久了，您离开我们太远太远

时光瓶

389

了。外公，您有空的时候回来看看我们，您什么时间回来我去接您。外公，我们都非常想您。

我还想和大家做一个游戏。我出七个句子："霜叶红于二月花"，"旧时王谢堂前燕"，"云想衣裳花想容"，"飞流直下三千尺"，"春风桃李花开日"，"满山红叶女郎樵"，"同是天涯沦落人"。大家从每一句里找出一个字，最后拼出一句七言诗。当堂完成最好。

谢谢了，我的家！

一丹说

《菜根谭》里说："人品做到极处，无有他异，只是本然。"丰子恺先生倡导的保持童心，和明代史学家、文学家李贽推崇的"真心""童心"有相似之处，既不"不屈服于现实"，也不"忘却人类的本性"。丰先生身体力行，毫不造作，真诚坦荡，既保持自己的童心，也不摧残别人的童心。在丰家看来，用心体会孩子的世界，用孩子的活力和纯净激活成人的活力、保持成人的纯净，这样的人生充满情趣。

牟长雨

中国大熊猫保护研究中心核桃坪野化培训基地大熊猫饲养员，至今工作两年多，专门负责照顾小熊猫，人称『熊猫奶爸』。

牟长雨的父亲牟仕杰在中国大熊猫保护研究中心核桃坪野化培训基地工作。2008年之前他是兼职清洁工，全年无休。2008年汶川地震时，他作为志愿者参加修复和重建基地、安置和转移熊猫的工作，因此被正式招聘为熊猫饲养员，工作至今。

爱上了，就一直要爱下去

上阵父子兵

我爸在中国大熊猫保护研究中心核桃坪野化培训基地工作，负责熊猫野化培训和放归，常年穿着熊猫服照顾和监测熊猫，我负责圈养大熊猫。我们上班是同事关系，下班是父子关系。

我小时候看见熊猫就觉得它们挺可爱的，就想我长大了能不能喂它，慢慢地就喜欢上了。每次我爸周末去上班，我就主动说："爸爸，我要跟你去。"我很期待看见熊猫，喜欢看熊猫有什么样的生活习性、在干什么，就在旁边一直看。毕业的时候我想当饲养员，就说："爸爸，我很羡慕你的工作，你们单位招大熊猫饲养员的时候我能不能去参加考试？"爸爸说："可以。选择一样东西，你就做下去。"

两年前，基地招聘大熊猫饲养员，我投了简历。第一次没有被录用。过了几个月我又去，强烈表达了我对熊猫的喜爱，对熊猫饲养员工作的热爱。第二天我过生日，中国大熊猫保护研究中心人事处来电话，通知我通过了面试，我当时就流泪了，因为太激动了。我爸当时正好在我身边，他说："恭喜你！我们就是父子兵了。你也是饲养员，我也是饲养员。"他还说："你爱上了这个工作，就一直要爱下去。"

每个熊猫长相不一样，仔细看，表情也不一样。难过的时候，它的眼睛对着你瞪得很大。高兴的时候，眼睛一眨一眨的，嘴角也会上扬，像人那样微笑。着急的时候，它不理我们，背着我们。遇到紧急情况，比如遇到打雷，熊猫会第一时间上树。它一紧张就会朝高处走，觉得树上比较安全。小熊猫想吃东西的时候，想和我玩的时候，会撒娇，抱着我的大腿撒娇，意思是它饿了，要吃了。心情不好的时候，它会求安慰。有时候我去看它，它背靠着我坐，我就给它挠痒。有时候它很享受地坐在那里，蹭着我的背挠痒，熊猫的叫声可以表明它的状态。它高兴的时候、开心的时候、身体健康的时候，我们饲养员去了，它有一种叫声特别舒服，会招呼："奶爸，我要吃的。"熊猫妈妈呼唤孩子有一种叫声，熊猫宝宝会回应，听着都很舒服。惊恐的时候，有异响的时候，它就躲避或者来回走动，同时吼叫。不舒服的时候，它的叫声好像在呻吟。我们每天早上做的第一件事就是看看熊猫宝宝有什么异常。熊猫就是我们"熊猫人"的孩子。给熊猫喂药就像给孩子喂药。我们会准备很小块的苹果，先喂一口藏有药的苹果，马上给第二口没有药的，慢一点它就会用舌头把药物吐出来。

当熊猫饲养员之前，我性格比较急躁。当了熊猫的"奶爸"，情绪再不好，看到熊猫心就会融化。上了两年班，我的脾气完全改变了，熊猫把我的坏脾气改掉了。

我爸很幽默，但是严格起来很严格，喜欢做一件事就很执着，包括对工作，包括对家人，包括对身边所有的人和事情。每天他回到家就跟我们聊熊猫。他觉得为熊猫服务很自豪，因为熊猫是国宝。汶川地震后的第二天，我爸把我们简单安顿一下就回去转移熊猫，一去二十多天。当时有 63 只熊猫在那里。我爸觉得，他是本地人，要多付出一点。刚刚地震的时候电话打不通，我们很担心他。

现在他做野外驯化工作，一方面，要精心照顾熊猫，另一方面，要培训熊猫的野外生存能力。所以，他不能穿普通的工作服，要穿熊猫服，也不能和熊猫接触太多，不能让熊猫对人类有依赖，因为回归大自然后它要自己面对一切，自己觅食，自己建立领地。

我认为，"熊猫奶爸"是世界上最幸福的工作，没有之一。我现在天天和国宝接触，我的工作很幸福。

下班一家亲

我们家挺简单的，故事也很平凡，但生活中很多小事情让我觉得挺幸福的，这就是生活该有的东西。

我十几岁的时候，有一次家里洗衣机坏了，我就跑到我爸单位去洗衣服，可是因为太困，还没洗就睡着了。我醒来的时候看见我爸已经给我洗了衣服，烘干了，还把破的地方补好了。我没有说话，默默记在心里。

我之前有一个亲哥，不幸走了，那个时候我爸爸受了很大打击。没过多久就遇到"5·12 地震"。我那个时候读小学，他第一时间跑到学校来，我最害怕最无助的时候第一眼看见了我爸。后来我爸坚持让我上学。塌方的路段很危险，曾经有一块石头从我们头顶飞过，我们当时躲在一个被砸坏的油罐车下面。我说："不读书了，好危险，我好害怕。"我爸说："再苦也还要读书。"回家的时候我又说："这么危险！"他说："不管危险不危险，还是要回家。"

地震的时候我家房子全部毁了，学校也没了。我爸说："儿子，放心，只要人在，只要我们努力，一切都会好的。"家园被摧毁了，家还在。亲人在，家就在。我爸经常对我说："我们经历了这么大的灾难，我们走出来了，我们要珍惜今天拥有的，要好好做。"

我爸对我妈挺好的，因为很少回家，休假的时候他给我妈买点小礼物、买点衣服带回去，回去给我妈做饭，挺细心的。

我和我女朋友读书时就认识了，已经五年了。一路走过来也不容易，我们今年订婚了，打算明年结婚。

现在我身边有两个熊猫，一个叫"杰瑞"，还有一个叫"初心"。

这就是我的家。

"爱上了，就一直要爱下去"

最初我爸说"爱上了，就一直要爱下去"，是指工作。后来我发现，不管是工作、家庭还是女朋友，爱上了，就一直要爱下去。

我想对爸爸说：这么多年，从我小时候到我叛逆期、再到工作的时候，感谢你在我很不听话的时候包容我所有，在我需要你帮助的时候帮助我很多。感谢你和我妈、我弟对我的支持。我说不出来很多话，除了感谢还是感谢。我以后会经常抽空来看你们，真的。

谢谢了，我的家！

老一辈无产阶级革命家谢觉哉说："爱国的主要方法，就是要爱自己所从事的事业。"年长雨父子的可贵之处在于，他们觉得自己的工作是光荣的、快乐的，他们像爱亲人一样爱着大熊猫。这份爱，来自对职业的爱、对家庭的爱、对社会的爱、对祖国的爱。

张国强

中国内地影视演员，2006年因在电视剧《士兵突击》中饰演高城一角而成名，之后陆续出演电视剧《我的团长我的团》《我的兄弟叫顺溜》等，诠释了性格不同却充满魅力的军人形象。

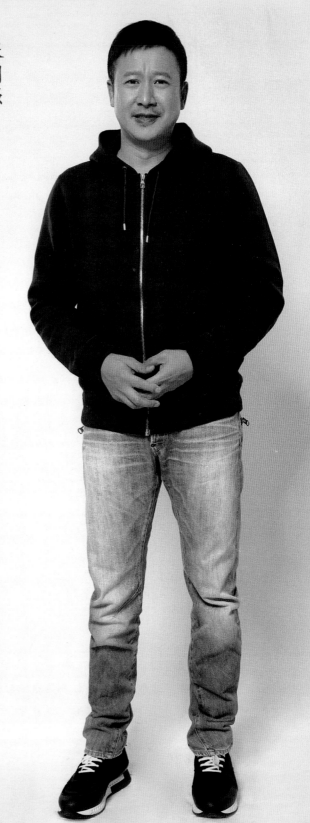

张国强是梨园之后。父亲张海峰是京剧演员，待人热情，在困难面前开朗和风趣。母亲倪静环是评剧名角，对角色塑造认真严谨，在舞台上光彩照人，在生活中少言寡语。外曾祖父倪俊生是评剧倪派小生创始人。

二白呼，你别说了！

苦中有乐的童年生活

　　我的爸爸性格开朗，特能说，爱讲故事，也特别有人缘，是邻居口中的"大白呼"。爸爸剧团的叔叔阿姨们经常聚到我家，爸爸一边炒菜，一边跟他们说戏曲里的行话。爸爸嘻嘻哈哈的，一旦有人来家里，他就会下厨做饭，两盅小酒下肚，眉飞色舞，滔滔不绝。有他在，家里的气氛总是热热闹闹。他还爱跟我们四个孩子唠嗑。妈妈恰恰跟爸爸相反。她在舞台上神采飞扬，十六七岁演武则天，可以从少女演到老年，上了舞台浑身是戏，但是现实生活中少言寡语。老两口非常恩爱，他们解决问题的方式、相处的模式，给我留下了深刻的印象。年纪大了之后，爸爸会叫妈妈"老倪"，突然有一天，他亲切地叫了声"小倪"，那种爱称和交流让我觉得特别温馨。

　　爸爸妈妈营造的气氛总是开心和放松的，不过，如果孩子们犯了错误，他俩绝不含糊，特别是妈妈。记得小时候有一次，我和伙伴们玩游戏，我扮演坏蛋。我削了一个小木枪拿在手里，在地上捡了一个烟屁股，点着了放在嘴里，一边跑一边喊："冲啊，给我上！"就那么巧，正好被妈妈撞见了！我马上被揪回家挨了一顿打，疼得我"嗷嗷"叫唤，连邻居都听到了，还过来替我说情。当时我觉得妈妈太狠了，但是后来我很理解她：虽然我是在玩游戏，但确实点着了烟。在妈妈眼中，抽烟、喝酒、偷东西、打架是绝对不允许的。在我们家，一个孩子犯错，所有孩子都受牵连，都要受罚，还得面壁思过。我不仅自己挨打，还总是傻乎乎地受到哥哥姐姐的

"株连"。我二姐就机灵多了。她一进家门，听见开打了，就马上放下书包，拿起扫帚扫地，假装干活，忙活得满头大汗，一边忙还一边体贴地劝妈妈别生气，这样她就逃脱了"株连"。看着她那机灵样，我心里说："姐啊，你可真行啊！"

爸爸妈妈的生活压力很大。他们挣的工资少得可怜，不仅要养育四个孩子，姥姥、姥爷和老姨还都住在我们家。只有客人来了，我们才能吃点好的。虽然过得清贫，但是该有的吃饭规矩一样不少：不能吧嗒嘴，不能拿筷子挑来挑去。妈妈总会告诉我们，这就是基本的礼貌，不能含糊。

我觉得我既遗传了妈妈的认真态度，也受到爸爸乐呵呵的生活态度的影响。妈妈对我们严格，爸爸比较温和，带给我们宽严并济的氛围。不过，温暖的记忆总是更多，尤其在过年期间。爸爸写得一手好毛笔字，临近过年时，他提前上东北年货市场采购，买回来红纸和墨汁写春联。他不仅给自家写，还有邻居找他要。他得意扬扬地摆好桌子，铺开纸，挥毫写下各种"福"，还有对联。孩子们穿着新衣服，可以放鞭炮，贴春联，饺子一下锅，就跑出去接财神。这些都是人们对于美好生活的向往，也是我最美好的童年记忆。

艰难逐梦的北漂生涯

爸爸觉得我演戏有灵性，因此我毕了业，他就让我在剧团工作。但我想去更大的天地发展，不想靠父母再养我。于是，我跟爸爸妈妈说："我要去北京，上那儿寻找一些机会，看看能不能有我的出路，能不能有我的一席之地。"听完之后，爸爸就担心地问："你在那儿没有关系，能行吗？在家里上班，演话剧，也挺好的。"其实他很担心，一听说儿子要走，就像鸟儿一样，翅膀硬了要飞走，爸爸妈妈的心会跟着孩子一起飞走。妈妈在一旁没有说话，不过我知道她一定在想：老儿子要去北京了，行吗？家里也没什么钱。当时我的态度很坚定：必须要走出去，既减轻他们的经济压力，也想去更大的舞台闯一闯。天地越大，机会越多。

我在北京过上了"北漂"的生活。有时候朋友介绍一个剧组，我就马不停蹄地赶去，给副导演看愣头愣脑的照片，然后回去听信儿。我没什么钱，也没地方住，只能去亲戚家，在阳台上搭个床，或者睡在硬板的沙发上。我也住过便宜的地下室，里面特别潮湿，房间开一点儿小窗户，透过窗户，大概几米的距离外就能看见路人的腿，拎包，还有自行车。

我心里非常想家，但是跟爸爸妈妈联系的时候，总是报喜不报忧，告诉他们我挺好的，住得好，吃得好，有哥儿们帮我安排、进剧组、见导演，导演挺认可我，让我等信儿。他们非常担心我在北京钱不够花，我打马虎眼，满口说着"没问题"。我希望让他们感受到温暖和希望，宁愿自己承担痛苦。

其实我的生活非常窘迫，尤其是在等待机会的过程中。有一次我终于接到了电话，让我去个剧组，我立刻坐上地铁。地铁里手机信号不稳定，经常会接不通电话或者收不到短信。在一个车站，我突然发现有一个未接来电，打回去没人接。过了一站，又有一个未接来电，打回去还是不接。我一下子慌了神，赶紧出了地铁，走到地面，给对方发短信说明情况。之后我碰到联络的朋友，也跟他解释，非常担心剧组生气，因为我特别珍惜这个机会。

我在北漂中经历的事，可能是每个来北京的表演工作者都经历过的。一天晚上，我站在北影厂旁边的过街天桥上，看着大马路上车水马龙，眺望远处的高楼，一个人特别难受，直掉泪，那会儿特别想家。我问自己：这个城市属于我吗？这个城市有我的一席之地吗？我是不是应该回家呢？可是我发誓，我要自己赚钱，养活爸爸妈妈，给他们买个大房子，不能让他们觉得这家伙钱不够花了老伸手。后来我从天桥下来，漫无目的地走，看了看北影厂的大门，再往前走，一直走得很远，到走不动为止，才回到地下室。

　　这样的生活持续了几个月，终于出现了转机。一个哥儿们介绍了一个角色，我换了好几辆公共汽车终于到了，拍了个电视短剧，得了两百块。虽然钱不多，但是我拿在手里沉甸甸的。回到家，我立刻给家里报喜："今天拍了一个戏，还行，这是个好的开始，给了两百块钱。导演还会拍系列剧，还会找我。"老爸鼓励我："真的挺好的，好好干，好好演，建立好的关系，以后就能好了。要缺钱，就跟爸爸妈妈说。"

　　后来我有幸认识了康洪雷导演，一连拍了《士兵突击》《我的团长我的团》《我的兄弟叫顺溜》，赚了些钱，在佳木斯给爸妈买了一间六十平方米的房子。我的誓言终于实现了。

　　后来我拍完戏，带着行李回家。一开门，我看到爸爸妈妈站在新房里，爸爸还围着一条做菜时常用的白毛巾，他高兴地对我说："老儿子回来了！这房子挺好！看看，冰箱，电视机，还有能转圈的沙发，太好了！我跟你妈没想到能住这么好的房子。"妈妈笑眯眯地不说话。我长出了一口已经在心里憋了好久的气，因为我成了爸爸妈妈的骄傲。

　　对于我塑造的角色，爸爸总是夸我拿捏到位，妈妈也说挺好的。只要见面就说好，就是表扬。他们特别开心，因为经常听到老同事或邻居说："海峰，看国强这个戏，孩子出息了。"他们来电话时除了叫我注意身体，也时不时地提到某个叔叔阿姨夸我演得自然。我也很高兴，不仅是因为夸奖，更是因为爸妈开心，没愁事，就可以更长寿，更幸福。这是我尽孝心的一种方式。

陪伴父亲的最后时光

　　我真的希望父母能活得长久，可惜爸爸在七十三岁时被查出了肿瘤。我们东北有句老话："人能过七十三，就能再多活。"那个年龄是个坎。当时我正在拍戏，就请舅舅陪爸爸去检查身体。结果发现肿瘤细胞已经扩散到全身，必须住院。虽然我每天都要拍戏，但我还是坚持去看他，花上两个多小时赶路，连妆也不卸，只想陪他聊一会儿。

　　爸爸非常明白，这个病是无力回天的。但是我跟他说："爸爸，你挺好的，听医生说，恢复得特别好。"他也回答："是啊，这回出院了，我得……"我大概预感到了什么，就带了一个小型摄像机，支了个小型架子，把我们的聊天全部记录下来。我发现爸爸有一个小动作，暴露了他心里的压力和忐忑。这完全可以理解，人的生存欲望是特别强的。爸爸一直在坚持，我和哥哥姐姐们轮流照顾他。有段时间，爸爸需要回家待一段儿再来换药，实际上他已经不行了。有一次我拍完戏回去，看到爸爸坐着，不停地喘，看着特别虚弱，头发全是花白的，脸色也很差。爸爸看到我，想起身，我劝他躺着。他执意说没事，还说："前两天换药，他们说还行。"他回忆了过去的生活，嘱咐我："老儿子，一定要注意身体。拍戏这么辛苦，起早贪黑，包括吃饭、睡眠都要注意，少喝点酒。"我把他的话录下来了，现在偶尔打开看看，总是禁不住泪流满面。

　　爸爸生了病，在我们面前依然保持乐观的态度。他的"白呼"，其实是记挂着儿子的前程，承担着生活的压力，却在面对酸甜苦辣的人生时，依然不忘记给全家人带来阳光和鼓励。

"二白呼，你别说了！"

　　爸爸被称为"大白呼"，我就是"二白呼"。小时候几家人挤在一起看电视，里三层外三层都是人，我总喜欢把前一天的故事再跟大家说一遍，惹得大家给了我这么个绰号。我像爸爸一样爱聊天，爱交朋友，我希望自

时
光
瓶

己能继承他的乐观。

我想对爸爸说：可能你在另一个世界能听到，爸爸，我很想你，我特别怕看那个记录了咱俩在床上聊天的视频。我妈妈挺好的，我儿子也挺好。儿子我会一直走演戏这条路。拍戏的时候，我会受一些伤，也有别的问题困扰我，但我是张海峰的儿子，是倪静环的儿子，我一定会做得更好。我希望家里所有的人都能健健康康，平平安安。

谢谢了，我的家！

除夜作

〔唐〕高适

旅馆寒灯独不眠，客心何事转凄然？
故乡今夜思千里，霜鬓明朝又一年。

浓浓的思乡情裹挟着在外漂泊的游子。张国强一个人在北京打拼，各种苦楚自不必说，尤其是夜晚面对着车水马龙的时候，他更思念远方的双亲。无论条件如何艰苦，张国强牢记家人演好戏、做好人的原则。父母传给他的坚忍与乐观，让他始终笑对家人，报喜不报忧，与父母相互勉励，直至等到成功的机会，成为父母的骄傲。

陈春花

教授、作家、企业家，北京大学国家发展研究院教授，BiMBA商学院院长，华南理工大学工商管理学院教授。先后两次以临时操盘手身份带领企业实现逆转。

陈春花的母亲，如水般温顺地对待常年出差的丈夫，对待发奋学习的五个女儿，如山般拼命地为生计打拼，为了让家人的生活好一点、再好一点。

那好吧

北方有佳人

我妈妈很不容易。她是湛江人，从小在海边长大，后来跟随我的地质队队员父亲到了黑龙江，我就在那里出生。

我妈妈从小吃大米，从没见过高粱米、小米，不会做山鸡和野猪，可是她说："既然来了，总得吃，总得学会去做。那好吧，那就学吧。"

南方人在黑龙江过冬真是太难了。在湛江冬天最冷时候气温基本在 10 摄氏度，不会有雪。我妈妈从取暖开始学，这是挺难的一件事。她在房子中间支一个铁炉，配有烟筒。每天早上她要起来点炉子，先放草，再放碎木块，再放煤块，这三样东西点燃后，炉子就着了。这是个技术活，在这个过程中，如果草不够好、煤不够好，就会非常呛人。我妈妈花了很长时间学点炉子。为了我们出被窝的时候不被冻着，她越起越早，三四点、两三点。她很努力做这件事情，后来慢慢熟练了，可以每天五六点起床点炉子。她一直这样做，从来不说这很难。她那样做的意思就是说，那好吧，那就把这个事情做好吧。

穿是更难的一件事情。在南方不用穿棉衣，在东北要穿各种各样的小棉袄、大棉裤。妈妈先学做棉衣棉裤，这个还不算太难。妈妈小时候在湛江的海边没有穿过鞋，所以做鞋对她是挺大的挑战。在北方做鞋要纳鞋底，那个鞋底大概一厘米厚。早期的时候她不懂有一种工具叫顶针，有时还要用锥子，她完全用手的力量拼命往鞋底里插针，手都会出血。我问她痛不痛，她说："没什么，反正要做，只有穿了鞋你才健康。"我们有五姐妹，还有外婆和爸爸，所有人的鞋都是她努力去做。我在广州上大学四年期间，全校只有我一个人穿布鞋。广州很热，不太适合穿布鞋，但我太爱她做的鞋。妈妈做的鞋，独一无二，纯手工，我穿上觉得很幸福。不过现在想起来我蛮后悔的，妈妈纳鞋底太难了。

妈给我最大的感受不仅是接受，更重要的是愉快地接受。她真的是很快乐，做鞋的时候想到孩子暖暖的、美美的，她就觉得这一切很漂亮。

弱女不输男

除了生活中的琐事，有一件事我很震惊。

爸爸一个人的工资，除了要养我们五个小孩，还要供养双方的老人，所以就不太够。妈妈做完家务后一定去外面打工。

我上初中的时候骑自行车，我知道她打工的地方很远，就想去接她。我并不知道妈妈具体打什么工，只是觉得应该是干力所能及的活，或者说我觉得大家都能干的活。等到了那里，我惊呆了！那是一个烧砖厂，妈妈干的活是推烧砖的土坯，那个土坯是湿的，很重，她就一车一车地往窑里推。那是6月，天很热很热，窑里更热。她穿着厚厚的制服，给我印象最深的是垫肩，耐磨的，因为要挑担，还有厚厚的手套，因为要防烫。我到的时候她正要下班，晒得非常黑，满头大汗地从窑厂往外走。我没有看到其他女人，只有我妈妈一个女人。我接到妈妈就说了一句话："以后不要做这个活了。"我印象中这不是女人可以干的活。她说这个活的小时费最高，她就想我们过得很好。她怕我担心，就说不做了，不过要把一个月的合约做完。之后她没有再做了。那件事在我的回忆中非常重要，她使劲推土坯的身影常常会浮现在我脑海中。

如果我不去接妈妈，就不会知道她打工那么辛苦，加上那么遥远的路途，真的太苦了。可是，她回到家还是老样子，还是很平和，还是忙前忙后。她说"那好吧"或者在生活中毫无怨言，并不意味着她没有为此付出努力，相反，她的努力超乎想象。我不知道我自己能不能做到，但是妈妈做到了。

所以，我们姐妹五个人总想着怎么做能让妈妈更幸福。我妈妈最高兴的事情就是看满墙的奖状。我们五个孩子都认真学习，奖状一拿回来妈妈的第一个动作就是往墙上贴。东北过年有一个拜年的环节，主人家会有很多好吃的，我们家经济紧张，没有什么好吃的，妈妈就给人家讲整墙的奖状，别人很羡慕，很少有人家里一整面墙上全是奖状。所以拜年是全年中妈妈最快乐的日子。她很喜欢人家来，总让我们去给邻居拜年，请别人来我们家，然后给人家看奖状，一个一个介绍，这是学习奖状，这是作文比赛奖状……她就很幸福。妈妈其实在学习上对我们没有提要求，但是我们很受鼓励，就拼命地学。

晚上妈妈喜欢和我们一起坐在桌子旁边，我们写作业，她静静地看我们。非常安静，非常温暖，我从小到大都很喜欢这个场景。我喜欢晚上安静下来写东西，也是因为那是我心中家里最美的时刻。爸爸是地质队队员，常年不在家，这种氛围是妈妈给的。我很幸福，也很努力。妈妈平时很少主动聊天，可有一次她主动对我说，她那天排队买猪肉时说了一句"我是陈春花的妈妈"，就买到了她想要的肥肉，而且收获了羡慕的眼神。在那个年代，大家都想要肥肉，有肥肉就可以炼油，有了油炒菜就很香。我们镇子很小，我在考试榜上一直排第一，整个镇子都知道。所以，妈妈告诉我那件事的那一刻，我对自己说："一定要考第一。"如果我继续考第一，妈妈就可以继续开心。

为什么这件事情很重要？因为我们家的孩子都是女儿，在那个小镇上家里没有男孩是很大一件事情。给新郎新娘缝被子的时候，镇上的人会互相帮忙，但是这个时候一定没有我妈妈的份，因为给下一代做被子的人一定要儿女双全。不管我们和大家的感情有多好，我妈妈就是没有这个机会。妈妈说："没关系，那好吧，就这样。"当我从邻居那里打听出这个原因，我就告诉妈妈："您放心，您是全世界最幸福的妈妈。"我没有别的办法帮她，只能说，那好吧，那我就努力学习。那时候每家的孩子多，时常有邻居的孩子结婚，这种情形经常发生，妈妈都平静地接受。

随遇即是安

考大学的时候我自己的愿望是到北京，因为最好的学校在北京，我的成绩也非常好。但是，我父母是湛江人，他们唯一的愿望就是回湛江，所以爸爸要求我考到广州。我就说，那好吧，爸爸说什么就是什么吧。让父母看到回老家的希望，这对他们很重要。

可是，挑战就来了。在计划经济年代，我们班各个省有一名同学，读完要回去，我要留在广州就只能留校当老师。我在无线电系，可是无线电系没有教师名额。学校接受了我的申请，建议我去社会科学系教马克思主义基本原理。给我三个月时间，能上讲台就可以当老师。我在大学学了四年无线电，三个月之后要站在讲台上讲马克思主义哲学基本原理！我跟自己说："那好吧，就做吧。"我一一请教上这门课的三十多位老师，一堂一堂听他们的课。老师们非常好，虽然知道我没有专业背景，但看我这么认真，都欢迎我听课。此外，我读完了教材中列出的六七十本参考书。我大概早上五点起床，看书、备课，直到凌晨两三点。三个月后，我就上讲台了。我知道自己的短板，我像妈妈一样不太善于讲，所以我把所有上课要说的话全部写下来，写了大概三十页纸，然后倒背如流，学生在任何时间提问或者打断，我都能顺畅地接下去。因为背得很熟，所以我很有底气讲。而且，我写板书，大段大段地写，还注明在教材第几页。两节课九十分钟，那些比我小两三岁的大二学生都服了。我很爱那个班，他们是我的第一届学生，每个星期五我给他们上两节课。我去上最后两节课那一天，看到黑板上有一行字："陈老师，这两节课结束的时候，我们会期待下一次课的到来。"我站在黑板前对自己说："你一定要好好当这个老师，因为你是可以帮助学生去了解一门课的。"这件事促使我决定一辈子当老师。之后，不管我做什么，有一个身份一直没有变，就是大学老师。我就这样一直当了三十多年老师。

其实我一开始决定去广州读书是出于父母的期待，当我快乐地接受了这个期待，我享受到了当老师的美好。如果不是这样接受，也许我会觉得梦想全部毁了：本来想去北京，结果去了广州；本来是学无线电，结果去教哲学课；本来想当科学家，结果只当一名普通老师。我受妈妈的影响，很快乐地接受了这一切，我觉得很好。

"那好吧"

时
光
瓶

我的妈妈一直都是很平静的，很柔和的，很少言的。我唯一能找出来的一句话就是"那好吧"。在各种场合我都听到过这句话，所以就记下了，甚至成为我自己的习惯。这句话让我知道，这世上没有坏事，每一件事情积极地看都是好事，如果你愿意接纳，每一件事情都会帮助你，你的人生就会很美好。"那好吧"，其实代表了包容，就是能够接受、能够融入各种环境。

我基本上也是这样，遇到任何事情就会说："那好吧。"妈妈给我们最大的帮助，就是能够很快乐地接纳，很安然地生活，很坦然地应变。我希望自己一直拥有这三种特质。

妈妈今年八十岁，我想对二十年后的妈妈说一句话：我一直觉得牵手是件很奇特的事情。小时候是您牵我的手，我希望将来我牵您的手。牵手之间是我们千百年的缘分。我人生最大的幸福是做您的女儿，我希望当您一百岁时我们几代人一起去看世界，看美好。为了这个，让我们一起说："那好吧，那就做吧。"

谢谢了，我的家！

<!-- 一丹说 -->
一丹说

陈春花在回忆母亲在砖厂打工的时候说，有时候孩子难以理解父母，很可能是因为不大有机会看到父母辛劳的样子，不了解父母的隐忍，而大部分父母常常希望给孩子展示好的一面，收起艰辛的一面。如果孩子不用心体会，可能真的会不知道。因为懂得，所以珍重。

齐慧娟

齐派绘画传人，三岁开始习画练字，诵读诗文，三十余年来笔砚耕耘不辍。

齐慧娟的爷爷齐白石是近现代中国绘画大师，擅画花鸟、虫鱼、山水、人物，笔墨雄浑滋润，色彩浓艳明快，造型简练生动，意境淳厚朴实。齐慧娟的父亲齐良末是齐白石先生最小的儿子，著名画家，攻山水、人物、花卉，追求气派风格，人称"小齐白石"。

可以吃了

热爱生活的爸爸

　　我爸爸是一个热爱生活的人，他能把生活中的点滴变成快乐。在物资匮乏的年代，没有更多的快乐，吃是人类最本能的一种快乐，会让你对生活怀有无限的热爱。我爸爸手特别巧，而且特别爱研究，把生活的快乐研究到极致。比如出一个新菜，他会想方设法做出来，即使没有原材料，也要分析一下这个菜为什么做得这样好吃。一个简单的炒白菜，我爸能炒出来十几样，炒白菜丝、炖白菜块。爸爸曾经跟我说，人一生想要做成什么事，都要付出无数的艰辛。甭管是学一门手艺，还是做一件事，都要倾尽一生去努力，才能实现人生价值。比如说做一个好菜，就要让大家都吃得满足。爸爸从小就跟我讲，杭帮菜、上海菜偏甜，东北菜偏咸，两广的饮食清淡。生存是人类的第一需求，所以热爱生活的人肯定是热爱饮食的人。我爸把做饭当作科学研究。比如炖白菜的时候要切块，因为白菜帮外面有两层膜，切成块不烂，既成型，还进味。但是要炒白菜，就要斜着切，这样白菜的肉出来多，两个膜少，这样炒就容易熟，而且进味快，这跟科学一样。别人说家的味道是妈妈的味道，我们家是爸爸的味道。我妈妈做饭不灵，她还嫌我爸不会过日子。

　　当时北京市唯一一家乳品店在珠市口北口，爸爸经常带我去喝，因为我爱喝奶，小孩又需要。有一次，我爸爸买了一碗给我喝，我说，爸爸你也喝。他就象征性地尝了一口，都留给我了。我现在估计，他当时是没钱了。但是爸爸特别乐观，没钱就没吧，没钱也不唉声叹气。没钱有没钱的快乐，有钱有有钱的快乐。没钱的时候，白菜也能做出好几种快乐。

70年代我家就有沙发了，是我爸爸自己做的。他去废品回收站挑弹簧，拿回家上油，把锈擦掉，把每一个簧绑起来，还在外面套一个粉红色的布面，扶手是木头的。我印象里那个沙发真舒服。

我的绘画启蒙老师就是爸爸。毕竟有家庭条件，我三岁开始玩笔墨。实际上，小孩还不用语言表达的时候，就靠涂涂画画表达很多想法。我小时候，爸爸画，我也跟着画。为了让我对画画的兴趣不受打击，能够一直维持下去，他放任我涂涂抹抹，让我随便去体会。等到大一点，爸爸开始教我画工笔画。女孩一般爱画漂亮的工笔仕女，我虽然是女孩，但性格比较活泼，不太能够稳住，基本上三分钟待不住就开始蹦蹦跳跳。爸爸说，你画工笔画，画小美女。他后来专门给我解释，画工笔必须要细致，一笔一笔去勾，一次一次渲染，用这个磨性子。用古代的美女、漂亮的衣服、漂亮的小脸，去磨我的性子。画到一定程度，就画大写意，女孩就越大越秀气，性格越练越文静，不拘谨。说实话，我非常感谢爸爸在艺术上为我铺的这条路。小的时候不觉得，现在回想确实很有道理。现在，我可以把握住人物、动物的结构细节，大写意也能把精神掌握住，全是因为爸爸的精心培养。

我也画虾，刚开始画不好，画一张不行，画两张也不行，随画随涮笔，一盆水很快就变黑了。变黑了之后我还那么画，画了一会儿我就烦了，开始画别的。爸爸一看就说，不行，画虾一定要通透，虾很透亮，所以涮笔的水要干净，淡墨不等于脏水，实际上是用干干净净的笔蘸上墨，自然地渲染、画上，纸上才有通透感。爸爸用脏笔画了一只虾，又用干净的笔画了一只虾，比较给我看。果然，脏笔画的颜色不新鲜。为了教我画虾，爸爸专门画了小虾的结构图，把虾分成一个一个结构。一笔、两笔、三笔、四笔……到最后一只完整的虾。爸爸还一边画结构图一边讲解：这边有虾枪，我们吃虾都知道，前面有一个虾枪，硬硬的；画虾身子的时候，第一节最大，第三节是弯的，要不然这个虾弯不过来；最后画虾钳子，大臂、中臂，小臂一定要粗，它相当于人的手掌，连接前面的钳子；画虾须必须是直的，因为有一个中空的管，虾须是从一个管里出来的。一只小小的虾，却有很多讲头，有很多细节。这结构图里有爸爸的心思，特别细腻。

我父亲后来对我说，我不能只学爷爷的齐派画，要跳出这个圈子。我就大量涉猎其他画作。我父亲说，你爷爷的画源于五千年的文化。实际上，所有的艺术都来源于老祖宗的文化。我和父亲经常会有一些艺术上的交流。他年龄大，思维意识跟我不太一样，他更传统，我的绘画更多一些现代性的东西，包括构图上追求一些现代的色彩构图。我们各抒己见。

我们家挂了很多画，最明显的地方挂着我父亲的画，比如餐厅里的鲑鱼画。我最重要的就是"补壁之作"。有一年家里暖气漏水了，管子埋在墙里，要把墙凿开才能修，修完了暖气就剩下一个大窟窿。三天之后就要过年了，怎么办？我把一幅和墙一样大的画裱好，装上金框，挂在墙上，特别完美的作品。

重情重义的爷爷

爷爷和爸爸不太像，因为两个人的生活背景完全不同，每个人成年后的性格、做事的风格多少带着童年的印记。爷爷小的时候家里非常困苦，有时候甚至吃不饱饭。爷爷历经痛苦，自学成才，特别会生活，甚至可以说有点抠。爷爷是好客的人，家里每天有很多客人。我听爸爸讲，他腰里挂一圈钥匙，钥匙锁着柜子，柜子里有点心，客人来的时候爷爷就拿出一盘点心让客人吃。生客可能不好意思吃，但真正的熟客，尤其是他的学生、弟子们就说：可别吃，指不定搁了多长时间，闹不好还长毛了。另外，客人要是真吃了，老爷子闹不好还真心疼呢。

其实，爷爷对自己特别抠，对朋友、对亲人一点都不抠。国家授予他"人民艺术家"的称号，他始终不忘本，不忘初心，以手艺人自居，以农民子弟自居。他的画作题材都来自生活中的点点滴滴。那时候，我们老家湖南经常来好多同乡，来了他就请吃饭，都安顿好，走的时候还给一些路费。在家里做工的人，每年年底都会拿到红包。老北京都知道，以前白菜是北京冬季的当家菜，家家过冬都要储备。有一家人常年给我爷爷送白菜，于是过年的时候我爷爷就给人家画一张画，免费的，因为在爷爷眼里情谊无价。我爷爷特别讲情谊。他的老师从小培养他，带他走上绘画这条路。老师过世的时候，我爷爷特别伤心，把老师曾经夸赞的画都亲自裱好，带去坟头上烧了。

我爷爷画画特别讲规矩。他的画是大写意，看上去好像只有三五笔，其实很讲究。有人来求画，我爷爷要研究好用的什么纸，问清题材，问清用途，然后构思。画完之后，他把画放到画架上，躺到对面的躺椅上，看看怎么完善细节，比如说结构画完了，大组织画完了，该补虫子、该补鸟了。然后再挂起来，再看，反复斟酌。画好了，他还要想这张画怎么题字，在哪里盖章，根据画面决定应该题多少个字，是不是用长款或者别的款。我爷爷是一个特别严谨的人，完成一幅画很认真。爷爷穷其一生画画，还有相关的艺术门类，比如书法、篆刻等。他有一个常年展馆，其中有一幅草稿《铁拐李》，他在画上标明每一个细节，腿的部位写上此处应该长一寸，铁拐李的拐应该长一寸。他把自己反复推敲的心路历程都展现出来，怎么构思，怎么提炼，怎么匀称，怎么舒服，等等。他特别严谨地对待艺术。

他是一个手艺人，以画养家，有一个严格的价目表。曾经有一个人跟老爷子求画，不停地讲价钱，要打对折。老爷子实在不好意思把人家轰出去，就在纸的边上画了虾的前半部，剩下的后半部没了。那人说："老爷子画得挺好，可这虾怎么就半截呀？"老爷子说："你给的就是半截的钱啊。"这也是爷爷生活中的童趣和机智吧。他把生活中很多事情变成乐趣。这幅画其实有无限的意境，一半在里面，一半在外面，意境非常好。不过，他当时只是表达情绪。

"可以吃了"

时光瓶

我人生第一件快乐的事发生在我三岁时。20 世纪 70 年代，物质还不像今天这样丰富。一次，爸爸单位门口的一棵树倒了，下雨之后长出了小白蘑菇。我爸爸这个资深吃货看见了，就把小白蘑菇采了回来。为了"伺候"蘑菇，爸爸还特意花肉票买了二两肉，做了一盘蘑菇炒肉。虽然蘑菇是雪白的，但是爸爸是一个特别严谨的人，他心里拿不准到底有没有毒，他怕我中毒，于是要亲身试验一下。他拿了一个小闹表，对我说："闺女，这个针从这走到这是五分钟，爸爸先吃，如果爸爸倒下了，你赶紧叫街坊牛大妈去。"那时候肉不是很富裕，蘑菇本身又香，那五分钟的煎熬，让我回味至今。五分钟一到，爸爸没倒下，说："可以吃了。"现在回头想，这只是很小的一件事，但是给了我莫大的快乐，心里甜丝丝、美滋滋的感觉我至今记忆犹新。

我觉得，我在吃上面比较像爸爸，在画画上还是比较追求爷爷的境界。

我每天都要画画，因为画画是我的主业，但是我的生活很现代，我会尽量让自己的生活快乐，有意义。这要感谢我父亲，他让我知道，人生点点滴滴都是快乐，要把人生所有小事情都变成快乐。我健身，锻炼完了觉得饿，我就倒一小杯红酒，就着一点点奶酪，或者一小块巧克力，一点一点地吃，让嘴里的融化变成无上的快乐。生活是最好的艺术创作来源，我们应该好好地生活，快乐地生活。

我要感谢爷爷：没有爷爷齐白石就没有慧娟。虽然我从没见过爷爷，但是我知道您一直陪着我。我的身体里流着您的血，您在我的生命里。

另外我要感谢爸爸：没有爸爸就没有快乐的慧娟。爸爸，是您在物质匮乏的日子里，没有让生活变得苍白。我的童年变得这样快乐，是得益于您。我现在这样热爱生活，更是得益于您。未来，不管是十年、二十年还是三十年后，我希望我还这么热爱生活，爱吃，会吃，健健康康，快快乐乐。像爸爸一样，像爷爷一样，把自己从平凡生活中发现的每个点点滴滴的小快乐，通过我的画笔分享给所有人，永远继续下去。

我最后想对自己说：希望未来能够在艺术上有所成就，能够跳出齐白石孙女这个光环，成为一个完整的自我。可能这是一个比较难的事情，因为爷爷是一位非常伟大的艺术家，超越他不敢想，但是我希望通过穷尽一生的努力，在艺术上成为一个独立的我。

谢谢了，我的家！

一丹说

生活是最好的艺术创作来源。我们应该好好地生活，快乐地生活，在人间烟火中品味诗情画意。

420

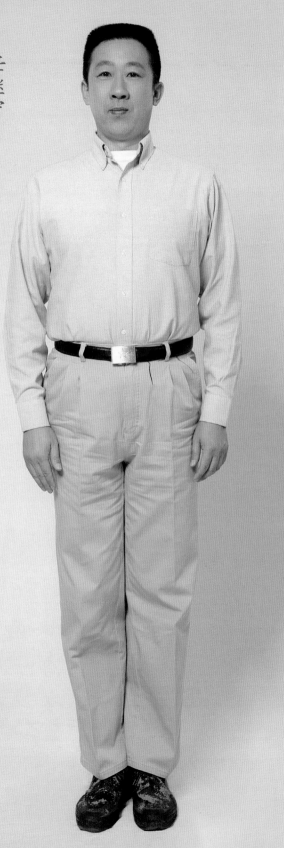

任继宁

国家开发银行工作人员。2014年担任北京市顺义区区长助理，早年在中国政法大学学习法律，后出国留学，在美国马里兰州立大学学习经济学，在美国霍普金斯大学商务研究生院深造，2004年获得商务管理硕士学位并归国。

任继宁的爷爷任弼时是中国共产党第一代领导集体的重要成员，曾与毛泽东、朱德、刘少奇、周恩来一起并称全党"五大书记"。他长期抱病工作，过度劳累，四十六岁时便英年早逝。叶剑英评价任弼时是"我们党的骆驼""中国人民的骆驼"。在家里，任弼时也如骆驼一般，带着妻子学文化、走长征、干革命、建设新社会。夫妻二人牵手一生，相爱一世。

你在前面走，我在后面跟着

不离不弃，夫妻战友

我的爷爷是任弼时，他的父亲是一位私塾老师，我爷爷就是他父亲的第一个学生。爷爷当时年龄很小，在家里不做农活，只学习。他五岁可以读书识字，可以畅谈文章，可以独立思考。

我的奶奶是陈琮英，她的家里不是很富有，她与爷爷是指腹为婚，是任家的童养媳，十岁左右就到了任家，做一些煮饭、洗菜之类的杂活。我感觉，童养媳就像学徒，作为一个封建大家庭的外来者，因为年纪不到不能婚嫁，就暂时寄养着。

他们两个知道以后会是什么关系，当时的家规就是要遵守指腹为婚。大概一年以后，我的爷爷考上长沙师范学校第一附属小学。奶奶主动跟家里人说，她想资助我的爷爷，她觉得那是她分内的事情。她找到了一份工作，是在长沙织袜厂做童工，虽然年纪小，但是她非常坚忍。织袜厂的女工基本上没有几个钱，而且非常辛苦，不是一般人能够理解和承受的。而她把钱都用来贴补爷爷在学校里的住宿费和伙食费。就这样，爷爷和奶奶培养了相互帮助、相互理解的关系。

爷爷被组织上送去苏联学习俄文时，奶奶没有跟去，而是回家服侍爷爷的父亲和母亲。爷爷在苏联的时候，嘱咐过她一定要脱掉文盲的帽子。奶奶是一个很坚强的人，白天辛勤劳作之后，晚上去夜校里学习，四五年后她就可以读书和识字了。

爷爷从苏联回来后，被派到上海工作，在党中央的领导下领导和组织了"五卅运动"。爷爷在上海进行地下工作的时候，组织上考虑到他的思乡之情很重，就把我的奶奶接到上海，和爷爷一起进行地下革命工作。这样，一个湘妹子就到了灯红酒绿的大上海。

奶奶刚到上海时，对周围环境不是很适应，她没见过美国奶粉，没见过电车。当时爷爷跟奶奶说："不怕不怕，我们到这儿是要斗争的，我们有自己的本职工作，你要学会斗争。"奶奶也非常坚定地说："我一定跟着你学会斗争，你在前面走，我在后面跟着。"

爷爷带着奶奶熟悉环境，告诉她，这是四马路，这是上海的灌汤包……爷爷就这样关心奶奶，看到她有心事就一点点引导她，让她一点一点适应上海的环境和当时的情况。这是一种坚忍的革命事业感。我想，就在那一刻，爷爷把奶奶领上了革命的道路。

我专门研究过史料。在当时，上海充满着白色恐怖，充满着政治斗争。共产党人被抓到了命运就非常悲惨。地下工作需要地下交通员，这是一项风险很大的革命工作，有时还会被捕，所以需要有要坐牢的思想准备。而且地下交通员要有胆识和智慧，要会应对紧急情况，比如，碰到盯梢的怎么甩掉盯梢，碰到敌人的盘问怎么回答。

奶奶就当起了地下交通员。她后来常常对我们讲当时的情形多么严酷，有很多细节，比如千万不要坐在窗户前做案头工作，有些地下党员就是这样暴露了身份，最后被杀害了。

奶奶其实和爷爷一样，都经历过革命大风浪的洗礼。在上海，爷爷被捕过一次，奶奶也被捕过一次。爷爷在开会的时候，被特务抓了，但是他非常镇定，应对自如，没有暴露身份。奶奶在向忠发叛变的时候被捕，她是抱着大姑被捕的，她坚持说自己是乡下人，什么都不懂，还把大姑掐得一直哭，弄得特务们心烦意乱。半年后，组织营救了她。爷爷和奶奶都清楚革命的目的，都信心坚定。

同时，奶奶天天心里惦记着爷爷，每天都要等爷爷。爷爷凌晨回来，奶奶就等到凌晨，给爷爷做一碗汤，帮他削削铅笔，做一些力所能及的事情。爷爷看在眼里，对奶奶说："你可以睡觉，不必等我。"奶奶说："你不回来，我就不睡觉。"两个人相辅相成，相濡以沫。

之后爷爷被调往湘赣苏区。奶奶因有孕在身，留在了后方。后来，由组织上安排，奶奶也到了苏区。第五次反围剿的失败，迫使中央红军转移。爷爷按照党中央的命令，带领第一支队伍走出江西根据地和湘赣苏区，开始了两万五千里长征。

奶奶跟随爷爷长征，转战陕北。奶奶是一个小脚的红军战士。大家可以想象，绑成小脚，还要走二万五千里长征，那是什么样的感觉。过草地的时候，我二姑远征出生。作为母亲，奶奶坚持把新出生的小孩留在身边。可是爷爷为了不拖累整支部队的转移行动，要把孩子送到更安全的地方。当时奶奶因为丢了小孩，心里很是悲痛，爷爷非常理解，一直给她无微不至的关心。朱老总还给她钓过鱼，说是给月婆子喝鱼汤。"远征"这个名字，就是纪念红军长征。

奶奶有过九个小孩，在革命中有的丢失了，有的病死了。到延安的时候只有三个女儿和一个儿子，那个儿子就是我的父亲任远远。我大姑任远志生在湖南老家，二姑任远征在长征转战的时候生在甘孜。

前年我去香格里拉重走爷爷奶奶走过的路，其实都是象征性的，我们穿得好吃得好，每天回宾馆睡一大觉。可是当年的红军，没有吃，没有喝，没有药，而且不是走普通的草地，要过沼泽地，那是会死人的。奶奶给我讲过一个故事，一名红军小战士踩进了沼泽，他示意大家不要救他。这就是革命的情怀，这就是与天地共生！

奶奶拽着马尾巴，爷爷背着襁褓中的孩子，他们一起走到了延安。在那里，奶奶当过爷爷的"老师"。为了自给自足，在延安举办了一次纺线比赛。爷爷不甘落后，也要参赛，就向奶奶学习，奶奶就手把手教他，最后爷爷拿到了第一名。在革命的队伍里，他们得到了锻炼，发现了人生的真谛。

到了延安之后，奶奶还是在机要交通局工作，工作内容就是编码、译码。这个工作性质其实对我们家的生活有很大影响。我长大后发现一个问题：我对爷爷和奶奶的事迹一无所知。我没见过爷爷，奶奶也没对我说过。这是为什么？这跟他们的工作性质有关。他们长期从事机要工作，经历过革命的严酷，守口如瓶是他们的纪律，是他们的责任。不是不愿意说，而是不能说。在我们家，纪律很严，不该说的不说，不该听的不听，不该看的不看，这方面的限制很严格。大人谈公事的时候我们小孩要回避，不能影响大人办公。

我奶奶非常朴实，做了很多事，但是从不在功劳簿上表现自己。每次提级的时候，她都说自己没做什么，都说别人做的工作更多，让别人晋级。

从转战陕北以后，爷爷和奶奶一直在一起，没有分开过。他们的一生，为了坚定的信念，走到了生命的尽头。我的爷爷是 1950 年去世的，我是 1969 年出生的，之间差了 19 年，因此，我没有见过爷爷。但是，我从奶奶身上学到了很多老红军、老党员的革命精神，这是我终生难忘的。

历史重演，跨国浪漫

我中学的时候学习不太好，尤其是英语。我自己想办法，在三个月内把英语成绩从 47 分提到 77 分，我就发现学习方法很重要，然后就萌生了去国外学习教育的想法。

奶奶毅然地说,读万卷书,行万里路,你做任何事情我都不拖你的后腿。就这样,我踏上了去美国留学的道路。刚到美国的我没有多少英文基础,几乎就像一张白纸,而且当时我并不很富裕,还要去图书馆打工。但是我背水一战,如果不能学成归国,我无颜见长辈。国家托付了我,长辈托付了我,我必须好好学习。

经过努力,本科读下来后,我对西方教育有了一个认知。我发现,仅仅读一个国外的本科并不能交出满意的人生答卷。于是,我勇往直前,考上了霍普金斯大学的硕士研究生。可惜的是,当我获得学位回到祖国的时候,奶奶已经去世了。我感觉我走了一段很类似我爷爷的路,用我的学业交上满意的答卷。

我在国外的时候,自然而然就和外国同学打成了一片,一起学习,一起谈论,建立了互相学习的方式。在交往过程中,我碰到了后来成为我太太的妮克,她的英式发音一下就吸引了我。

她的专业是教育,她就经常问我,你们的小学是怎么教育的,中学是怎么教育的,大学又是怎么教育的?于是,两个聚焦教育的人找到了共同语言。妮克很关注中国的教育,而我对她的好奇首先在语言方面。我认为,语言是一种能够表达自己心灵的艺术,学好了语言可以打开世界上的一扇扇窗户,可以自由地在全世界飞来飞去,学习各地的风土人情。

但是,我并没有忘记我的祖国,我牢牢记住我是红色家庭的后代,我的爷爷就是从教育走向革命的,我有义务回到祖国,为广阔土地上的人们做出贡献。于是,我回到了国内。

在回国之前,我和妮克基本上确认了关系,但是我担心她不能适应国内的工作方式和生活习惯,我请她再考虑一下,我不想拖她的后腿。我先回到国内工作。一年之后,她带着她妈妈来见我妈妈。妮克一到我们家,寒暄过后就挽起袖子干活。我妈妈非常意外,然后我们这个红色家庭就接受了这门婚事。妮克正式地对我说:"不管你走到哪里,我都跟到哪里。"

妮克一直在研究中国教育,力图把中国文化和西方文化的优点结合在一起,为更多的年轻父母培养下一代而努力。现在我们结婚十二年了,她已经非常熟悉国内的生活，我们相互理解，相互包容，相互帮助，相互挚爱。只要两心相依，没有不能战胜的困难。

我想，这就是历史的重演吧。爷爷和奶奶给了我榜样的作用。奶奶是一个纯朴的人，经历了大风大浪，经历了艰难困苦，给我们留下了一种执着、一种坦诚、一种相濡以沫、一种从起点走到终点的精神。爷爷和奶奶这样一对红色夫妻，他们的生活是温暖的。这就是我们这个红色家庭的另一面——幸福的、互相理解的、宁静的生活。

"你在前面走，我在后面跟着"

我印象最深的一句话是奶奶对爷爷说："你在前面走，我在后面跟着。"事实上，他们从跟随的关系渐渐变成了肩并肩的革命同志关系。爷爷和奶奶心心相印，互相理解。他们的爱情是美好的，是崇高的，是幸福的。

最后，我想对我的儿子姜纳森和女儿时平说：不久以前你们问过我一个很大的问题，是关于你们的太爷爷、太奶奶，我一直没有告诉你们。我现在告诉你们：你们的太爷爷是中华人民共和国的开国元勋和缔造者之一，他和你们的太奶奶经过苦难的历程，在最艰苦的时候互相理解，互相恩爱，他们有很多优秀的传统，希望你们长大后继承发扬。

谢谢了，我的家！

任弼时与陈琮英的爱情是他们共同努力的结果，两人从一前一后到齐头并进，一生琴瑟和谐，堪称神仙眷侣。任弼时对陈琮英不离不弃，陈琮英为任弼时锐意进取。陈琮英的努力并不容易，在袜子厂当童工，用小脚走长征，这不仅是她吃苦耐劳的品质，也是她诚心诚意的爱情。

蔡笑晚

著名家庭教育专家，年少时用一年时间自学完高中所有课程，在艰难坎坷中自学自强，同时『把父亲的角色当事业来经营』，把六个子女都培养成精英。

蔡笑晚的父亲曾经担任国民党的法医，因此给蔡笑晚的发展造成了很大的影响。但是，他是书香之后，从小教育蔡笑晚立志，帮助儿子在艰难困苦中顽强奋斗。

立大志，做大事

早期教育

我有六个孩子，我把这六个孩子当作事业经营，主要是因为我没有实现父亲对我的期望，我让孩子们去实现。我认为，教育要趁早，所以，我的孩子上学一个比一个早。

我的大儿子在杭州大学数学系读本科，在上海交通大学读硕士，28 岁时从美国康奈尔大学博士毕业，36 岁时成为美国宾夕法尼亚大学最年轻的终身教授，是世界统计学领域的知名专家。他在 2008 年获得"国际统计学领域的诺贝尔奖"——考普斯总统奖。我本人数学非常好，我把大儿子定位为将来的数学家，目标是"数学领域的诺贝尔奖"——菲尔兹奖。后来，他选择了数学的分支——统计学，而且33岁的时候就成为统计学的终身教授，现在是宾夕法尼亚大学沃顿商学院副院长，还是国家的"千人计划"之一，北京大学的兼职教授，并担任复旦大学大数据学院学术委员会主任和浙江大学数据科学研究中心学术委员会主任。

我觉得大儿子很不错了，中国人能在美国做副院长很不错了。他给弟弟妹妹树立了一个很好的榜样。

我的二儿子3岁学会存钱，4岁跟着哥哥去听课，5岁就吵着要上学并被破格接纳，十几岁的时候在兄弟姐妹中"开办"银行，未满15岁时用四个多月时间自学完高中所有课程，并考入中国科技大学少年班，18岁考入李政道博士主办的中美联合招考物理研究生项目（CASPEA）留美博士生班，在美国罗彻斯特大学攻读激光物理，学习期间因学术成果优秀获得1990年度"大久保进物理奖"，24岁获得物理学博士学位，比他大哥获得博士学位还早。他曾经是华尔街基金管理经理、高盛公司副总裁，现在研究大数据教育。

我的三儿子小时候特别聪明，从北京外国语大学毕业后，被美国圣约翰大学录取为博士生，但是他放弃了，选择留在国内，现在是一个实业家。

我的五儿子是学金融的，在中国科技大学硕士毕业，现在在国内一家银行的大客户部任经理。

小女儿是我的掌上明珠，从小就特别优秀。我在家对她做过早期教育。她3岁就跑到学校，在窗外爬到凳子上看她姑姑读书，4岁她自己非要上学。我想尽办法找了一家幼儿园，可是她去了半天就对我说"跳级吧"，因为和那些小孩在一起一点意思都没有，实际上人家比她大两岁呢。我又找朋友帮忙，让小女儿进了一家小学读一年级。一个星期后老师告诉我，这个小孩特别聪明，还说将来我会因她而出名。小学五年级的时候，她说她要考上最好的初中，结果真的被最好的初中择优录取了。一开学她又说"跳级吧"，因为她觉得她根本不用读初一。经过一番考试，她直接去读初二。

我家里有《居里夫人传》，儿子们看到女科学家没什么感觉，因为我家墙上贴的全都是男科学家，牛顿、爱因斯坦、爱迪生、哥白尼，等等。小女儿当时4岁，她就想成为女科学家，想成为中国的居里夫人。她问我居里夫人在哪里读大学，我说在巴黎高等师范学校，她说她就要去那里读书。我说，现在世界上最好的大学不是巴黎高等师范学校，而是哈佛大学。她心里就一直记着这句话。她上高中的时候问我，要读哈佛大学应该怎么选择道路，我说最好的道路就是先上中国科技大学少年班。14岁的时候，她就进入中国科技大学少年班了，而且是班上最小的。

本来要读五年少年班，没到时候她回来跟我们说"跳级吧"，因为她已经自己读完了第五年的书，而且有能力自己写材料申请去美国读硕士。她真的完全通过自己的努力，18岁就成为麻省理工学院博士生。可是她还不满足，她始终记得她的理想是哈佛大学。于是，她转到哈佛大学，21岁在哈佛大学取得博士学位，26岁成为哈佛大学最年轻的副教授，指导比她大12岁的博士生，34岁受聘为哈佛大学终身教授。她一直很轻松，并没有身体不好或者精神状态不好。恰恰相反，她的心态非常好，每一天她把自己的快乐寄托于求学，把达到读书的要求和事业的要求看作人生的快乐。

我的小女儿出生的时候，我已经研究出家庭教育的一整套理论和方法，尤其是早教立志和自学的方法，所以教会她学习方法，教会她尊师重教。我认为，优秀的早教，加上行为习惯的培养，再加上学校老师的合作，孩子确实会变得聪明，会创造成才的奇迹。很多人称我为"人才魔术师"，其实是因为我把子女教育当作事业。

因势利导

我的四儿子要单独说说。他读中学的时候，《少林寺》《霍元甲》这些影视剧正流行。他有一天突然对我说："爸爸，我不读书了，我要到少林寺学武。"我家是书香门第，突然冒出一个学武的孩子是很意外的。不管我们怎么劝，他就是不听。我觉得，如果使用强迫的手段让他听从我的命令，会造成对抗，就谈不上家庭教育了，他也不一定读得好书，对他以后的发展也不好。而且，他的决心非常大，他说他要学成一代武术大师，保护家园，拯救世界。他有这么大的决心，这么大的心胸，这么大的气概，也是要立大志、做大事，我能不支持吗？学武也不错，我们书香门第出一个武术大师也是很好的事。人生成功的道路不只读书这一条，不管走哪一条路，只要努力都可以成功。我就同意他去学武。

我的其他孩子考上大学，考上研究生，哪怕到美国留学，我们都没有摆酒请客，唯独为了四儿子到少林寺学武，我们家摆了酒，请了所有的亲朋好友来庆祝。临走的时候，我们一家人送他到车站。我们摆酒，就是要告诉他，不能要去就去、要回就回。我们送行，就是要告诉他，等他学成武术大师，我们再去车站接他。

两个月后，他感觉到学武不是很容易的事，比读书更困难，他就想反悔，想马上回家。我说，不能回来，因为我们是同意你自己的要求，而且是送你到车站的，你要对自己负责，要向大家展示你的少林武功，才可以回家。既然去了，就要坚持。他还是说他想继续读书，而且说，弟弟妹妹读书都很好，他也会读得很好。我们就让他坚持了一个学期，然后才让他回到学校继续读书。他后来考上了华西医科大学，而且武功非常好。毕业后美国阿肯色州立大学录取他为博士生，但是他没有去，现在在上海创立自己的医院。假如当初没有开阔的心胸和好的方法，就没有现在这样的结果。

其实我对所有孩子的教育方法是一样的，可是同样的方法不一定教出同样的孩子，老四要学武就是一个例子。所以，我特别强调教育的个性化。第一，要按照每一个孩子的特长、特点，采用特殊的方法去引导。有一点是一致的，就是父母必须给予真挚的爱，让孩子在爱的氛围里长大。第二，要和孩子好好地沟通，不能以自己的压力强制他。第三，要让孩子在快乐中学习，让孩子有一个快乐的氛围。我那时候在家里努力营造非常快乐的氛围。第四，要先教孩子做人，做一个优秀的人，才能立大志、成大事。第五，要坚持，只有坚持，才能实现前面四点。

徐图自强

我小时候的梦想是当科学家。父亲引导我懂得科学家是伟大的人物，所以我从小就有当科学家的梦想。

我小学的成绩一直很好，初中毕业的时候考上重点高中，可是种种原因使我不能继续上高中。我父亲弄来一大堆高中的书，让我好好学。

我用一个学期的时间，把高中三年的数学、物理、化学和其他课程全部学完了。为了验证自己的学习效果，我去了一个高复班学习，结果我在那里是成绩最优秀的。我就发现，真正的学问是自己做出来的，只要认真学习，并不需要老师一步一步地教。后来，自学成了我培养孩子的第一个方法。

学了高中的东西并不能成为科学家，我知道要考上好的大学才行，所以我那时候很努力。我的高考成绩很优秀，可是我还是不能上大学。我大哥就教我，先去工作，好好表现，当上"先进青年"，就有机会上大学。我说这个很容易，因为我是个有决心的人，什么事我都可以做到。我去教育局说，我想到乡镇小学教书，而且愿意去最艰苦的地方。领导同意了。我在工作中表现很好，加入了共青团，评上了"先进青年"，半年后就去参加高考了。那一年是冬季招生，只有杭州大学招生，我就报考杭州大学。结果，我以数学、物理和化学三门满分的成绩考入杭州大学，而且一入学就当了班主席。

考上大学后，我可以接触到著名的科学家。杭州大学有一位数学大师，他的夫人教我数学，这样我就能碰到大师。有比较优秀的人指导比较高深的东西，我就在大学时期写了很多论文。虽然我非常努力，非常珍惜上大学的机会，可是，我最终还是没有能够完成大学学业。因为父亲过世，我妈妈一个人要养活六个孩子，家庭条件不允许我继续读书，大学三年级的时候我退学了。我父亲是学医的，我跟他学过一些，退学后就自己学医，和母亲一起解决家庭的生活问题。

那个时候的艰苦，说出来很多人不相信，我们连吃饭都有问题。我母亲只有28块工资，我们七个人一天不能用一块钱，因为如果一天用一块钱，每个月就会有两天没有饭吃。所以，每天我们必须想办法再挣些钱，我必须承担起养活自己、养活家庭的责任，要跟母亲、跟弟弟妹妹一起让这个家庭生存下来。

我的梦想一点儿也没有改变，行医是我的谋生手段，数学和物理是我的人生事业，我继续写论文，还分寄给很多大科学家，包括华罗庚、苏步青等，钱学森先生还给我回了两封亲笔信，鼓励我说："以后中国的科学要靠你们努力了。"我那时候非常高兴，钱学森这样的大人物亲笔给我回信，肯定是我的论文有一定的分量。

我就是这么努力争取一切的。虽然我一直坚持，但我最终没有实现自己的梦想，没有实现父亲对我的期望。人要面对现实，于是我改变了自己的梦想，把父亲对我的期望传承到我的孩子身上，通过我自己的努力，把"立大志，做大事"的家风传承到孩子这一代。我没有多少优势，我只有一点知识和一点志气，我要在教育子女方面最大限度地发挥我的优势。我感觉这是我人生中最聪明的一步。

我的教育方向就是"立大志，做大事"。我相信只要我能坚持必定能做好，我不相信乌云会遮盖住我的整个天空。我告诉孩子们，我们家里什么都没有了，读书不仅是未来的前程，而且是解决眼下生存问题的唯一出路。我还告诉孩子们，知识是他们唯一的财产，他们没有什么比人家好，只能读书比人家好。孩子们都非常听话，非常努力。

我女儿有一封信写得很好。她在信中说，父亲当了一辈子的医生，但是在她眼里，父亲是一个老师。每天晚上吃完饭，我们一家人就在小小的房子里看书。我读我的书，他们读他们的书，他们感觉到读书是必须的，因为爸爸这么大年岁还在读书。

我会给孩子们说塞翁失马的故事。家庭条件不好，焉知非福？条件非常好的家庭不一定教出很好的孩子。现在，我很轻松地完成了我的教育任务，我的六个孩子都成才了，而且不是成小才，是全世界公认的大才。

"立大志，做大事"

　　我的一生要从父亲对我的要求说起。我四五岁的时候，父亲对我说："立大志，做大事。"我六七岁的时候，父亲教我背一首歌："三十三天天外天，白云里面有神仙。神仙本是凡人做，只怕凡人心不坚。"我父亲再三对我说，大志就是好的人生梦想，就是要去做梦，会做梦才会有大志。父亲还教我"士贵立志，志不立则无成"，等等。人生当中面临很多的选择，你能否成功，主要是看你的选择做对了没有。假如没有选择对，不管你有多大的本领、多大的智慧，你总是成不了大事。所以，我很感谢我父亲很早告诉我"立大志，做大事"，告诉我在最关键的时候必须做对人生的选择题。正是父亲的引领和母亲的教导，使得我一生追求立大志、做大事。我也教我的孩子首先要立大志，做大事。我用毛笔写下立志的话，贴在墙上，教育他们。我现在回忆起来，人生最快乐的时间就是我们最困难的时候，最痛苦的时候成了我们现在最美好的回忆，因为孩子们那个时候真正是在"立大志，做大事"。

　　我想对我的父母说：尊敬的天堂里的父亲、母亲，今天我站在这里，高兴地告诉你们，你们当初对我寄托的希望，已经实现了，成功了。这个实现和成功，是通过我对下一代的教育、传承来实现的。我认识到，孩子的教育和家风、家教的传承，是一个家庭走向成功的最根本的基础。作为父母，我成功地把你们当初对我的"立大志，做大事"的教育实现了。在这个过程中，孩子们也很努力、很辛苦，所以我对六个孩子说：你们也辛苦了。谢谢了，孩子们！

　　我把自己的名字改为"笑晚"，希望我后半生都在笑，我的晚年真是非常快乐的。我肯定会继续笑，因为我接下来还有很多事要做。我把自己的孩子都培养成功了，家乡父老曾经给过我的孩子很大的帮助，政府很关爱我的家庭，所以，我必须教育孩子们好好报答家乡父老，报答国家的培养。我把我们小家庭的梦想改成了为我们中华民族伟大复兴的中国梦贡献更大的力量。我教孩子们，一个人读书不仅仅是为自己，不仅仅是为了混点饭吃，读书要为家庭读，要为我们的民族读，要为我们的国家读，那才是真正的读书。我的六个孩子中有四个在美国，我接下来的任务是把他们一个一个拉回中国。中国现在的环境这么好，和我当年求学的时代根本不一样了，中国在世界上达到了很高的位置，实现中国梦需要大批人才，我应该把我们家庭的小梦想变成国家的大梦想，而且必须落实下来，不能口头上说说而已。我的孩子现在在美国，他们的任务是把好的东西学回来、带回来，为中国的发展贡献力量。现在，大儿子已经在中国有了职位，老二打算完全从美国回来为祖国做事。2006年，我的大儿子、二儿子和小女儿选择在爷爷诞辰百年之际捐资一百万元，设立"蔡笑晚教育奖学助学基金"，奖励品学兼优的学生。孩子们很愿意出钱出力做这件事。我的父亲曾经在我爷爷坟头立下志愿，立大志，做大事。我们作为孩子，最大的梦想是为人民、为国家做好事，这也是我们对父母最好的报答。

谢谢了，我的家！

蔡笑晚被称为"人才魔术师"。魔术师其实都是有机关的，蔡笑晚在家庭教育中也设计了很多"机关"。第一个"机关"是"早"，早教育，早立志。第二个"机关"是"欢"，要让孩子在快乐中成长，不要因为意见不一致就轻易失和。第三个"机关"是"志"，引导孩子及早确定自己的人生目标和人生道路。第四个"机关"是"自强"，没有条件自己创造条件，严格要求自己。第五个"机关"是"陪伴"，家长陪孩子一起学、一起玩、一起讨论人生。第六个"机关"是"感恩"，对所有的经历——幸福的、苦难的——都心存感激。第七个"机关"是"忠"，要忠于自己，忠于家庭，忠于党和国家。可以说，蔡笑晚有意识地把中国家风文化中最经典最优秀的内容全部融入家庭教育中。所以，他的"人才魔术"表演才大获成功。

此外，蔡笑晚对孩子既有言传，又有身教。他不仅反复教孩子们"立大志、做大事"，而且自己为了理想不轻言放弃。

蔡家的故事，是中国家庭教育的一个缩影。

徐善曾

耶鲁大学工程学博士。

徐善曾的祖父徐志摩是中国著名现代诗人、散文家。1919 年徐志摩在哥伦比亚大学经济系学习期间，关注政治、劳工、文明等问题，并于次年写下毕业论文《论中国妇女的地位》，积极评价中国妇女。1921 年至 1922 年在英国期间，徐志摩广泛接触各种思想流派，形成了他的政治观念和社会理想——理想主义，于是走向了"不可教训的个人主义者"的道路，在作品中表达他"心灵革命的怒潮"。

嘿，他是你的亲戚吗？

相识不相见

作为一个来自上海的移民家庭的孩子，我在纽约皇后区一所不大的房子里长大。我们刚到美国的时候家庭生活是比较拮据的，或者说捉襟见肘。我姐姐们穿的衣服都是妈妈亲手做的，我小时候送过报纸。尽管生活比较艰难，但是我的父亲和母亲还是希望我们把精力花在努力学习上，做一个勤奋的人，所以我的家人在学术上都有所建树。

我家房子的餐厅里挂着一幅爷爷在 20 世纪 20 年代装裱好的照片。我曾经无数次从它面前走过，每次都感到困惑。照片上的他，穿着普通的丝质立领夹克，戴着圆眼镜。而我每天穿 T 恤和牛仔裤。有时，我会在照片前驻足，想象镜框里的他和我聊天。家人和朋友都以"徐志摩孙子"的身份介绍我，而我对他知之甚少。我特别好奇祖父到底是一个怎样的人。

1964 年的一天，我在密歇根大学上学，一位同学递给我一张传单，上面写着，加州大学伯克利分校的东方语言系教授白芝要做一个演讲。白芝是美国著名的汉学家，翻译了中国明代的几部著名戏剧，而且是第一个翻译了《牡丹亭》的美国人。他演讲的题目是关于徐志摩和英国著名诗人托马斯·哈代的关系。那个同学看到我和徐志摩的姓一样，都是"HSU"，就问我："嘿，他是你的亲戚吗？"我们捧腹大笑，他本来是想开个玩笑，没想到我真的跟徐志摩有关系。我当时意识到，我眼中的祖父不仅是家里照片中的祖父。随后，我去纽约图书馆寻找徐志摩的书，但是没有。

终于有一天，我开始"寻找"他，为了他我游走了三个大陆，这些经历都让我印象深刻。我跟大家分享三个故事。

第一个故事是我在日本的一段经历。一位日本教授带我去了一家博物馆，在那里我看到了一段两三秒钟的视频，关于 1940 年徐志摩和泰戈尔以及日本人的交往，当时徐志摩在给泰戈尔开门。那段视频给我的印象十分深刻，因为那是我第一次看到祖父的身影。

第二个故事发生在印度。2012 年，我去加尔各答北边的一所大学。有意思的是，那里有很多人在学中文，而且很可能是受到我祖父的影响。徐志摩在中印文化交流中发挥过积极的作用。

第三个故事来自一位法国教授。他带我们去济南，那是徐志摩所乘飞机失事的地方。我在祖父出事的地点看到了两块墓碑，我在墓碑前想象了当年的一切。

2014 年以来，剑桥每年都举办纪念徐志摩的活动，包括诗歌节、各种艺术节等。对于我来说，剑桥一直是一个特殊的地方。每次回到剑桥，我都能感受到剑桥的深厚底蕴以及这背后的深远含义。

在"寻找"祖父的过程中我发现，中国人对他是那么钦佩，那么崇敬。虽然我不能说汉语，但是我觉得，如果没有这一段经历，我不可能对祖父生活的那段历史有如此详细的了解。正是通过这样一个历程，我对中国文化、中国的价值观、中国社会的方方面面有了更加深入的了解。

浪漫梦想家

通过对祖父的"寻找"，通过与众多学者的交往，包括这次我又来到北京，我觉得我离祖父越来越"近"了，我也越来越理解他复杂的一面。通过他在文学作品中的表达，通过了解他诗意的、孩童般的信仰，我觉得祖父是一个充满理想主义色彩的人。

我想跟大家分享一个看彩虹的故事。1921 年，徐志摩就读于国王学院。有一天，突然下起了倾盆大雨。徐志摩匆忙地敲同学的宿舍门，焦急而兴奋地说："嘿，跟我一起去看彩虹吧。"他的同学简直不敢相信，一边表示自己不会去，一边请徐志摩进屋躲雨，擦干身上的雨水。徐志摩扭头径直跑了。多年以后，林徽因好奇地问徐志摩这个故事是真是假，问他当年有没有看到彩虹。徐志摩特别坚定地告诉林徽因，当然看见了。这就是诗，这就是完全诗意的信仰。这种近乎痴狂的追求告诉我，徐志摩不仅是理想主义者，而且他完全相信命运，怀着信心、怀着充满诗意的信仰相信自己的未来，相信自己的决定。

他的理想主义也体现在他的爱情观上。他因为相信自由恋爱，而不接受媒妁之言。正如他曾经在诗中描写的一样："我将在茫茫人海中寻访我唯一之灵魂伴侣。得之，我幸；不得，我命。"他特别期望在中国建立一个乌托邦社会。这些都证明他是一个充满理想主义色彩的人。

我觉得我继承了祖父对于爱情的信念，只不过我是一个幸运儿，我能够自己选择结婚对象，而不是被包办婚姻所束缚。我和我的妻子也很浪漫，我们约会了四次就订婚了。这也许是遗传了祖父，也许是命中注定。我的妻子是我生命中特别重要的人。非常遗憾，我的祖父没有那样的幸运。

非常有意思的是，我的女儿也和我一起"寻找"徐志摩。1920年祖父还是一个学生的时候，他的毕业论文是关于中国女性的地位。九十多年后，受他的影响，我的女儿文慈如出一辙，在毕业论文中研究 21 世纪第一个十年中中国城市女性的社会地位。我女儿在和我一起寻找徐志摩足迹的过程中发现，当年中国女性曾经面临的问题今天或多或少仍存在，所以她写了这样的论文。我的女儿从事和电影相关的职业，她关注三个方面——女性、女性的家庭关系、女性的社会地位。她的梦想就是几年以后做一部关于徐志摩的专题片。

"嘿，他是你的亲戚吗？"

时光瓶

　　徐志摩是诗人、知识分子。我的父亲是工程师，我也是学理工的。我们截然不同。但是，如果再有人问我："嘿，他是你的亲戚吗？"我希望我可以更多地介绍他。徐志摩被中国人熟知，随着我越来越理解中国人对徐志摩的崇拜和景仰，我就想给大家介绍一些他鲜为人知的故事。我也试图让更多的外国人了解徐志摩。因此，我用英文写了一本关于祖父的书。既然越来越多的学者关注徐志摩，我也希望传播徐志摩的精神财富。

　　从某种意义上讲我是一个幸运的人，因为事业的成功和妻子的帮助，让我有能力去为一些大学捐资助学，让我有能力帮助更多需要帮助的人。这样的传统其实一直在我们家沿袭着。我的曾祖父一辈，我的祖父，我的姐姐们，一直到我们，都在做慈善项目。我觉得，帮助他人在某种意义上讲也是一种理想主义的体现。我们全家对公益项目的投入，要从曾祖父那里说起。我祖父通过文学来表达对贫困人群的关注，我的姐姐在中国的学校设立了基金会，我和我的妻子做了很多公益项目。我希望我的女儿也投身公益，帮助更多的人。

　　虽然祖父在我出生前十五年就去世了，他却一直在感召我。如今想来，是他的一生让我懂得了人生的意义。在"寻找"祖父的过程中，我眼中的祖父远远超过任何书本里的诠释。每一次，重新走过祖父的足迹，我会更理解他的博大、他的世界观、他的痛苦和他的人生旅程。他的人生故事和他的卓越追求，将成为我永远的明灯。

我想对女儿说：希望你听从自己的内心，要勇于抉择；希望你忠于自己的梦想，为了梦想永不妥协。你要永远记住你的曾祖父，记住他的痛苦和他的理想。他的艰难抉择，他的不凡勇气，他的惊世才华，他的短暂生命，对于每一个阅读他的作品的读者，对于每一个了解他人生故事的朋友，都将成为永远的灯塔。

谢谢了，我的家！

在中国人当中，只要有人说一句"轻轻的，我走了"，不知道有多少人会接下一句"正如我轻轻的来"。徐志摩经典的诗句，他的亲孙子却非常陌生。时间和空间设置的巨大障碍，最终被亲缘打破了。徐善曾不仅回到中国"寻找"祖父徐志摩，他还去了日本和印度。徐善曾不仅自己"寻找"祖父徐志摩，陪伴他的还有女儿——徐志摩的第四代。

徐志摩属于中国，也属于世界。徐善曾的中国话水平还相当一般，但他延续着中国人的血脉。

谢谢了，我的家

后 记

孟子说："天下之本在国，国之本在家，家之本在身。"可见，两千多年前，中国古人已经明确意识到身、家、国、天下的四位一体关系。由此可见，家风、民风、国风亦相辅相成。

家规、家训和家书都是家风的重要物质载体。周文王在病重时训话太子，留下《保训》，这是迄今发现的最早的成文家训。而其中"昔前人传宝"一句表明，在周文王之前已经有了总结宝训、传承家风的文化现象。此后数千年间，一份份家训，一封封家书，在中华传统文化的大花园里竞相绽放。从《菜根谭》到《弟子规》，从《颜氏家训》到《袁氏世范》，从琅琊王氏家训到曾国藩的家书……

细读其中一条一款，我发现，中国优秀传统家风有三大特点。

一是中国古人在树立家风时各有侧重。孟子说"养心莫善于寡欲"，刘备说"勿以恶小而为之，勿以善小而不为"，苏洵说"入则孝顺父母，出则和睦乡邻"，于谦说"清风两袖朝天去"，张英说"让他三尺又何妨"……可见，每个家庭从自身具体情况出发，从多个维度、多个层面提醒家人应该注意什么、避免什么，如百花齐放，千姿百态。

二是中国人在树立家风时互相借鉴。在重视家庭教育、重视社会风化的文化氛围中，一家一户的家规、家训，走出一墙一院，跨过一山一水。千家理，万家话，交流融汇，取长补短。在优秀家风面前，中国人素来没有门户之见，始终采取兼容并蓄的开放心态，毕竟所有的家规家训都秉持一个宗旨——向善向好，力求完美。所谓殊途同归、大道至简。有了海纳百川的胸怀，中国的家风文化才气象万千，才厚重持久。

三是中国人的家风与时俱进。不言而喻，作为中华优秀传统文化的一部分，家风穿越了千秋万代，裹挟着滚滚红尘，铭刻下时代烙印。中国人的家庭教育宗旨没有变化，但是具体内容在变化。一方面，以扬弃的态度对待传统文化，取精华，弃糟粕。另一方面，根据社会的发展为传统文化灌输新鲜血液。近代以来的《钱氏家训》《傅雷家书》等，都是佐证。所以，中国人的家风历久弥新，老而弥坚，德合无疆，世代相传。

习近平总书记说，"家庭是社会的基本细胞，是人生的第一所学校。不论时代发生多大变化，不论生活格局发生多大变化，我们都要重视家庭建设，注重家庭、注重家教、注重家风"。对于普通家庭来说，"不以规矩，不能成方员"。而对于干部家庭而言，"一心可以丧邦，一心可以兴邦，只在公私之间尔"。好家风，是中国传统的现代传承，是中国人的精气神。

我本人出身寒门，因家庭贫困高中辍学，但我始终记得小时候奶奶对待上门乞讨者宅心仁厚，始终没有忘记自己的理想追求。几年后，我通过自学考试进入大学，开始接触生命科学。2001年毕业后，我拿着三百元的月工资，一头扎进了药行，从药房到化验到生产再到新药研发。虽然生活条件依然艰苦，我从不忘记医者初心。但求天下无疾苦，这是我的使命，也是我前进的动力。在人们日益重视生活质量的现代社会，我要为人类健康做贡献。为了获得新知识，我卖了手机换回一张去求学的火车票。为了凑齐创业资金，我抵押了自己唯一的房子。经过多年研究，我发现了素食的诸多益处，于是制定了"吃素点亮地球"的创业宗旨。如今，我研发的"159素食全餐"一次又一次获奖，我的品牌越来越有知名度。回想当日，心中有苦也有甜。在创业过程中，我既感受到家庭的巨大支持，也深切体会到中华优秀传统文化的魅力。家和万事兴。国富最终体现为民强，中国崛起体现为千万个中国家庭的幸福生活。所以，我非常愿意与全球华人家庭文化传承节目《谢谢了，我的家》合作，诉说千年小家故事，寻根百世家国情怀。我看到，"家"是父亲的臂膀，"家"是母亲的针线，"家"是游子的行囊。在父母子女四目相对之时、欢声笑语之间，千年的中国家风在荡漾，精髓的中国文化在发酵。

朋友们，让我们共同分享家的故事，品味家的味道。

佐丹力健康产业集团董事长　　韩丹